Votre plan B

Note sur l'auteur :

Flip Flippen est un homme résolu, animé d'une mission : créer des relations et des processus qui permettront aux individus d'exprimer le meilleur d'eux-mêmes. Son influence s'étend déjà depuis plusieurs décennies et se fait sentir à travers les continents. Éducateurs en vue, cadres et athlètes consommés affirment que les processus de Flip Flippen les aident à accélérer leur croissance personnelle et à améliorer leur rendement et leur productivité. Comme on a pu le constater durant l'émission télévisée *Today* et lors de la présentation précédant le Super Bowl, Flip est une autorité dans le domaine de la culture de l'excellence.

En plus d'être psychothérapeute et conférencier de réputation internationale, Flip est un entrepreneur dynamique et prospère. Il a lancé de nombreuses entreprises, dont le Groupe Flippen qui représente actuellement la plus grande société de formation des enseignants, ainsi que l'un des organismes de culture du leadership qui enregistre la croissance la plus rapide en Amérique du Nord.

Flip Flippen a élaboré la philosophie du Dépassement des Contraintes Personnelles (DCP) grâce à laquelle les individus apprennent à briser les contraintes qui limitent leur rendement et nuisent à leur croissance.

Aujourd'hui, ses procédés novateurs sont utilisés par les meilleurs, dans les conseils d'administration, les salles de classe et les vestiaires de la nation. Quant à Flip, il vit avec son épouse Susan à College Station, au Texas ; tous deux fous des enfants, ils ont contribué à élever plus de vingt jeunes.

Chris J. White, Ph. D., a le don stupéfiant de simplifier les choses ; selon lui, s'il faut beaucoup d'explications, c'est qu'il n'a pas fait son travail correctement. Hautement qualifié dans l'application de modèles et de processus de pensée complexes aux situations du quotidien, Chris possède un esprit dont les rouages ne cessent jamais de fonctionner tant son désir est grand de créer des processus éprouvés, capables de changer des vies. Bardé de récompenses universitaires honorant son travail, Chris a des clients partout dans le monde. C'est un spécialiste de premier plan dans le domaine de l'évaluation et de l'accompagnement personnel.

Chris vit avec sa conjointe Jennifer et leurs trois enfants turbulents à College Station, au Texas. Il est directeur de l'accompagnement et du développement pour le Groupe Flippen.

FLIP FLIPPEN

en collaboration avec CHRIS J. WHITE, PH. D.

Votre plan B

Libérez-vous de vos comportements limitatifs

Traduit de l'anglais par

Sylvie Fortier

Catalogage avant publication de Bibliothèque et Archives
nationales du Québec et Bibliothèque et Archives Canada

Flippen, Flip

Votre plan B : libérez-vous de vos comportements limitatifs

Traduction de : The flip side.

Comprend un index.

ISBN : 978-2-89466-138-3

1. Succès - Aspect psychologique. 2. Modification du comportement.
I. White, Chris, Dr. II. Titre.

BF637.S8F5414 2008   158.1   C2008-941699-6

Les Éditions du Roseau bénéficient du soutien financier des institutions
suivantes pour leurs activités d'édition :

* Gouvernement du Canada par l'entremise du Programme d'aide au
  développement de l'industrie de l'édition (PADIÉ)

* Société de développement des entreprises culturelles du Québec
  (SODEC)

* Programme de crédit d'impôt pour l'édition de livres du gouvernement du Québec

Conception graphique
de la page couverture : Carl Lemyre

Infographie : Nicole Brassard

Titre original : *The Flip Side*
                publié avec l'accord de Grand Central Publishing,
                New York

ISBN : 978-2-89466-138-3

Dépôt légal : Bibliothèque et Archives nationales du Québec, 2008
               Bibliothèque et Archives Canada, 2008

Site Internet : http ://www.roseau.ca

Imprimé au Canada

À Susan, ma compagne et mon amour.
Grâce à toi, ma vie est pleine,
entière et loin d'être terminée.

REMERCIEMENTS

Comment remercier les nombreuses personnes qui m'ont aidé à écrire ce livre et à grandir en tant qu'être humain ? Il n'y a qu'un certain nombre de mots qui conviennent, aussi j'aimerais dire à chacun d'entre vous : « MERCI. » Je suis meilleur grâce à vous.

J'ai écrit ce livre parce que je suis capable d'écrire et j'ai lu des milliers d'ouvrages parce que je suis aussi capable de lire. C'est à mes professeurs que je le dois. De la prématernelle d'Orange, au Texas, à la fin de mon secondaire et finalement de mes études supérieures, j'ai eu comme professeurs des gens qui ont cru en moi. Mes professeurs m'ont donné la capacité de faire ce que je fais. Mon plus cher désir est de les honorer en mettant à profit ce qu'ils m'ont donné. Merci de m'avoir enseigné et de *ne pas* m'avoir laissé m'enfuir quand j'en avais envie.

Je dis toujours qu'un homme est sage s'il épouse une femme qui lui est supérieure. C'est ce que j'ai fait en épousant Susan. Elle est l'air que je respire et l'amour que je vis. C'est une sainte et tous ceux qui la connaissent savent l'influence qu'elle exerce dans ma vie quotidienne. C'est aussi une femme d'affaires brillante qui siège comme PDG de nos sociétés. Susan, je t'adore. Merci d'avoir vu en moi plus de potentiel que je n'en étais conscient et de l'avoir aidé à s'épanouir.

Chris J. White (Ph. D. Statistique) est le coauteur de cet ouvrage. Chris est non seulement l'un de mes plus chers amis, mais aussi un homme brillant : une grande partie de mon travail est directement tributaire de ses efforts et de ses pensées. Chris est le plus éminent spécialiste qui soit quand il s'agit de mettre à l'essai les instruments que nous avons élaborés pour l'évaluation des contraintes personnelles, et le meilleur intervenant que je connaisse quand il s'agit de piloter des cadres (ou n'importe qui d'autre en fait) à travers les étapes bien structurées d'un processus de croissance personnelle. Il m'a aidé à rédiger une grande partie de ce matériel et il a assuré la « protection » du projet.

Merci à Ken Abraham, écrivain au don absolument unique : c'était un honneur de travailler avec un expert tel que vous. Je remercie également Sandy Bloomfield pour son soutien. Sandy et moi nous sommes séquestrés à Mellionnec, en France, pour travailler vingt-quatre heures par jour pendant des jours afin de finaliser le texte.

J'ai le privilège de travailler avec une équipe incroyable dans une société incroyable. Le Groupe Flippen est la plus grande entreprise de professeurs/formateurs en Amérique du Nord ; elle compte dans ses rangs des gens extraordinaires qui aiment les enseignants et les enfants. Notre travail auprès des sociétés et des organisations continue de prendre de l'ampleur à mesure que nous faisons connaître ses valeurs et qu'il enrichit les cultures. Nous sommes l'une des compagnies américaines à la croissance la plus rapide parmi les entreprises nationales de croissance personnelle et professionnelle. Notre équipe est la meilleure que je connaisse et ses membres continuent de m'aider à m'épanouir au maximum. Je vous aime encore plus que vous ne l'imaginez.

Merci à Lee Bason, partenaire, ami loyal et grande source de force. C'est sans contredit l'homme le plus fidèle que je connaisse ; il me pousse à devenir meilleur chaque jour. À ma connaissance, c'est aussi l'un des meilleurs conseillers cadres qui soient.

Je veux également remercier ma famille pour l'amour et l'éducation qu'elle m'a donnés. Si on mesure la richesse d'un homme à sa famille, je suis parmi les plus prospères.

Je sais qu'on peut écrire un livre sans agent. Mais peut-on vendre un livre sans agent ? Je ne pense pas que j'y serais parvenu sans le concours de Lisa Queen. Lisa, vous êtes formidable et je vous serai toujours reconnaissant de votre encouragement et de votre bienveillance. En plus, en me présentant à Springboard Press, vous m'avez procuré le privilège de travailler avec Michelle Howry. Quelle éditrice ! Merci d'avoir fait de ce livre une réalité.

Dans notre société, deux personnes m'ont offert une aide inestimable tout au long de ce processus d'écriture : Kris Basala et

Chad Chmelar. Ces deux hommes très talentueux m'ont beaucoup apporté personnellement.

Beaucoup d'autres m'ont aidé de bien des façons. Amy Wimpee est mon bras droit : elle gère ma vie professionnelle et c'est l'une de nos amies les plus chères. Barbara Knowles travaille avec moi dans différents rôles depuis plus de trente ans ; elle a cru en moi, même quand je remettais ce que je faisais en question. Conjoint de Barbara, Tom Knowles est un auteur bien connu : il m'a donné un coup de pouce avec certaines de mes idées. Steve Tinkle était présent dès la première expression de mes pensées sur le Dépassement des Contraintes Personnelles. Il a travaillé sans relâche à programmer les données ayant servi à étayer notre cueillette et notre analyse.

Betsy McCormack est devenue l'une de nos très bonnes amies ; Mark et elle nous ont ouvert des portes auxquelles ils étaient seuls à pouvoir accéder dans le monde du sport. Leur amitié est inestimable. C'est grâce à eux que j'ai pu rencontrer Howard Katz, un être remarquable, qui a eu l'amabilité de tourner une émission spéciale sur notre travail, dont la présentation a eu lieu durant le spectacle précédant le Super Bowl.

Keith Byrom s'est gracieusement chargé de lire et de critiquer les premières ébauches du projet et de proposer plusieurs idées précieuses. Craig Bird, Danelle McAfferty, Mike Yorkey et Tom Spain ont aussi contribué aux premières ébauches, en m'aidant à réfléchir à la meilleure façon d'aller de l'avant.

Ce processus m'a beaucoup amusé. J'ai vraiment aimé écrire ce livre avec Chris et toute l'équipe. Je remercie les amis et les associés qui nous ont encouragés en cours de route : merci d'avoir été là pour nous.

Enfin, je veux exprimer mes plus profonds remerciements à Dieu pour Son amour et pour le cadeau de la grâce qu'Il m'a fait en me donnant la vie et ma famille.

INTRODUCTION

S i je vous demandais quel est le *facteur qui détermine* votre niveau de succès ultime, que me répondriez-vous ? Votre talent ? Vos habiletés ? Un diplôme universitaire ?

Serait-il possible que *quelque chose d'autre* que votre talent, vos habiletés, votre personnalité ou vos succès universitaires définisse le niveau de réussite que vous pourrez atteindre ? Serait-il possible que ce qui vous retient – ce qui vous limite – soit un indicateur beaucoup plus fiable de votre réussite que votre talent ou vos habiletés, quels qu'ils soient ? Si vous pouviez identifier vos contraintes personnelles et vous en libérer, croyez-vous que votre vie prendrait un nouvel essor ? Choisiriez-vous de vous en libérer si je vous en indiquais la nature et la provenance et si je vous expliquais comment elles vous affectent ? Si vous répondez oui à toutes ces questions, poursuivez votre lecture.

MÉDECIN, GUÉRIS-TOI TOI-MÊME

Ce livre devrait être terminé depuis des années.

À mon avis, vous serez fasciné par la raison de ce retard. En fait, les diverses raisons proviennent toutes de la même source (roulement de tambour, s'il vous plaît) : *mes* contraintes personnelles.

Jugez de l'ironie de la situation : *mes* contraintes personnelles ont retardé l'achèvement d'un ouvrage sur *vos* contraintes personnelles ! Voyez-vous, je carbure au changement. Je suis toujours en quête de l'énergie qui me saisit quand je parle de nouvelles idées ou que je travaille à leur mise en œuvre. L'ennui me gagne vite et le statu quo m'épuise.

Quand je n'ai pas l'impression de progresser de façon mesurable et évidente, je dois lutter pour résister à l'envie de faire des changements, juste pour créer un mouvement – même dans la mauvaise direction !

Voilà pourquoi la progression de cet ouvrage a stagné à maintes reprises. J'ai remplacé certains des participants en cours de route. Et, bien entendu, je modifie constamment mon manuscrit. Je crois (du moins, j'espère !) que la plupart des changements en ont valu la peine. Par contre, je sais que certains ont retardé inutilement nos progrès.

Je ne suis pas meilleur écrivain aujourd'hui qu'à mes débuts, il y a longtemps. Je ne suis pas plus intelligent non plus. La différence, c'est que j'ai découvert les contraintes personnelles qui affectaient mon rendement et pris les mesures nécessaires pour m'en libérer une fois pour toutes. Est-ce que le processus fonctionne ? Jugez-en :

- Ma société, le Groupe Flippen, est la plus grande entreprise de formateurs/enseignants en Amérique du Nord.

- Nous faisons partie de la crème des sociétés américaines en matière de perfectionnement des cadres.

- Des dizaines de milliers d'enseignants appliquent nos processus et des millions de jeunes en profitent chaque année.

- Nos idées ont été présentées lors du Super Bowl, dans le cadre de l'émission *Today* et de plusieurs émissions de radio et de télévision, en plus de faire l'objet d'articles, de dissertations et d'écrits multiples.

- Notre personnel est en croissance ; grâce à des conférences et à des séminaires, nos formateurs enseignent à d'autres les principes fondamentaux qui les ont fait grandir et qui continuent d'assurer leur épanouissement.

Pour réaliser mon plein potentiel, je dois cerner les facteurs qui m'entravent et prendre les mesures nécessaires pour qu'ils disparaissent de ma vie. J'ai nommé ces facteurs des *contraintes personnelles*, et je souhaite vous montrer comment découvrir et dépasser les vôtres – avant qu'*elles* ne *vous* rattrapent.

Le succès du Groupe Flippen, tant sur le plan individuel que corporatif, s'explique par le fait que nous travaillons très fort pour définir nos forces, mais aussi les contraintes qui nuisent à l'expression de notre plein potentiel et que nous faisons en sorte de dépasser. Nous avons aidé des milliers de personnes à Dépasser leurs Contraintes Personnelles (DCP) et nous avons été témoins de leurs succès – dans des domaines aussi variés que Wall Street, la NASCAR, le Super Bowl, l'élection du Meilleur chef de service et de la Meilleure mère.

Savez-vous quelles sont les contraintes qui vous limitent ? Êtes-vous prêt à affronter ce qui fait obstacle à votre réussite ?

Si c'est le cas, joignez-vous à moi et aux milliers d'autres personnes qui vous ont précédé sur ce chemin : *Votre plan B* vous aidera à définir et à dépasser les embûches qui se dressent entre vous et la vie dont vous avez toujours rêvé.

Mode d'emploi

Je prends les choses personnellement.

Je m'attaque aux contraintes personnelles en investissant toutes mes ressources pour aider mes patients et mes clients à s'en libérer, car les répercussions qu'entraîne le refus de les affronter sont d'ordre très personnel.

Des familles éclatent. Des carrières déraillent. Des relations se désagrègent. Les contraintes personnelles sont un peu comme des mines terrestres cachées : elles explosent à l'endroit et au moment où on s'y attend le moins.

L'idéal serait que nous nous asseyons ensemble dans mon bureau au Texas, que j'écoute le récit de votre histoire et que je vous aide à comprendre le concept du processus de Dépassement des Contraintes Personnelles (DCP). Nous pourrions ensuite définir un plan d'action progressif grâce auquel vous pourriez parvenir à briser définitivement l'emprise qu'elles exercent sur votre vie. Affaire classée.

Pour des raisons évidentes, je ne peux recevoir tous mes lecteurs : j'ai donc pensé que si j'écrivais un livre, il devrait être suffisamment éloquent pour vous aider à parvenir au bout du compte au même résultat. Il me fallait un ouvrage assez *précis* pour que la définition de la problématique soit possible et assez *simple* pour qu'il s'intègre aux occupations du quotidien. Par ailleurs, mes recommandations – mes *ordonnances* – devraient s'avérer assez *efficaces* pour que le processus de changement débute immédiatement.

J'ai donc conçu mon livre en ce sens. Après trente années de travail auprès de patients et de clients que j'ai soutenus dans leurs efforts pour se libérer de comportements terriblement dévastateurs, j'ai enfin réuni mes constatations dans un seul ouvrage – *à votre intention.* La plupart s'adonnent à l'autosabotage sur une base quotidienne ; or, ce livre vous aidera à cerner vos comportements autodestructeurs et à vous en défaire. Le processus a fait ses preuves : il s'agit de l'approche la plus personnelle et la plus énergique qui soit pour qui souhaite induire des changements durables.

Les quatre premiers chapitres présentent les concepts grâce auxquels vous pourrez comprendre vos contraintes personnelles. Ils résument les « dix principales contraintes destructrices » – les plus dommageables, celles qui brisent carrières et relations et sont cause de problèmes interminables dans la vie courante. Ces contraintes font l'objet d'un examen plus poussé dans les chapitres subséquents (5 à 14) : elles sont illustrées d'anecdotes tirées de mes années d'expérience en clinique, en entreprise et dans le système d'éducation (dans la majorité des cas, les noms des personnes et des organisations ont été changés). Cette section vise à vous familiariser avec chaque contrainte et à vous entraîner à reconnaître leur présence en vous et chez les autres – seules ou en combinaisons typiques. Certains récits dépeignent les contraintes sous leur jour le plus extrême, puisque c'est leur manifestation la plus dangereuse ; quoi qu'il en soit, même nuancée, une contrainte cause souvent des dommages.

Chaque chapitre sur les contraintes propose une liste de pointage des « symptômes » grâce à laquelle vous pourrez « poser un diagnostic » et déterminer quelles sont vos contraintes les plus problématiques. Ne vous acharnez pas à analyser vos pointages ; servez-vous-en plutôt pour cerner avec davantage de précision vos contraintes les plus nuisibles. Par exemple, vous pourrez sélectionner seulement trois ou quatre symptômes dans une contrainte, mais constater en prenant connaissance du plan d'Applications pratiques que vous pourriez faire certaines choses autrement.

En parcourant les listes de contraintes, vous remarquerez que l'une ou plusieurs d'entre elles font ressortir les aspects qui vous causent le plus de problèmes. Vous serez peut-être tenté de sauter les contraintes dont vous pensez qu'elles ne vous concernent pas, mais je vous encourage à lire tous les chapitres : en effet, comprendre le fonctionnement des contraintes personnelles de notre entourage constitue un élément important du processus de dépassement. Ainsi, je termine chaque chapitre sur les contraintes par une section qui vous aidera à comprendre comment améliorer vos relations avec les personnes de chaque type.

Une fois parvenu au quinzième chapitre, vous aurez officiellement défini votre ou vos deux principales contraintes destructrices. Même si vous découvrez que vous êtes aux prises avec plus de deux contraintes, vous n'en aborderez jamais plus de deux à la fois. Vous passerez à la suite quand vous aurez constaté des changements visibles et mesurables dans le cas de votre ou vos deux contraintes les plus nuisibles.

Dans le quinzième chapitre, vous établirez votre plan de dépassement personnel (ou plan d'Action) en vous servant du modèle ou en téléchargeant sa version électronique au www.flipsidebook.com (en anglais seulement). Nous vous recommandons de télécharger le plan, car le modèle facilite la journalisation, le courrier électronique et les options d'impression.

Pour initier le processus, vous devrez aussi choisir deux ou trois amis de confiance, des proches ou des associés professionnels, qui auront pour mission de vous soutenir tandis que vous mettez votre plan à exécution. Leur aide est un élément crucial et indispensable du processus, qu'il s'agisse de vous aider à découvrir vos points forts et vos plus grandes contraintes, ou de commenter vos progrès au chapitre de la responsabilisation.

À la fin du livre, je vous offre quelques options qui vous aideront à faire de votre croissance personnelle votre style de vie. Néanmoins, que vous choisissiez de vous limiter à ce livre ou d'aller plus loin, votre plan d'Action vous donnera la solidité nécessaire pour mettre en place un redoutable système de suivi et de rétroaction. En procédant ainsi, vous briserez systématiquement chacune des contraintes que vous aurez ciblées et vous les remplacerez par les comportements indispensables à votre transformation – vos objectifs spécifiques en matière de comportement.

Êtes-vous prêt ?

Alors, versez-vous un café et passez dans mon « bureau » : *votre transformation commence ici !*

PREMIÈRE PARTIE

COMPRENDRE SES CONTRAINTES PERSONNELLES

1

Quelque chose vous retient

Mes clients m'ont tout appris. Comme j'en ai reçu plus de dix-sept mille en consultation à titre de psychothérapeute et que j'ai travaillé avec des milliers d'enseignants et plusieurs des sociétés parmi les plus imposantes et les plus prospères de la planète, il fallait bien que j'apprenne *quelque chose*.

J'ai su très tôt que je voulais consacrer mon existence à aider les gens. Une fois mon doctorat en poche, j'ai décidé de travailler avec les jeunes défavorisés et les gangs de rue : j'ai donc ouvert un centre de *counseling* externe gratuit pour offrir mes services à quiconque en franchirait le seuil. Nous étions pauvres, mais notre travail faisait une différence et c'était ce qui comptait le plus. J'ai commencé avec un personnel bénévole ; petit à petit, j'ai intégré des professionnels à l'équipe pour les cas plus difficiles parmi notre clientèle.

Janice et Tony ont commencé à fréquenter la clinique à une semaine d'intervalle. Ces deux adolescents très attachants avaient beaucoup de choses en commun : ils venaient d'une famille dysfonctionnelle et leurs parents étaient alcooliques ; chaque jour avait représenté une lutte pour survivre et ils étaient bien près de suivre l'exemple de leurs géniteurs. Sur le point de détruire leur vie avant même qu'elle ne commence, ils ont choisi de consulter.

Janice et Tony avaient d'autres points communs à part leur enfance. Énergiques et curieux de tout ce qui les entourait, ils possédaient tous deux des capacités intellectuelles et créatives que les écoles urbaines n'avaient su cultiver. Par ailleurs, tous deux traînaient comme un boulet un manque de confiance en soi abyssal.

Ce n'était guère étonnant compte tenu des défis qu'ils avaient déjà affrontés, mais cela n'en restait pas moins déchirant.

Dix ans plus tard, Janice avait terminé ses études universitaires en droit et occupait le poste de première avocate du bureau du chancelier dans une université. De son côté, Tony était en prison, accusé d'homicide involontaire à la suite d'une fusillade reliée au trafic de drogues.

COMPRENDRE POURQUOI

La question me hantait comme aucune auparavant.

Qu'est-ce qui avait fait la différence?

Pourquoi Janice avait-elle été capable de profiter des opportunités qui lui avaient été proposées, alors que Tony avait été incapable d'échapper à ses handicaps? Durant mes années à la clinique, j'ai vu défiler un nombre incalculable de cas comme ceux de Janice et de Tony – des individus aux antécédents et aux habiletés comparables qui ont atteint des niveaux de succès formidablement différents.

En quelques années, ma clinique et mon foyer (tant pis pour le côté «externe» de la clinique!) débordaient de jeunes aux prises avec des souffrances que mes manuels n'avaient jamais abordées. Mes études de troisième cycle m'avaient présenté ces jeunes comme des études de cas destinées à être disséquées et analysées, pas comme des êtres humains réels et véritablement souffrants.

En dépit de mon dévouement et de la noblesse de mes intentions, je n'ai pas réussi à les rescaper tous. En pensant à ce qu'il était advenu de certains, j'ai pleuré plus que je ne m'en serais jamais cru capable. Plusieurs parmi ces jeunes hommes et ces jeunes femmes ont été assassinés au cours de la première année d'ouverture de ma clinique seulement. Les meurtres avaient tous un lien avec la drogue et dans tous les cas, les victimes avaient vécu plusieurs problématiques identiques.

Pourtant, beaucoup de nos jeunes clients possédaient un potentiel formidable. Plusieurs ont réussi à accomplir des choses remarquables, alors que d'autres n'ont connu que les combats et les déceptions. Certains ont franchi des obstacles importants, tandis que d'autres, dans des circonstances presque identiques, ont perpétué les cycles de l'autodestruction – ils ont tout simplement cessé de progresser, comme si quelque chose d'insurmontable les retenait. Pour ces jeunes, l'envers de la médaille du succès était souvent la prison, la toxicomanie et parfois, la mort. Étant donné l'importance des enjeux, je ne pouvais me résigner à les regarder tomber sans me battre. Je devais découvrir pourquoi ils n'arrivaient pas à progresser et ce que je pouvais faire – si tant est que quelque chose fût possible – pour les aider à améliorer leur existence.

C'est ainsi que je me suis engagé sur la voie qui est devenue mon pain quotidien des trente-cinq dernières années. En fin de compte, mon travail ne portait pas seulement sur les jeunes de la rue et les membres de gangs. Il concernait aussi les cadres professionnels, les enseignants et les athlètes ; il me concernait, *moi*.

Mon travail ayant rapidement pris de l'expansion, j'ai commencé à entrer régulièrement en contact avec des individus en quête d'excellence dans un grand nombre de domaines – du vendeur soucieux d'atteindre son quota à l'athlète désireux de briser un record mondial. J'ai fini par dégager un thème commun de leurs expériences : *le vrai succès n'est pas simplement attribuable au talent et aux capacités.*

Qu'est-ce que le vrai succès ? C'est beaucoup plus que faire de l'argent ou atteindre des sommets. C'est devenir « tout » ce qu'on est potentiellement en tant qu'individu. C'est être un fils ou une fille, un parent, une patronne ou un employé formidable. C'est être bienveillant, prévenant. C'est prendre des initiatives pour améliorer le monde. Le vrai succès, c'est aussi être capable de voir au-delà de son ordre du jour caché et apprendre à gérer ses tendances innées à l'égoïsme et à la cupidité de manière à se montrer plus sensible envers son entourage au quotidien.

Le vrai succès, c'est être reconnu comme quelqu'un qui améliore la vie des personnes qu'il touche – ce qui signifie que nous

nous efforçons de toucher davantage, car en notre for intérieur, *nous savons que nous pouvons faire une différence.*

Il y a tant de gens qui ne sont qu'une fraction de ce qu'ils pourraient devenir, qui n'expriment qu'une infime partie de leur potentiel. Ils rêvent de faire plus et d'être meilleurs, mais quelque chose de plus grand que leur talent les entrave, poids lourds et liens invisibles. Je voulais absolument expliquer ce « quelque chose ». Si je n'arrivais pas à découvrir ce qui retenait les gens, comment pouvais-je espérer les aider ?

Peu de temps après que je me sois engagé à trouver réponse à mes interrogations, certaines questions essentielles m'ont poussé à l'introspection : je me suis demandé ce qui *me* retenait. J'ai examiné ma vie et constaté qu'il y avait place à une grande amélioration – comme père, conjoint, ami, propriétaire d'entreprise, hommes d'affaires et être humain. J'ai pris conscience que si je parvenais à dépasser ce qui m'empêchait d'utiliser pleinement mes capacités, j'aurais plusieurs longueurs d'avance dans le jeu de la vie.

La clinique est devenue l'une des plus importantes cliniques de santé mentale au Texas et j'ai appris à mes dépens que certains parents ne se préoccupent pas beaucoup, voire même pas du tout, de leurs enfants. Parmi les jeunes que nous avons reçus, plusieurs étaient sans abri ou victimes d'abus, quand ce n'était pas que leurs parents n'en faisaient tout simplement aucun cas tandis que désespérés, ils essayaient d'orienter leur vie. En 1988, notre fondation a construit un ranch pour garçons sur une terre de cinq cents acres et par la suite, un ranch pour filles. Le travail se poursuit à ce jour, et mon étonnement n'a de cesse quand je constate à quel point les jeunes s'épanouissent dans le cadre de la « famille » et sous une bonne influence parentale.

Au cours des années qui ont suivi, j'ai eu l'occasion de travailler avec de nombreux cadres d'entreprise, par le biais du centre de perfectionnement des cadres de l'Université A&M du Texas, à College Station où je vis. Nous avons reçu ces invitations parce qu'on commençait à entendre parler de la différence que nous faisions dans la vie des jeunes. Dean Gage, président intérimaire de l'université, voulait faire connaître notre travail et notre mode de pensée aux cadres d'entreprises américains. Nous avons vécu une période extraordinaire de croissance et de défis intellectuels. Premièrement, j'ai appris que dans bien des cas, les dirigeants ressemblent beaucoup à des enfants enthousiastes. En fait, il m'est arrivé de ne voir d'autre différence que leur âge ! Ils étaient souvent aux prises avec les mêmes problèmes qui portaient tout simplement d'autres noms. Ainsi, à l'école, on vous diagnostique un trouble de l'attention (TDA) ou un trouble de l'attention avec hyperactivité (TDAH), et une fois adulte, vous êtes considéré comme un entrepreneur. Intéressant, non ?

CULTIVER LA GRANDEUR

Pendant ce temps, mes deux fils grandissaient et je voulais les voir réussir. Un soir, ils ont commencé à se quereller et une chose entraînant l'autre, ils se sont mis à crier. Quand je les ai confrontés, l'un d'eux s'est exclamé : « Mais il ne fait pas ce que je lui ai dit de faire ! » Voilà qui dit tout. Le matin même, j'avais entendu un directeur dire la même chose à ses employés – *Vous ne faites pas ce que je vous ai dit de faire !* – avant de se mettre à leur crier dessus. Cette perte de contrôle n'a aidé ni Matthew ni Micah, pas plus que le directeur d'ailleurs, qui s'est vite rendu compte qu'il avait une crise professionnelle sur les bras. Je voulais donc me couvrir en abordant la question très tôt avec mes fils : ils n'agiraient certainement pas ainsi à quarante ans ! En tant que parent, je voulais que mes fils atteignent leur plein potentiel pour qu'ils aient tous les atouts dans leur jeu – non seulement en affaires, mais aussi dans la vie. *Je voulais cultiver la grandeur de mes enfants.*

Aujourd'hui associés dans une entreprise florissante qu'ils ont achetée ensemble, ils me disent qu'ils s'amusent « comme des petits fous ».

Pendant quelques années, j'ai donné des conférences aux finissants des hautes études de l'Université A&M. Je commençais généralement ma présentation par une question. En pénétrant dans la pièce, je demandais : « Pourquoi êtes-vous ici ? » Une mer de visages inexpressifs me répondait d'abord. Puis invariablement, une voix montait dans la salle.

– Voulez-vous dire ici à l'université, ici à l'auditorium ou ici sur Terre ? De quoi parlez-vous ?

– *Ici.*

– Pour obtenir mon diplôme !

– Pourquoi voulez-vous un diplôme ?

– Pour obtenir un emploi.

– Pourquoi voulez-vous un emploi ?

– Pour acheter une voiture !

– Alors, dites-moi si j'ai bien compris. Il y a quatre ans, vous vous êtes inscrit à la A&M et depuis, vous avez dépensé environ cent mille dollars afin de pouvoir vous acheter une voiture. *Est-ce exact ?*

Vu sous cet angle, l'investissement semblait fort peu intelligent.

Bien entendu, les questions qui suivaient étaient celles qui comptaient *réellement* : « Pourquoi êtes-vous ici ? Quels sont vos talents et vos dons ? Quels sont vos rêves ? Pourquoi vous concentrez-vous sur une voiture plutôt que sur un but ? Qu'arriverait-il si vous viviez pleinement votre vie ? *Qui deviendriez-vous si vous connaissiez vos plus grandes forces et vous libériez de vos pires contraintes ?* »

Cette dernière question, ami lecteur, est la question de votre vie.

Il y a bien des années, j'ai compris qu'en dépit du nombre d'heures que j'investissais et de l'intensité de mes efforts, je n'arriverais jamais à obtenir « plus » de mon labeur. Je mettais tout en œuvre pour faire de mon mieux et pourtant, je restais embourbé. Ma croissance se faisait par petites étapes – c'était mieux que rien du tout –, mais elle ne m'aidait pas à atteindre l'objectif que je m'étais fixé.

Selon moi, mes clients et mes patients étaient prisonniers de comportements et de pensées qu'ils pouvaient changer et qu'ils changeraient dans les faits, mais seulement s'ils en prenaient conscience et comprenaient les dommages qu'ils causaient. Ils avaient de nombreux talents et de multiples ressources, mais ils laissaient leurs attitudes et leurs actions entraver leur développement. Par ailleurs, je constatais de mon côté que certains comportements m'empêchaient de m'épanouir pleinement. J'établissais des similitudes entre mon expérience des contraintes et celle d'autrui : le coureur de fond ultrarapide, mais sans endurance sur le plan mental ; le cadre intermédiaire prometteur, mais trop déférent pour s'imposer ; la jeune étudiante douée, mais beaucoup trop critique pour apprécier sa véritable valeur.

J'ai persévéré vers mon but : découvrir les obstacles que nous rencontrons sur notre chemin et nous forger des outils pour les franchir. Au bout du compte, j'ai découvert que nos comportements les plus limitants se réduisent à une poignée de contraintes précises et mesurables. J'ai commencé à élaborer des stratégies pour libérer les gens de leurs contraintes et c'est ainsi qu'est né le Dépassement des Contraintes Personnelles (DCP), un processus simple grâce auquel j'ai aidé des milliers de personnes de tous les horizons.

COMPRENDRE LES SECRETS DU SUCCÈS INDIVIDUEL

Reprenons l'histoire de Janice et de Tony, les deux adolescents aux prises avec des défis similaires à leur arrivée à la clinique. En travaillant avec nos thérapeutes, ils avaient tous deux exprimé ce que nous en sommes venus à reconnaître comme les signes d'un manque flagrant de confiance en soi, signes qui se caractérisent par une difficulté à initier une action et à prendre des décisions, ainsi que par des périodes de remise en question débilitantes. Par contre, il y avait une différence de taille. Tony manquait de maîtrise de soi, un trait de caractère profondément destructeur, car il était associé à sa colère. Les résultats ne pouvaient se révéler que dévastateurs : trop impulsif pour contenir son agressivité, Tony s'est mis à fréquenter des gens violents, des revendeurs de drogue, et il s'est retrouvé en prison.

De son côté, Janice avait suffisamment de maîtrise de soi pour s'en tenir à son plan de dépassement. En accord avec les étapes proposées par son thérapeute pour rebâtir sa confiance en soi, Janice s'est liée avec un groupe de jeunes prêts à la soutenir et à l'intégrer dans la bande. Elle a pris conscience qu'elle n'était pas la seule à avoir des problèmes et que la vulnérabilité pouvait conduire à la responsabilisation de soi. Son assurance a augmenté à mesure qu'elle pratiquait des techniques élémentaires de renforcement de son estime de soi – regarder les gens dans les yeux, soutenir l'autre, s'autoriser à se détendre, sourire plus souvent. Janice a compris que ses comportements minaient son potentiel : elle s'est engagée à tout mettre en œuvre pour matérialiser l'avenir plus heureux qu'elle avait maintenant le sentiment de mériter. Grâce à sa nouvelle confiance en soi, Janice a enfin pu développer ses habiletés naturelles. Comme elle l'a elle-même expliqué : « J'ai commencé à goûter au succès et j'ai voulu que ça continue. »

DEUX ROUTES DIVERGENTES

Le processus de dépassement des contraintes personnelles (DCP) est conçu pour nous aider à profiter du succès dont nous écartent certains comportements qui vont totalement à l'encontre de nos intérêts. Nos contraintes personnelles nous définissent uniquement si nous les laissons faire. Quand nous ne nous en occupons pas, nous leur permettons de nous limiter; néanmoins, quand nous les identifions et que nous travaillons à nous en libérer, nous augmentons formidablement nos chances de succès.

Jeune cadre prospère, Daniel s'intéressait fort peu aux besoins d'autrui. À peu près en même temps que j'ai commencé mon travail avec lui, j'ai été engagé comme consultant par un organisme philanthropique dirigé par Peter, autre jeune cadre dynamique. Fait intéressant, les deux hommes présentaient des points forts et des contraintes remarquablement similaires. En dépit du fait qu'il dirigeait un organisme sans but lucratif, Peter n'était pas du genre maternant. Toutefois, les deux hommes n'auraient pu faire face à leurs contraintes personnelles de façon plus opposée.

Lors de notre rencontre en tête-à-tête, Daniel et Peter ont eu une réaction identique : ils ont déclaré que le problème n'était certainement pas si terrible, sinon ils n'auraient jamais si bien réussi. Je leur ai répondu en leur demandant ce que penseraient leur conjointe et leurs proches associés si je les invitais à se prononcer sur la question. Seraient-ils d'accord avec moi ? Et que diraient-ils ?

Daniel a répondu soudainement et d'un air facétieux : « Je pense qu'ils vous diraient ce que je leur demanderais de vous dire. »

De son côté, Peter n'a pas dit un mot. Je l'ai observé tandis qu'il imaginait la scène ; j'ai vu ses yeux se remplir de larmes. « Oh, mon Dieu ! » a-t-il fini par souffler. Il souffrait visiblement en prenant conscience de la perception que son entourage avait de lui. Il m'a regardé droit dans les yeux : il avait compris. « Je vais changer », m'a-t-il affirmé. « Je vous le promets. »

Cette promesse a marqué le début d'une merveilleuse aventure pour Peter et j'ai eu l'honneur de le guider à travers chaque étape du processus. Il s'est d'abord assis avec ses principaux associés pour leur demander de commenter honnêtement son comportement. Résistant à l'envie de discuter, il leur a demandé des exemples précis quant aux problèmes qu'ils venaient de nommer. Il avait délibérément choisi de rencontrer ses collègues plutôt que sa conjointe en premier ; ainsi, il ne serait pas tenté de transformer l'affaire en querelle de famille. Il est revenu me consulter avec les exemples fournis par ses collègues et nous avons élaboré un plan pour qu'il dépasse ses contraintes. Peter est devenu plus engageant, plus encourageant : il a commencé à exprimer son approbation et son appréciation avec sincérité et à s'enquérir auprès des membres de son personnel des moyens qu'il pourrait mettre en œuvre pour les aider à grandir et à prospérer davantage.

Ensuite, il a fait le même exercice avec sa conjointe. En réponse à ses commentaires, il a procédé à quelques changements. Il a coupé dans ses déplacements inutiles, remplacé ses fins de semaine de golf entre amis par des sorties en amoureux, et il s'est engagé à prendre sa femme dans ses bras chaque fois qu'il la quitte et qu'il la retrouve. Au lieu de laisser libre cours à sa tendance à la critique, il s'est efforcé de peser ses paroles et il a consacré plus de temps à ses enfants. Quelques mois plus tard, il est revenu me voir : il avait de nouveau les larmes aux yeux, mais cette fois, c'était des larmes de joie. Il m'a raconté comment l'expérience avait transformé sa vie. « Tout a changé. J'aime ma femme, j'aime mes enfants et j'aime ma vie. »

De son côté, Daniel ne s'est pas très bien débrouillé. Plutôt que d'affronter ses contraintes, il nous a demandé de nous concentrer sur son entourage et son entreprise. Il savait que la rétroaction (ou *feed-back*) de ses contacts dans le milieu – les personnes qui ne le connaissaient pas intimement – serait meilleure. Ils étaient tellement satisfaits du travail de sa compagnie que leurs bons sentiments s'étendaient à Daniel. Malheureusement, celui-ci ne se rendait pas compte à quel point certains de ses principaux collaborateurs le méprisaient. En conséquence, quatre de ses lieutenants ont quitté l'entreprise au cours de la dernière année. Tant que Daniel parviendra à combler les postes en faisant gravir les échelons à d'autres membres de son équipe, l'entreprise conservera une apparence de normalité, mais ces départs répétés imposent un lourd tribut autant à Daniel qu'à sa société. Il mine ses réalisations en refusant de voir ses contraintes.

Nous sommes tous engagés dans un voyage – la vie –, mais ce ne sont pas tous les voyageurs qui sont disposés à consulter la carte pour établir le meilleur itinéraire. Vous avez le choix : vivre comme vous l'avez toujours fait, ou découvrir ce qui vous retient et le dépasser.

En tant que psychothérapeute, j'ai compris, parfois douloureusement, « ce qui marche ». J'ai rencontré plusieurs milliers de patients en plus de trente-cinq ans, bâti une clinique sans but lucratif et des centres d'hébergement thérapeutique, mis sur pied des entreprises privées aujourd'hui florissantes, exercé des fonctions dans deux hôpitaux psychiatriques et servi une clientèle qui allait du toxicomane à l'athlète de classe mondiale, en passant par le chef d'entreprise, directeur de multinationales : en chemin, j'ai découvert cinq principes fondamentaux qui déterminent ce qu'un individu fera de sa vie. J'ai aussi défini les dix contraintes les plus destructrices, celles qui ont le pouvoir de vous anéantir si vous ne vous en occupez pas.

2

Les bases du dépassement des contraintes personnelles (DCP)

J e cherche à comprendre depuis toujours pourquoi certains cultivent l'excellence, alors que d'autres se contentent de progresser médiocrement. Qu'est-ce qui fait que Tiger Woods continue de jouer mieux que tous les autres golfeurs ? Pourquoi Katie Couric s'élève-t-elle toujours dans l'organisation alors que d'autres sont congédiés ? Comment se fait-il que Terry Bradshaw soit toujours à l'antenne longtemps après que d'autres aient disparu ? Pourquoi, pourquoi, pourquoi ? Mon esprit fourmillait de questions et il m'apparaissait qu'il n'y avait qu'une seule façon d'obtenir des réponses : rencontrer le plus grand nombre parmi ceux qui avaient vraiment réussi, les étudier et découvrir ce qui les distinguait de leurs pairs aux performances moins éclatantes.

C'est ce que j'ai fait.

Nous avons étudié tous les individus que nous avons pu rencontrer – et le groupe était assez impressionnant. Nous avons étudié les as de Wall Street et plusieurs des plus grands chefs d'entreprise. Nous avons étudié plusieurs athlètes de niveau international de toutes les disciplines et de nombreux jeunes avec des notes et des performances scolaires exceptionnelles. Nous avons étudié des personnalités de la télévision et des parents qui accomplissaient un travail d'éducation formidable. Nous avons étudié les meilleurs enseignants au pays et certains géants de l'industrie manufacturière. Nous avons étudié les plus grands de la vente au détail et les plus hauts gradés de l'armée. Nous avons non seulement étudié tous les individus sur lesquels nous étions en mesure d'obtenir de l'information, mais nous continuons d'en étudier d'autres, parce que nous voulons mieux comprendre ce qui distingue celui qui atteint des sommets de celui qui n'y arrive pas.

LES THÉORIES DE LA RÉUSSITE

Au cœur du processus du DCP, on trouve la notion prépondérante que nos points forts ne définissent pas à eux seuls notre succès. Peu importe la richesse de nos talents, nous sommes entravés par les *comportements* qui définissent les limites de notre réussite et les raisons de nos échecs. Autrement dit, *nos contraintes personnelles déterminent notre niveau de réussite ultime.* Si vous parvenez à cibler vos contraintes et à élaborer un plan pour les dépasser, vous sentirez un souffle extraordinaire de succès, de productivité et de bonheur traverser tous les aspects de votre vie. En un mot, vous saisirez votre véritable nature.

En matière de réussite, la théorie des contraintes personnelles remet en question deux approches prévalentes dans le domaine de la croissance personnelle, qui ont souvent échoué avec mes clients : les théories de la personnalité et la théorie des inclinations naturelles. Les « théories de la personnalité » stipulent que notre personnalité est essentiellement structurée d'une façon qui définit notre agir. Le vaste champ des théories de la personnalité englobe plusieurs représentations parfois conflictuelles du « soi », mais propose peu d'outils permettant de cerner les problématiques et de stratégies d'amélioration personnelle. J'approuve l'idée sous-jacente selon laquelle nos caractéristiques innées, nos traits de caractère, définissent notre personnalité, mais les théories de la personnalité ne prennent pas en compte notre extraordinaire capacité à nous transformer favorablement ; par conséquent, cette lacune limite leur usage comme outil de croissance. Il existe des douzaines de profils permettant de décrire la personnalité. Certains tests – DiSC, Myers-Briggs, Taylor-Johnson – sont intéressants puisqu'ils contribuent à décrire la personnalité, mais ils ne sont pas particulièrement utiles pour ce qui est d'induire un changement de comportement ou d'orienter la croissance personnelle.

La « théorie des inclinations naturelles » est une autre école de pensée populaire : elle stipule que si nous étudions nos inclinations naturelles, nos orientations révéleront nos forces et indiqueront par le même fait sur quoi concentrer nos énergies. Cette théorie se présente un peu comme ceci : comme notre personnalité essentielle résiste au changement, nous devons tabler sur nos habiletés naturelles au lieu de nous concentrer sur les aspects où nous accusons des lacunes. Autrement dit, pour reprendre la phrase qui a rendu cette théorie populaire : nous devons « exploiter nos forces ». Je suis tout à fait d'accord avec les fondements de la théorie – après tout, pourquoi travailler dans un bureau quand on est un musicien doué ou endurer un emploi qu'on déteste simplement parce qu'il paie bien ? Découvrez vos dons, faites-les fructifier et servez-vous-en pour le plus grand bien de tous.

La théorie des inclinations naturelles contribue à la réussite. Mais ce n'est pas suffisant. Même si vous connaissez vos points forts, les exploiter davantage n'entraînera pas une amélioration significative de votre rendement si vous cherchez à atteindre « l'échelon suivant ». En général, les personnes avec qui je travaille n'ont pas besoin que je les encourage à améliorer ce qu'elles maîtrisent déjà ou à s'aimer telles qu'elles sont. Ainsi, il ne sert à rien de conseiller à l'être très créatif, mais dénué de *self-control*, de célébrer sa créativité et de lui laisser la bride sur le cou : ses talents ne pourront jamais trouver leur complète expression sans la concentration et la discipline que confère la maîtrise de soi.

Les théories de la personnalité n'ont pas été très utiles à mon travail, pas plus que la théorie des inclinations naturelles. Quand l'objectif consiste à améliorer ma vie, l'idée que ma personnalité est imperméable au changement ne m'est pas très utile. Par ailleurs, en me concentrant sur mes forces comme on me le conseille, je n'aborde pas les comportements qu'il me faut corriger pour continuer à progresser.

Le processus de *dépassement des contraintes personnelles* s'appuie au contraire sur l'idée que le changement est plus que possible : il est impératif. Pour vivre pleinement, nous pouvons et devons apprendre à minimiser les faiblesses de notre comportement et à en maximiser les forces. Certains obstacles sont difficiles à surmonter, je vous l'accorde, et si nous nous concentrons exclusivement sur nos limites, frustration et même dépression pourront s'ensuivre. Mais si nous nous en détournons, ce sera pire.

VOS CONTRAINTES PERSONNELLES DÉTERMINENT VOS LIMITES

Comment vos contraintes personnelles déterminent-elles votre réussite ?

Élémentaire. Elles définissent les limites des sommets que vous pourrez atteindre, indépendamment de vos dons et de vos talents. Vos contraintes personnelles – vos comportements limitatifs conscients et inconscients – vous empêchent d'avancer et déterminent le niveau ultime de votre réussite.

Tout le monde connaît au moins une personne pourvue de grands talents, de dons et d'habiletés ou entourée d'opportunités, qui ne semble pas en tirer grand-chose. Peut-être faites-vous ici un bilan de *votre* vie en vous demandant : « *Est-ce que jusqu'à présent, j'ai vraiment vécu en profitant au maximum de mes capacités ?* » Si vous êtes comme la majorité, vous répondrez non.

Alors, qu'est-ce qui distingue les individus qui réussissent des autres ? Qu'est-ce qui fait que certains s'élèvent au sommet de leur sphère professionnelle ou personnelle ? Je me suis mis à observer les gens considérés comme « les meilleurs » dans leur domaine. Je me suis questionné : « *Qu'est-ce qui fait qu'ils sont les meilleurs ?* » Je savais qu'il y avait plus que leurs seuls points forts dans la supériorité de leur performance.

C'est à ce moment que j'ai élaboré le concept des contraintes personnelles. Avant même que nous ayons terminé l'administration des tests, je savais que d'une façon ou d'une autre, je trouverais les réponses à mes questions du côté des limites plutôt que des points forts.

Au cours du processus de cueillette des données, j'ai demandé à mon équipe qui était la personne la plus influente dans le monde du sport ? La réponse a fusé : « Mark McCormack. »

CONVERSION D'UN SCEPTIQUE

Mark McCormack a certainement été l'un des hommes les plus influents dans le monde du sport au vingtième siècle. En concluant d'une poignée de main son entente avec Arnold Palmer en 1960, il a changé le monde de la commandite à jamais. Avant lui, personne ou presque n'avait entendu parler de contrats de commandite. À partir de ce moment historique, Mark a entrepris de bâtir son entreprise, International Management Group (IMG), qui représente aujourd'hui les grands de ce monde, de Tiger Woods aux gagnants du prix Nobel en passant par le pape.

Alors, la situation était la suivante : j'étais assis avec Mark McCormack dans sa bibliothèque et je lui expliquais comment s'améliorer. Il fallait que je sois idiot... ou sur une piste.

De l'avis de Mark, j'étais idiot. Néanmoins, assise à ses côtés, sa conjointe pensait que non. Joueuse de tennis très respectée, Betsy a remporté nombre de titres professionnels en vingt-trois ans de carrière. Dieu bénisse les épouses ! Elle a dit : « Si c'est vrai, si vous pouvez *vraiment* aider quelqu'un à cerner les facteurs qui nuisent à son progrès et à faire quelque chose pour changer, je m'inscris tout de suite. Comment fait-on ? »

Considérant l'enthousiasme de Betsy avec une bonne dose de scepticisme, Mark est parti travailler dans son bureau. Je savais qu'il serait difficile à convaincre. Une heure plus tard, il est venu nous retrouver.

Je lui ai posé une question : « Mark, que diriez-vous si je pouvais vous montrer *la* contrainte personnelle qui vous empêche d'atteindre un palier de performance franchement supérieur à votre niveau actuel ? »

Il n'a pas hésité une seconde : « Je ne crois pas que vous y arriveriez. »

Au bout du compte, après en avoir discuté, il a décidé de se soumettre au processus afin d'explorer le concept des contraintes personnelles et leur impact sur la performance individuelle. Je les ai réunis dans la salle de séjour : Betsy et Mark allaient inaugurer un processus de croissance révolutionnaire.

Nous en étions à discuter de la carrière de Betsy quand elle a posé une question formidable : « Si je ne pouvais pas devenir meilleure en pratiquant davantage, qu'aurait-il fallu que je fasse ? » Sa question nous a conduits au profil Flippen, un instrument de ma conception que j'avais déjà appliqué avec succès dans nombre de cas.

Betsy était une excellente joueuse de tennis et son jeu reste vigoureux. À dix-sept ans, elle était considérée comme la première joueuse junior au monde. Au cours de son impressionnante carrière, elle a récolté cinq titres en simple et vingt-cinq titres en double.

Quand elle m'a demandé quelles étaient ses contraintes personnelles, j'étais sur la sellette. Je ne connais rien au tennis et par ailleurs, j'ignorais qu'elle avait participé à des compétitions. De plus, je ne savais *pas du tout* qu'elle avait gagné autant de tournois. Et pourtant, elle me demandait : « *Quelles sont les contraintes personnelles qui me retiennent ?* »

J'ai demandé à Betsy de remplir le profil que j'avais conçu, de manière que nous puissions étudier les résultats et analyser ce qui en ressortait par rapport à ses contraintes les plus limitatives. Après avoir étudié les pointages de Betsy, nous nous sommes penchés sur le document d'accompagnement qui isolait ses principales contraintes. Les résultats démontraient que sa grande empathie et son manque d'agressivité étaient ses deux plus grandes contraintes. Betsy n'avait pas l'instinct meurtrier qu'il fallait à son niveau de compétition. Autrement dit, son talent et son habileté lui avaient gagné sa position, *mais ses contraintes personnelles l'empêchaient d'atteindre le sommet.* Le talent et le dynamisme de Betsy m'enchantaient. En même temps, l'amour et la considération qui en faisaient une merveilleuse mère et une excellente amie représentaient – quelle ironie ! – la contrainte qui l'empêchait sur le court de « détruire » son adversaire.

Quand je lui ai montré les résultats, Betsy s'est adossée à son fauteuil avec un soupir. Assis près d'elle, Mark a éclaté de rire.

« Tu vois ? C'est ce que je te répète depuis des années ! J'avais raison, non ? »

Constatant que le processus représentait un outil qui pourrait remporter son aval, Mark était néanmoins confronté à un dilemme. Il devait aussi répondre à une autre question : il connaissait Betsy depuis des années, alors que je la connaissais depuis moins d'une heure. *Comment étais-je parvenu si rapidement à mes conclusions?* Qu'importe : la vérité restait la vérité. Betsy était trop altruiste et pas assez agressive pour gagner les compétitions au niveau qui l'intéressait. Ses contraintes devenaient évidentes quand elle jouait contre une personne qu'elle aimait beaucoup. Elle perdait invariablement la première manche et après s'être laissé distancer, elle faisait ensuite des efforts pour se reprendre et gagner. Quand on joue au sommet, la création d'un handicap ne constitue pas une bonne stratégie.

Je l'ai interrogée : « Betsy, êtes-vous capable d'imaginer ce qui se produirait si nous arrivions non seulement à *déterminer* vos principales contraintes personnelles, mais aussi à élaborer un plan qui vous permettrait d'agir immédiatement et de les *dépasser*? »

Elle en était capable et elle l'a fait. Et Mark aussi.

JETER DU LEST

Il y a quelques années, je suis parti en voyage avec mes garçons, Matthew et Micah. C'était notre sortie annuelle entre hommes, six longues journées épuisantes de randonnée pédestre dans les montagnes du Colorado.

Le lendemain de notre arrivée à Beaver Creek, nous nous sommes rendus à la station de ski, point de départ du sentier de randonnée. Après avoir chargé nos sacs à dos, nous nous sommes dirigés vers la remontée mécanique qui nous hisserait jusqu'au départ du sentier. Quand nous avons tourné le coin de l'un des longs immeubles au pied de la montagne, nous avons vu la plaine exploser de mille couleurs devant nos yeux. C'était incroyable !

Nous n'étions pas au courant, mais nous venions d'arriver sur les lieux du plus grand rassemblement de montgolfières au pays.

Fascinés par le spectacle des aéronautes qui préparaient leur envol, nous avons observé des ballons de toutes les couleurs se gonfler d'air chaud et s'arrondir dans le ciel. Les pilotes et les équipages couraient partout. Le souffle des brûleurs ponctuait l'agitation matinale et les ballons finalement gonflés luttaient pour s'élever dans le ciel, lestés de passagers, dans l'attente que soient enfin détachés les liens qui les retenaient au sol.

Mon regard a été attiré par l'un des ballons. Les gens s'écartaient de lui, car il était devenu dangereux. Le brûleur avait arrêté de l'emplir d'air chaud avant qu'il soit parfaitement gonflé. À moitié vide et retenu par sa longe, le ballon ondoyait lentement en cercle, balayant tout sur son passage comme une grosse balle molle. Tandis qu'il continuait de semer le chaos au ralenti, un membre d'équipage essayait frénétiquement, mais sans succès, de détacher la corde le retenant au sol. Nous avons continué d'observer la scène de loin : tirant toujours sur son attache, le ballon a rebondi en titubant dans la plaine. J'ai jeté un coup d'œil à Matthew et Micah : « Les garçons, je sais exactement comment on se sent. »

Matthew m'a questionné : « Qu'est-ce que tu veux dire, papa ? »

« Je sais ce que c'est de vouloir quitter le sol et s'élever, mais d'être attaché à quelque chose dont on essaie désespérément de se libérer. » J'ai poursuivi en expliquant que j'avais encore le souvenir d'événements où des « cordes » invisibles m'avaient retenu alors que je voulais m'envoler. En dépit de mes erreurs et de mes échecs, je savais que j'étais destiné à quelque chose de plus grand. *Libérez-moi, laissez-moi partir – JE VEUX VOLER !*

Plus tard, alors que du sommet de la montagne où nous étions assis, nous regardions les montgolfières s'élever dans le ciel, j'ai réfléchi aux étonnantes similarités que nous partageons. J'ai pris conscience que nous sommes *tous* à bord d'une montgolfière. Que nous le reconnaissions ou non, nous participons tous à une course. Certains restent au sol à la recherche d'un moyen grâce auquel ils pourront se libérer et s'envoler. Il y a aussi ceux qui décollent, mais qui ne prennent pas d'altitude, parce qu'ils transportent trop de lest. Leurs cordages et leurs poids les alourdissent alors même qu'ils essaient de se libérer pour s'envoler.

En s'élevant, on remarque que certaines montgolfières fusent immédiatement vers le ciel, alors que d'autres avancent en rase-mottes, décollant à peine du sol. C'est généralement là que quelqu'un accourt et crie à l'équipage qui lutte pour s'envoler : « Trop de poids ! *Jetez du lest !* »

Après un moment, le passager de la nacelle comprend. *C'est tout ce poids qui m'empêche de m'élever !* Il se met alors à jeter du lest par-dessus bord aussi vite qu'il en est capable et en réponse, la montgolfière commence à s'élever.

Le voyage que vous êtes sur le point d'entreprendre vous concerne : votre montgolfière, votre lest, vos cordages, les facteurs qui vous maintiennent au sol. Vous avez deux choix : vivre comme vous l'avez toujours fait, *ou* identifier et dépasser ce qui vous a toujours retenu. *Vous pouvez voler.* L'atmosphère, le panorama, la vie elle-même, seront tellement plus excitants quand vous aurez trouvé comment dépasser les contraintes qui vous retiennent.

Alors, découvrons où se cache votre lest... et jetons-le par-dessus bord.

3

Les cinq lois
des contraintes personnelles

Plus de trois décennies séparent le travail accompli avec Janice et Tony et le temps passé avec Peter et Daniel.

Entre temps, mon organisation a eu le privilège de travailler avec certains des plus remarquables leaders de notre époque dans le domaine des affaires, du sport et de l'éducation. Nous tirions systématiquement le même scénario des données recueillies : dans tous les domaines, des individus capables et talentueux sabotaient leur propre réussite. Néanmoins, ils découvraient aussi qu'ils pouvaient faire fructifier leur potentiel, une fois leurs contraintes identifiées et dépassées. En nous fondant sur nos expériences et nos découvertes, nous avons créé un système complexe permettant de déterminer avec précision les facteurs qui limitent notre performance. Nos clients ont alors été en mesure d'élaborer un plan personnalisé axé sur le dépassement de leurs contraintes.

Au cœur du système, on retrouve un ensemble de principes élémentaires qui décrivent l'impact des contraintes personnelles sur la vie de l'individu. Je les appelle les cinq lois des contraintes personnelles. Prises ensemble, ces lois établissent de solides fondements pour le programme de croissance personnelle présenté dans les chapitres qui suivent.

PREMIÈRE LOI : *NOUS AVONS TOUS DES CONTRAINTES PERSONNELLES*.

Nous connaissons tous des personnes publiques qui font les manchettes des quotidiens parce qu'elles succombent à la rage, à la convoitise et à leurs faiblesses morales. Par ailleurs, nous sommes tous conscients que d'autres contraintes jouent sur une plus petite échelle – les parents trop critiques à l'égard de leurs enfants, le patron trop sur la défensive pour entendre les commentaires. Les contraintes font partie de la nature humaine. J'en ai. Toutes les personnes que je connais en ont. Vous en avez aussi. Comme nous l'avons vu, certaines contraintes causent plus de dommages que d'autres. Il ne sert à rien de se concentrer sur les inconvénients mineurs quand un déraillement majeur se prépare un peu plus loin sur la route.

En élaborant le processus de DCP, j'ai découvert que les contraintes personnelles se divisent en trois catégories.

1. *Les contraintes sans conséquence* : au quotidien, les contraintes de cette catégorie ne font pas une grande différence, à moins qu'elles n'aillent à l'encontre d'un rôle ou d'un emploi. Ainsi, ne pas avoir le sens de la mode, être trop petit ou trop grand ou être gaucher ont généralement peu d'impact sur la réussite.

2. *Les contraintes « transférables »* : ce sont les contraintes dont on peut se libérer en déléguant la tâche à quelqu'un d'autre. Elles pourraient se révéler critiques, mais ne le deviendront pas si les solutions sont fournies par autrui. Parmi les contraintes «transférables», mentionnons les facteurs comme le désordre (engagez une femme de ménage), le manque d'organisation (engagez un secrétaire ou une assistante) et être faible en orthographe (ayez recours à un correcteur orthographique ou engagez un réviseur).

3. *Les contraintes qui vous appartiennent* : dans cette catégorie, on retrouve les contraintes qui ont le plus gros impact sur votre vie professionnelle et personnelle. Ainsi, je m'entête

à essayer d'engager quelqu'un qui se chargera de mon entraînement au gym à ma place… mais je n'y arrive pas. Parmi ces contraintes, mentionnons les comportements comme une piètre estime de soi, le manque de maîtrise de soi, de même que les traits de caractère (par exemple, ne pas être fiable) que vous êtes seul à pouvoir changer. C'est en vous attaquant à cette catégorie que vous obtiendrez les meilleurs résultats.

Tout le contenu de cet ouvrage concerne les comportements de la troisième catégorie. Je n'ai nulle envie de gaspiller un temps précieux sur des contraintes négligeables ou sans importance. Les tâches dont je peux charger quelqu'un d'autre ont certainement de l'importance, mais elles seront toujours secondaires par rapport aux contraintes cruciales que je suis le seul à pouvoir confronter et corriger.

Après avoir examiné nos buts, nos rôles et nos relations, nous sommes mieux placés pour faire la part entre les contraintes dont nous pouvons faire fi, celles que nous pouvons déléguer et celles qui nous appartiennent. Savoir faire la différence constitue la clé pour quiconque veut cerner les contraintes qui nuisent le plus à sa réussite. C'est uniquement à partir de là qu'on peut s'attendre à obtenir les résultats souhaités.

DEUXIÈME LOI : *ON NE PEUT DÉPASSER LES CONTRAINTES QU'ON NE VEUT OU QU'ON NE PEUT AFFRONTER.*

Une vieille histoire circule à propos de la façon dont les chasseurs capturent les singes en Afrique. Ils évident une noix de coco en faisant en sorte que le trou soit juste assez grand pour la main d'un singe. Ensuite, ils déposent une orange ou une banane à l'intérieur de la noix et enchaînent la noix à un arbre. L'odeur attire un singe qui passe sa main dans la noix, mais découvre vite que le trou n'est pas assez grand pour qu'il puisse retirer à la fois sa main *et* le fruit qu'il convoite. Pour sortir la main, il faudrait qu'il laisse tomber ce qu'il tient. Mais il ne peut s'y résoudre. Il veut tellement le fruit qu'il ne le laissera pas tomber, même pour échapper aux chasseurs qui n'ont alors aucun mal à l'attraper.

Comprenez-vous ce que je veux dire ?

Beaucoup sont prisonniers de contraintes auxquelles ils continuent de s'accrocher avec ténacité – y compris les problèmes non résolus du passé – parce qu'ils sont incapables de les affronter ou qu'ils ne veulent pas le faire. À l'instar du singe, ils restent paralysés, enchaînés entre deux mondes, sans comprendre qu'ils choisissent le déni au détriment de leur liberté.

Souvenez-vous du jeune Tony qui a fini en prison et de Daniel qui refusait de faire son examen de conscience. Les problèmes irrésolus de ces deux êtres leur ont nui et les ont empêchés de grandir. Dans le cas de Daniel, le succès remporté dans les autres domaines de sa vie lui a fait croire qu'il n'avait pas besoin de travailler sur ses faiblesses. Quant à Tony, il s'est retrouvé en prison, probablement parce qu'il n'a jamais cru qu'il pourrait changer et devenir meilleur.

Malheureusement, les deux positions sont trompeuses : pour vivre pleinement, dépasser ses contraintes n'est pas seulement possible, mais nécessaire. L'acceptation de ce fait nous aide à lâcher prise sur l'ancien pour embrasser le nouveau.

TROISIÈME LOI : *NOS CONTRAINTES PERSONNELLES AFFECTENT TOUS LES DOMAINES DE NOTRE VIE.*

J'ai encouragé Peter à obtenir une rétroaction précise de la part de ses collègues et de son épouse pour une bonne raison : les problèmes qui font surface au travail ont tendance à nous suivre à la maison. Vous avez peut-être déjà entendu cette phrase : « Où que vous soyez, vous y êtes. » Elle s'applique à nos contraintes : *elles nous suivent partout où nous allons.* Cette prise de conscience n'a pas pour but de vous condamner pour vos limitations, mais de vous aider à comprendre plus clairement leur impact. Si vous êtes difficile à vivre au travail, il y a de fortes chances pour que vous soyez difficile à vivre à la maison.

Les contraintes personnelles prennent plusieurs formes. Bien que la plupart soient d'ordre comportemental, il arrive que certains individus présentent des contraintes physiques ou intellectuelles si gênantes qu'elles jouent contre tous les efforts qu'ils déploient pour avancer dans la vie. Pourtant, aussi évidentes soient-elles, on prétend ne rien voir tout en croyant bien faire, alors qu'en réalité, on lèse la personne en ne vidant pas la question.

Prenez par exemple la situation de Richard.

Nous venions de conclure une réunion avec les cadres supérieurs de l'entreprise avec laquelle nous travaillions. Avant de lever la séance, je voulais faire un bilan de la réunion. Je voulais aussi poser une question à l'un des deux hommes siégeant à la table avec moi.

«Parlez-moi de Richard», ai-je lancé. «On dirait un homme intelligent, avec beaucoup de potentiel. »

Le PDG m'a tout de suite répondu : « Il est très intelligent et son éthique professionnelle est remarquable. »

Ma question suivante a pris les deux hommes au dépourvu : «Parlez-moi de cette bosse qu'il a sur le front. Savez-vous quelque chose à ce sujet ? »

Les deux hommes ont échangé un regard. Ni l'un ni l'autre ne semblait vouloir admettre l'existence de ce qui était – pour moi – la caractéristique physique la plus marquante de Richard : une grosse protubérance sur un côté du front. Finalement, l'un des deux hommes a répondu : «Quand nous l'avons engagé, il avait déjà une bosse sur le front, mais elle a grossi. Au début, ce n'était pas un problème parce que son travail et ses responsabilités étaient très limités. Toutefois, il rencontre des clients toute la journée et il représente l'entreprise lors de nombreux événements. Nous ne lui en avons jamais parlé – comment pourrions-nous mettre le sujet sur le tapis ? »

« Je vais lui en parler pour savoir quel est le problème », ai-je annoncé. Les deux hommes ont eu l'air choqué que je veuille discuter de la question avec Richard. J'ai pris rendez-vous pour notre prochaine rencontre et demandé de rencontrer quelques personnes en privé, y compris Richard, de manière à pouvoir étudier avec elles les données concernant leurs contraintes personnelles.

Je ne comprenais pas pourquoi personne n'avait abordé la question avec Richard, mais… je suis psy. Mon désir est d'aborder *tout* ce qui affecte le bien-être des gens et leurs chances de réussite. Bien que certaines choses soient impossibles à changer, je crois qu'elles sont beaucoup plus rares qu'on se l'imagine. Dans ce cas précis, je voulais en savoir davantage. Même si la question restait délicate, ses ramifications ne l'étaient pas. Comment pouvait-on faire semblant de ne pas voir la bosse qui ornait le front de cet homme ? Elle avait la taille d'une balle de golf et se trouvait juste au-dessus de son œil droit.

La fois suivante, j'ai rencontré Richard dans son bureau. Je me suis assis et nous avons échangé quelques civilités avant que j'aborde la question.

« Richard, voudriez-vous me parler de cette bosse que vous avez sur le front ? »

Il m'a lancé le même genre de regard que ses patrons avant de répondre : « Est-ce qu'elle vous gêne ? »

« Pas du tout », ai-je répondu. « Mais elle constitue probablement un obstacle sur votre parcours professionnel et *ça*, ça me gêne. J'aimerais voir si on ne pourrait pas trouver une solution. »

Il m'a raconté son histoire : « Flip, quand j'étais au secondaire, je jouais au baseball. J'étais coriace, mais je ne mesurais que 1,75 mètres et je ne faisais pas le poids, alors j'ai pris des stéroïdes. En moins de six mois, des bosses sont apparues sur mes bras, une autre dans mon dos. En un an, celle que j'ai sur le front s'est mise à pousser. À l'époque, je pensais que ça en valait la peine pour pouvoir jouer contre les grands. Aujourd'hui, il faut que je vive avec les conséquences des choix que j'ai faits à cet âge-là. »

Je l'ai questionné : « Avez-vous déjà consulté pour savoir si on ne pourrait pas l'enlever ? » Il a secoué la tête, l'air songeur.

« À votre avis, que dirait votre conjointe si nous lui en parlions ? »

Il m'a jeté un regard en ricanant : «Connaissez-vous une femme qui veut être l'épouse d'une tête de nœud ? » J'ai aimé sa candeur et son sens de l'humour. Nous avons conclu que sa bosse n'avait pas à être la première chose qu'on remarquait en le voyant. Il a accepté de consulter son médecin et de s'informer des solutions.

Il a pris rendez-vous et, après examen, son médecin a conseillé l'ablation immédiate de la masse, étant donné qu'elle commençait à adhérer au crâne. L'assurance de Richard a payé la plus grande partie des frais et son patron s'est chargé de la franchise. Une fois l'excroissance disparue et l'espérance de vie de Richard fort probablement rallongée, cette histoire a connu une fin heureuse.

Mais certaines questions valaient la peine qu'on les étudie : *est-ce convenable qu'un homme traverse l'existence avec une excroissance sur le front dont personne ne fait état ? En tant qu'amis, membres de la famille ou collègues, devrions-nous laisser un congénère vivre ses jours sous le joug d'un facteur qui nuit de façon évidente à son rendement, à son apparence et/ou à sa réussite, sans chercher à l'aider dans la mesure du possible ? Ne vaut-il pas mieux courir le risque de vivre une seconde ou deux d'embarras et se débarrasser à tout jamais de l'éléphant qui encombre la pièce ?* La bosse sur le front de Richard le suivait partout où il allait et il est fort probable qu'elle faisait l'objet de plus d'une blague et d'une conversation en cachette.

Bien entendu, il ne s'agit pas d'une situation typique ; par ailleurs, en tant que psychothérapeute, j'ai un net avantage : les gens comprennent que je suis là pour les aider. Quand un sujet exige un surcroît de délicatesse, aborder une question intime ou difficile est un privilège qui se mérite en établissant une relation de confiance. Par ailleurs, on a d'abord intérêt à vérifier sa motivation et à s'assurer qu'on agit parce qu'on veut *le meilleur pour l'autre*, non pour soigner *son embarras à soi*.

Par ailleurs, beaucoup n'ont probablement pas conscience que certaines contraintes personnelles sont aussi visibles qu'une « bosse sur le front » ; ce sont les contraintes que notre entourage ne mentionne pas, mais qui détournent leur attention de nos plus belles qualités. Nous devons étudier honnêtement l'impact que chacune de nos contraintes exerce sur nous et sur notre entourage, car êtres chers, membres de la famille et employés méritent ce que nous avons à offrir de meilleur. Il y a de fortes chances pour que nous découvrions un élément qui gagnerait à être amélioré. On pourra même découvrir que la tâche n'est pas aussi difficile qu'on l'imaginait et que les récompenses surpassent de beaucoup les peurs initiales.

QUATRIÈME LOI : *NOS CONTRAINTES PERSONNELLES NOUS CONFINENT À CERTAINS RÔLES.*

Je suis né avec la dyscalculie, c'est-à-dire avec un trouble d'apprentissage de l'arithmétique. Imaginez ce qui arriverait si j'étais comptable ! Mon inadéquation avec les nombres ne ferait pas de moi le candidat idéal pour le poste. Je plongerais probablement l'entreprise dans la faillite et tous les gestionnaires se retrouveraient en prison. Les comportements ont tendance à colorer tous les domaines de notre vie, mais il y a un paradoxe : ce ne sont des contraintes qu'à partir du moment où elles nous empêchent d'atteindre des objectifs précis.

L'impact de nos contraintes variera donc selon notre rôle et selon le contexte. Le comportement qui nous limite dans un certain domaine se révélera un atout dans un autre. Ainsi, l'enseignant du niveau secondaire doté d'une forte pulsion agressive gérera plus difficilement son agressivité quand il donne un cours de mathématiques que lorsqu'il dirige l'entraînement de football après les cours, même s'il a intérêt à bien gérer sa tendance dans tous les domaines de sa vie. Le médecin de pratique privée sera bien servi par sa capacité d'analyse méthodique, mais ce trait de caractère nuira à celui qui occupe un poste en commercialisation ou dans la vente, où tout bouge très vite. Par ailleurs, ce trait de caractère se révélera irritant en relation, où la dissection de peccadilles devient vite extrêmement lassante.

Manquer d'agressivité est un handicap pour le coureur automobile, tout comme manquer de confiance en soi nuit au chirurgien cardiaque. Je ne peux rien faire d'un enseignant qui manque d'empathie et je ne veux pas de comptable qui carbure à la créativité. Nos contraintes personnelles nous confinent à certains rôles : c'est aussi simple que cela.

Pour bien comprendre nos contraintes, il faut les examiner en regard des différents rôles que nous assumons au quotidien. Nous devons évaluer chaque contrainte dans son contexte et déterminer si elle nous empêche de nous donner pleinement dans certaines situations ou positions.

CINQUIÈME LOI : *LES GAGNANTS SONT CEUX QUI ONT LE MOINS DE CONTRAINTES*.

Nous sommes ici au cœur du processus de dépassement des contraintes personnelles (DCP) : la récompense vient quand on se libère de ses contraintes. Année après année, nous avons réussi à prouver, grâce à des milliers d'histoires de réussite, que *les personnes qui choisissent activement d'identifier et de dépasser leurs contraintes se débrouillent mieux que celles qui ne le font pas*. En définitive, c'est une question de physique : moins votre bagage est lourd, plus vous irez loin. Cette dernière loi est porteuse d'espoir : vous pouvez agir pour changer votre situation actuelle et votre action aura des conséquences sur votre avenir.

Cependant, l'affaire se complique un peu ; par conséquent, suivez-moi bien : je ne dis pas que les gagnants sont *ceux qui ont le moins de contraintes*. Je dis plutôt que les gagnants sont *ceux qui apprennent à minimiser ou à éradiquer leurs contraintes essentielles*. La contrainte essentielle, c'est celle qui vous met régulièrement des bâtons dans les roues, celle qui nuit à vos relations et vous empêche d'accomplir un travail formidable. Les individus qui ont le moins de contraintes essentielles auront un meilleur rendement que les individus qui en ont le plus. C'est un concept qui mérite d'être étudié de plus près, car les pensées qui le déterminent sont importantes.

Il est vrai que plusieurs naissent tout simplement avec moins de contraintes que les autres. Prenez Vern Hazard, un des membres de mon équipe : comme mannequin international, il a voyagé à travers le monde. Il est séduisant, athlétique et c'est un érudit en anglais. Rares sont ceux qui, comme Vern, naissent avec tant de dons et de talents. Mais, le fait de naître avec moins de limites et de contraintes *n'a rien à voir* avec la croissance personnelle. La croissance personnelle, c'est travailler sur tout ce qui, dans votre vie, vous empêche d'exploiter votre plein potentiel.

Mark Stiles, un de mes bons amis, compare la question au baseball, avec une analogie que je trouve tout à fait appropriée. Selon lui : « Il y a des gens qui sont nés au troisième but, mais qui sont convaincus d'avoir frappé un triple. » D'un côté, la croissance personnelle ; de l'autre, naître avec l'avantage, l'influence familiale, des talents, des dons et des capacités : ce sont deux choses bien différentes et il ne faut pas confondre l'individu chez qui toutes ces richesses sont innées et celui qui apprend à exploiter ses dons de façon profitable. Vern déploie beaucoup d'efforts pour donner le meilleur de lui-même dans tout ce qu'il entreprend. Il est doué, j'en conviens, mais ce qui le distingue, c'est sa passion et son enthousiasme.

Au bout du compte, ce livre porte sur le fait de *gagner*. Par gagner, je ne veux pas dire que vous participerez à des courses ou que vous ferez plus d'argent que n'importe qui. Je veux dire que vous incarnerez le meilleur de vous-même. C'est ce que vous gagnerez à *être vous-même*, à devenir la version idéale de vous-même.

4

Présentation des dix principales contraintes destructrices

Nous sommes tous aux prises avec des contraintes potentiellement nuisibles et parfois même, dangereuses. Pensez au parent qui ne materne pas assez ses enfants ou à celui, surprotecteur, qui continue à fermer les yeux sur des comportements inappropriés en n'établissant pas de frontières claires. Pensez au patron ou au conjoint sur la défensive, fermé à toute discussion. Il est facile de minimiser la menace qui vient de nos contraintes, mais même celles qui sont apparemment inoffensives créent parfois de grands remous. Comment découvre-t-on la nature de ses contraintes ? Et que peut-on y faire ?

J'ai donné le nom de contraintes personnelles aux éléments qui inhibent notre performance parce que c'est ainsi qu'elles se manifestent. Nos contraintes nous empêchent de progresser, de nous élever et de considérer le monde d'un œil neuf.

En vérité, *nous avons tous des contraintes*. Et nous en avons tous plus d'une, deux ou trois. Le secret consiste à identifier et à changer les plus dommageables. Souvenez-vous de la montgolfière. Vous pouvez vous alléger en jetant par-dessus bord des poids de cinq cents grammes ou des poids de dix kilos. Je vous garantis que c'est en jetant des poids de dix kilos que vous vous élèverez le plus haut. Pour nous défaire de notre lest, c'est-à-dire de nos contraintes personnelles, nous devons déterminer quelles sont celles qui nuisent le plus à notre vie et prendre les mesures pour nous en défaire.

Ma pratique psychothérapeutique m'impose de mener à bien deux tâches essentielles pour chacun de mes clients : je dois d'abord poser un diagnostic et ensuite prescrire le traitement approprié. Dans toute situation, le diagnostic se révèle crucial. S'il est mauvais, il devient difficile – voire même impossible – de prescrire un traitement adapté.

Dans la vie, nous échouons souvent à faire le lien entre la souffrance ou la frustration qui nous assaille dans certains cas et la véritable source de notre mal-être, souvent un comportement caché ou un ensemble de comportements.

J'ai un collègue qui a diagnostiqué plusieurs cas de trouble bipolaire chez ses patients. Il possède vraiment l'art de traiter cette problématique ; toutefois au bout d'un moment, on aurait dit que tous ses patients souffraient de ce désordre mental. Or, beaucoup de ses diagnostics étaient erronés. Par conséquent, sa facilité à traiter le trouble bipolaire devenait accessoire : comme il posait de mauvais diagnostics, ses traitements étaient au mieux inutiles, au pire dommageables. Le diagnostic s'avère primordial dans l'évaluation d'un problème. *Le mauvais diagnostic entraîne l'application d'un traitement inapproprié.*

Alors, comment faire pour cerner correctement le problème et entamer un processus de changement ?

CONCENTRATION INÉBRANLABLE

Un samedi matin, je me préparais à sortir avec Mikey, mon cheval, afin de vérifier l'état du ranch. Tandis que j'enfilais mes vêtements de travail, Susan m'a dit qu'elle voulait discuter un moment. Je n'avais pas vraiment envie de perdre du temps, mais je voyais qu'elle avait quelque chose en tête. Comme je l'adore, que pouvais-je faire ? Elle voulait me dire qu'elle considérait que je travaillais vraiment trop. Selon elle, j'avais besoin de trouver une activité pour me détendre et m'aider à penser à autre chose qu'au travail et aux affaires. J'ai résisté à l'idée au début, parce que j'aime bien faire ce que je fais ; quoi qu'il en soit, j'étais conscient qu'elle avait raison.

Ce qu'elle m'a dit ensuite m'a estomaqué : «Pourquoi ne joues-tu pas au golf?»

C'était la dernière chose que je pensais jamais lui entendre dire; je suis resté assis là, l'air d'un parfait idiot. «Chérie, je n'ai pas joué au golf depuis l'adolescence. Par où est-ce que je commencerais et d'abord, pourquoi est-ce que je voudrais jouer au golf?» Ayant anticipé mes questions avant d'aborder le sujet, elle a répondu à toutes mes interrogations, avant de conclure avec une proposition.

«La prochaine fois que tu iras en Floride, prends une leçon d'un professionnel. Comme ça, tu verras si ça pourrait te plaire.» Après y avoir réfléchi, j'ai accepté de suivre sa suggestion.

Quelques mois plus tard, j'étais sur un terrain d'exercice de Floride en compagnie d'un entraîneur connu. C'était un professionnel : il avait travaillé avec les plus grands athlètes et certains des meilleurs golfeurs. Or, d'après les regards qu'il me lançait, je n'étais ni l'un, ni l'autre! Il a d'abord filmé mon élan (pour amuser la galerie, selon moi), puis nous sommes passés à la suite de la leçon (d'humilité, à ce point). Il s'est mis à énumérer tout ce qui clochait avec mon *swing* : je devais changer ma façon d'agripper le club, il fallait que je plie les genoux davantage et que mes hanches épousent plus étroitement le retour de l'élan. Par ailleurs, je ne décrivais pas le même arc chaque fois : il fallait régler le problème sinon, je n'aurais jamais un jeu cohérent. L'entraîneur est ensuite passé à mes poignets. Il a disséqué mon «coup de poignet» (allez savoir ce que ça veut dire) qui, bien entendu, faussait mon arc même quand je réussissais le mouvement, parce que je laissais mes poignets agir «à leur guise», ce qu'ils n'étaient apparemment pas censés faire.

Il a ajouté quelques commentaires sur la nécessité de ne pas bouger la tête en prenant mon élan et de garder en même temps le dos droit. Chaque nouvelle directive effaçait de mon esprit l'instruction précédente. À la fin de la leçon, j'étais tellement perplexe que je ne savais plus ce que je faisais. Trop de données. Je me sentais comme Charlie Brown sur le terrain de football, paralysé, incapable d'agir.

J'étais bien content de monter dans l'avion et de rentrer à la maison. Quelques mois plus tard, j'ai suivi une autre leçon de golf, cette fois avec Jeff Hunter, directeur professionnel du club de golf Miramont de Bryan, au Texas. Jeff est professionnel jusqu'au bout des ongles. Une fois sur le terrain d'exercice, il m'a observé pendant que je frappais quelques balles.

« Quand vous frappez, il faut que votre mouvement accompagne plus votre élan », m'a-t-il dit. Faisant suivre ses paroles d'une démonstration, il a accompagné jusqu'au bout le mouvement de son club et terminé son élan dans une posture frisant la perfection. J'ai essayé à mon tour quelques fois, prenant conscience de la différence que ce simple ajustement faisait dans mon *swing*. Après une minute ou deux, j'ai été stupéfait de voir Jeff tourner les talons et repartir en direction du pavillon.

Je l'ai interpellé : « *Hé ho !...* une seconde ! Où allez-vous ? »

Il m'a lancé : « Vous n'avez besoin de rien d'autre pour le moment. Pratiquez le mouvement. Nous en reparlerons quand vous l'aurez maîtrisé. » Et il m'a planté là.

Voilà. C'était tout ce que j'avais à faire. J'étais impressionné. Une heure plus tard, Jeff est revenu. Il s'est approché et m'a dit : « Il faut que vous perfectionniez ce mouvement. Il y a autre chose, mais pour l'instant, c'est ce qui vous profitera le plus. Continuez de pratiquer. Nous en reparlerons dans quelques semaines. » Et il est reparti.

Une chose. Pratiquez une seule chose et nous en reparlerons quand vous l'aurez maîtrisée. Ces paroles étaient comme du miel à mes oreilles, car Jeff m'avait donné un point de départ. J'avais un mouvement à maîtriser, un mouvement dont je pouvais vérifier les progrès à force de travail. Je n'avais pas dix trucs différents à retenir – une seule chose. *Accompagne le mouvement de ton club et tiens la pose.* Je dois l'admettre : je me pensais plutôt élégant quand je m'immobilisais à la fin de mon *swing* de magazine. J'ignorais pour tout dire quelle direction la balle allait prendre ; par contre, quelle prestance !

Mes parcours restaient dans les quatre-vingt-dix, mais j'étais prêt pour ma prochaine leçon. Elle était encore meilleure que la précédente. Jeff m'a dit que je devais ajouter à mon « arrêt impeccable », un meilleur contact avec la balle. Puis, il m'a laissé pratiquer.

Il a ajouté un nouveau point à chaque leçon. Bien entendu, il m'a donné plus de commentaires que je ne rapporte ici, mais son message restait le même : «Flip, vous ne pouvez pas tout régler en même temps. Vous ne pouvez vous concentrer que sur une partie de la tâche à la fois. Vous devez donc déterminer quels changements vous seront les plus profitables. C'est là-dessus que vous devez vous concentrer, sur ce qui vous retient le plus.» Quel processus brillant! Je n'ai pas encore atteint le niveau de performance qui m'intéresse au golf, mais mon jeu s'améliore et en tout temps, je suis prêt pour une autre leçon et un autre parcours.

J'aimerais vous faire réfléchir à un autre point. Selon vous, est-ce que c'était mon inexpérience ou mes clubs qui m'empêchaient de jouer dans les quatre-vingts à l'origine? Mon inexpérience, bien entendu. Combien connaissez-vous de golfeurs qui changent et rechangent constamment de bâtons sans que leur jeu s'améliore d'un iota? Si en changeant ce qui n'a aucune importance, vous négligez ce qui en a, vous gaspillez temps et argent, sans compter la frustration qui montera quand vous constaterez que vos efforts n'aboutissent à rien.

Jeff m'a montré comment me concentrer sur une seule chose à la fois – une étape à la fois – dans ma quête pour améliorer ma performance au golf. Quel qu'il soit, un défi comporte toujours un point de départ et des étapes successives.

C'est la même chose avec le DCP. Vous définissez d'abord votre plus grande contrainte – *le* facteur qui vous apportera le gain le plus important – et ensuite, vous vous mettez au travail pour vous en défaire. Une fois que vous aurez brisé votre première contrainte significative, vous tournerez vos efforts vers la suivante. C'est ainsi que fonctionne le DCP : vous vous concentrez sur *la seule chose* que vous devez faire à *cette étape* du processus.

N'oubliez pas qu'il s'agit d'un *processus*. Si la croissance est réelle, le processus est sans fin. Vous dépassez d'abord une première contrainte, puis vous identifiez la suivante. À chaque étape, vous constatez que votre vie s'améliore réellement et que vous atteignez des niveaux de performance inégalés.

Peu importe que votre pire contrainte soit que vous parlez trop, ou pas assez, que vous êtes paresseux ou timide, que vous manquez de maîtrise de soi ou que vous organisez tellement votre existence que vous n'avez pas le temps de la vivre. *L'important*, c'est que l'an prochain, vous ne soyez plus aux prises avec le même niveau de contraintes personnelles que cette année. C'est ce qu'on appelle la croissance.

Pour quiconque souhaite s'épanouir davantage, l'objectif doit être de se libérer des plus grandes contraintes de sa personnalité. À cette fin, il faut savoir les cerner, les « diagnostiquer », « rédiger une ordonnance » et mettre en œuvre un plan destiné à les briser et à les dépasser.

DÉFINISSEZ VOS CONTRAINTES

Le diagnostic le plus utile est celui qui identifie l'élément qui peut être changé. La première étape du processus consiste donc à définir exactement la ou les deux principales contraintes les plus nuisibles à votre vie. Les contraintes se manifestent à travers des comportements, des attributs et des états psychologiques qui inhibent l'expression du meilleur de soi.

Ce cadre inclut invariablement certaines contraintes impossibles à changer – limites physiques, par exemple : ainsi, peu importe votre désir de jouer au basket, vous ne pourrez jamais vous faire grandir. Le processus de Dépassement des Contraintes Personnelles cible le *comportement*, puisque nos actions font partie de ce que nous pouvons maîtriser. En changeant nos comportements limitatifs, nous pourrons transformer significativement notre quotidien. Ce qui nous amène à la question au centre de la croissance personnelle : *quels comportements dois-je changer et comment faire pour y parvenir ?*

LE *FEED-BACK* EST CRUCIAL

C'est malheureux, mais nous sommes souvent les plus mauvais juges de notre situation. Nos contraintes ont peut-être grandi parce que nous n'y prenions pas garde, ou peut-être leur nature nous a-t-elle carrément empêchés de les reconnaître. D'une façon ou d'une autre, ma pratique de la psychothérapie m'a convaincu que l'autoévaluation n'est pas un exercice efficace quand elle est pratiquée en solitaire. Au fil des ans, j'ai demandé à beaucoup d'individus quels étaient les aspects de leur personnalité qu'ils devaient améliorer; bien peu ont réussi à me donner une réponse précise.

Le fait est que l'autoévaluation est un oxymoron. On ne peut pas acheter un ouvrage traitant de croissance personnelle, le lire tout seul dans son coin et penser que l'évaluation qu'on fait de soi est juste. C'est un bon point de départ, mais l'autoévaluation n'est que l'un des éléments de l'équation. Si je vivais sans rétroaction (ou *feed-back*) de mon entourage, je pourrais penser que ma chevelure est superbe (même si elle s'éclaircit graduellement) et que j'ai tous les atouts pour devenir un jockey de renommée internationale (peu probable à 1,19 mètres). Le problème, c'est que la réalité ne reflète pas toujours les illusions dont nous aimons bien nous aveugler. Or moi, je veux vivre dans la réalité (en tout cas la majeure partie du temps). Je suis incapable de faire une évaluation complète de moi-même; il me faut la version de mon entourage pour brosser un portrait plus réaliste. Bien que cet ouvrage propose les outils essentiels à l'élaboration d'un plan profitable qui vous permettra de dépasser vos contraintes personnelles, c'est votre entourage qui détient plusieurs des clés indispensables à un diagnostic efficace.

Récemment, je faisais mes bagages avant de partir en voyage. Je rassemblais mes effets dans la salle de bain sous le regard de mes garçons, perchés sur le rebord de la baignoire. Comme ils critiquaient mes vêtements, je leur ai tourné le dos pour jeter un coup d'œil dans le miroir et déclarer que c'était heureusement sans importance puisque j'avais encore tous mes cheveux et aussi vraiment beaucoup de classe (ils m'avaient sérieusement taquiné). Bien entendu, l'un des deux n'a pu résister :

« Eh papa ! Tu devrais te regarder de dos pour voir de quoi tu as l'air ! » Et ils se mirent à rire tous les deux jusqu'à ce que je les chasse.

La prochaine fois, je ferai mes bagages tout seul.

Qu'importe, l'anecdote illustre une problématique fondamentale chez l'être humain : c'est un animal social. Par conséquent, nous avons besoin d'aide pour évaluer nos forces et nos faiblesses. Il reste à souhaiter que parmi ceux qui vous aideront à vous évaluer (nous y reviendrons), il y en ait de plus gentils pour vous que mes sacripants de fils l'ont été pour moi. Ce n'était pas très grave ; je m'en suis remis.

QUAND LA MOTIVATION RENCONTRE LA SCIENCE

Il y a plusieurs années, mon équipe s'est lancée dans l'élaboration longue et rigoureuse d'un processus destiné à définir les contraintes personnelles. Nous avons recueilli et comparé des données sur le comportement et l'attitude des chefs de file dans un grand nombre de domaines – cadres de société, enseignants, athlètes professionnels, mères au foyer, adjointes administratives, travailleurs de la construction, cadres intermédiaires, vendeurs, médecins et directeurs de ranch.

Je voulais déterminer les traits de caractère communs à tous ces individus, mais je voulais aussi comprendre ce qui les distinguait de leurs congénères dont la vie est un combat perpétuel. J'ai donc été plus loin : j'ai recueilli des données sur les gens moins productifs.

En analysant l'information, nous avons été frappés par nos conclusions. Toutes occupations confondues, les « battants » partageaient des schémas cohérents qui les distinguaient des « sous-performants ». En combinant ces informations aux études de cas et aux notes de consultation que j'avais accumulées en quelques décennies, nous avons mis au point un processus original et tout à fait valide sur le plan statistique.

Je me souviens bien la première fois que nous avons comparé les données des battants et celles des sous-performants. Les variations statistiques confirmaient toutes nos projections et validaient notre processus, en mesurant et en quantifiant des attributs comportementaux clairement associés au succès et à l'échec.

Au fil de notre démarche, nous avons découvert dix contraintes critiques qui, de façon répétée, seules ou combinées, se sont avérées dommageables en termes de croissance individuelle, de relations interpersonnelles et de carrière.

Nous les avons nommées les « dix contraintes destructrices » et nous les avons mises en scène dans des histoires et des anecdotes qui vous apprendront à reconnaître ces comportements en vous et chez les autres. Conçu de manière à fournir un « diagnostic » et une « ordonnance » fonctionnels, le processus s'accompagne d'étapes permettant de s'engager dans le processus de libération de chaque contrainte.

En parcourant les chapitres et en remplissant les questionnaires sur les contraintes, souvenez-vous que chaque évaluation fait simplement partie du processus d'identification de vos contraintes. Vous pourrez découvrir que vous avez plusieurs symptômes dans une seule contrainte, quelques symptômes dans plusieurs contraintes, ou plusieurs symptômes dans quelques contraintes. Vous découvrirez peut-être même que vous n'avez que deux ou trois symptômes dans une seule contrainte. Mais si les mêmes symptômes se retrouvent souvent sur la « scène du crime » de vos difficultés professionnelles ou relationnelles, on doit s'en occuper sérieusement si on veut vraiment progresser. Pour clarifier mon propos, je dirai que certains ne manifestent peut-être pas de contraintes assez intensément pour qu'elles soient dangereuses, mais à l'occasion, l'ombre de l'une d'elles pourra faire surface, surtout en période de stress. Pour conclure la description des dix principales contraintes, j'inclus donc en fin de chapitre une section sur la gestion efficace des relations interpersonnelles avec chaque type. Nous nous influençons et nous nous affectons mutuellement – pour le meilleur et pour le pire. Comprendre *pourquoi* nous agissons *comme nous le faisons* est une façon formidable d'aider notre entourage à transformer sa vie.

Pour vous donner une idée générale de la nature des dix contraintes, nous les avons personnifiées pour vous :

- Le Blindé (suffisant)

- L'Autruche (manque de confiance en soi)

- La Guimauve (surprotectrice)

- Le Critique (trop exigeant, tatillon, sévère)

- L'Iceberg (indifférent)

- L'Indolent (tiède, sans vision ni dynamisme)

- Le Bulldozer (trop dominateur)

- La Tortue (réfractaire au changement)

- Le Volcan (agressif, colérique)

- L'Impulsif (indiscipliné, spontané)

DEUXIÈME PARTIE

DÉFINIR SES CONTRAINTES PERSONNELLES

QUELLE EST VOTRE CONTRAINTE PERSONNELLE ?

Dans les chapitres suivants, vous apprendrez à connaître les dix types de contraintes destructrices communément rencontrés au quotidien (en nous ou dans notre entourage). Cependant, avant d'aborder chaque contrainte en détail, voici une évaluation sommaire qui vous fournira des pistes de réflexion quant aux contraintes qui vous entravent et soulignera les domaines où vous devrez déployer le plus d'efforts.

- Avez-vous de la difficulté à reconnaître vos torts ?

- Avez-vous des opinions bien arrêtées ?

- Face au *feed-back*, réagissez-vous d'abord en réfléchissant à ce qui cloche dans ce qu'on vous dit ?

Si c'est le cas, vous êtes du type *Blindé*.

- Aimeriez-vous avoir plus confiance en vous ?

- L'opinion d'autrui vous importe-t-elle beaucoup ?

- Avez-vous de la difficulté à laisser vos erreurs derrière vous ?

Si c'est le cas, vous êtes du type *Autruche*.

- Avez-vous de la difficulté à dire non ?

- Hésitez-vous à exprimer le fond de votre pensée ?

- Êtes-vous fréquemment épuisé parce que vous êtes impliqué dans plus d'activités que vous ne pouvez assumer ?

Si c'est le cas, vous êtes du type *Guimauve*.

- Attendez-vous beaucoup de vous et des autres ?

- Êtes-vous généralement sceptique face aux idées et aux opinions d'autrui ?

- Gardez-vous en mémoire les erreurs commises par d'autres ?

Si c'est le cas, vous êtes du type *Critique.*

- Vous a-t-on déjà dit que vous êtes difficile à saisir ?

- Vous demandez-vous pourquoi les autres établissent des relations plus intimes que vous ?

- Avez-vous de la difficulté à exprimer vos émotions et votre affection ?

Si c'est le cas, vous êtes du type *Iceberg.*

- Devez-vous lutter pour vous motiver ?

- Faites-vous souvent traîner les choses ?

- Est-ce qu'on a tendance à mal interpréter vos tendances nonchalantes ?

Si c'est le cas, vous êtes du type *Indolent.*

- Avez-vous besoin de tout régenter ?

- Vos opinions tranchantes vous font-elles la réputation d'une personne sans écoute ?

- Terminez-vous les phrases de vos interlocuteurs ?

Si c'est le cas, vous êtes du type *Bulldozer.*

- Le changement et l'incertitude vous rendent-ils nerveux?

- Avez-vous de la difficulté à modifier vos plans?

- Préférez-vous les approches qui ont fait leurs preuves?

Si c'est le cas, vous êtes du type *Tortue*.

- Dans une dispute, avez-vous tendance à vouloir avoir le dernier mot?

- Vos émotions montent-elles en flèche quand vous vous sentez contesté?

- Avez-vous tendance à trouver les gens frustrants?

Si c'est le cas, vous êtes du type *Volcan*.

- Cultivez-vous la spontanéité?

- Prenez-vous des décisions rapidement?

- Vous ennuyez-vous facilement?

Si c'est le cas, vous êtes du type *Impulsif*.

5

Première contrainte destructrice :
le type Blindé (suffisant)

En psychologie, un concept caractérise les personnes souffrant d'illusions de grandeur monomaniaques : le complexe de Napoléon. Et une très bonne raison explique que le nom de Napoléon représente à lui seul la contrainte de la suffisance.

Dans la nuit du 23 juin 1812, Napoléon envahit la Russie en faisant franchir le Niemen à ses troupes. Déterminé à vaincre deux des armées russes, il a décidé d'ajouter la Russie à la liste des nations qu'il a déjà conquises. Afin de s'assurer une campagne victorieuse, Napoléon part à la tête de 500 000 des 600 000 hommes de la Grande armée française.

La marche vers Moscou s'avère longue et pénible. En moins de cinq mois, soit le temps qu'il prend pour franchir la distance entre Paris et Moscou, Napoléon perd plus de 380 000 hommes. Son entreprise tourne à la catastrophe en raison du manque d'approvisionnement, des ravages causés par la maladie et la dysenterie et de la perte de milliers de chevaux et d'attelages. À cela s'ajoutent les efforts décourageants et inutiles de l'armée pour forcer un engagement avec un ennemi qui applique une politique de repli stratégique en ne laissant rien derrière lui. Durant cette longue marche, Napoléon impose des exigences épouvantables à ses troupes. Quand il atteint Moscou le 14 septembre, il ne lui reste plus que 100 000 hommes.

Niant complètement son amère et cuisante défaite, le conquérant mégalomane rédige un rapport si biaisé de la bataille de

Smolensk que tout porte à croire qu'il a combattu dans une autre guerre : « Je manœuvrais dans un pays qui était aussi bien disposé que la France à mon égard ; la population et les autorités étaient de mon côté ; je parvenais à obtenir des hommes, des chevaux, des provisions ; et Smolensk est une ville fortifiée » (1812, *Mémoires de Napoléon*).

Son récit ne présente pas même un grain de vérité. Il n'est pas le bienvenu, pas plus qu'il ne parvient à obtenir des chevaux et des provisions. En fait, il perd à peu près sept mille hommes dans la prise de Smolensk. Mais Napoléon est incapable de voir au-delà de son ego. Sa confiance en lui n'est pas le phare qui lui donne l'assurance d'aller de l'avant ; c'est une lumière aveuglante qui lui cache la réalité.

La prise de Moscou devait représenter une victoire glorieuse, mais dans le meilleur des cas, elle sonne creux. Les Russes ont vidé et incendié la ville plutôt que de la laisser tomber entre les griffes de Napoléon. Celui-ci n'a plus que le quart de ses hommes. N'ayant récolté comme butin de campagne qu'une ville en cendres, et craignant de perdre le pouvoir en France, il n'a d'autre choix que de retourner à Paris. L'hiver russe s'est abattu dans toute sa brutalité et les troupes sont harcelées tout le long du retour par les Russes et les Cosaques. Pitoyable, la Grande armée doit refaire le même chemin en sens inverse et traverser une terre brûlée, sans abri, sans nourriture, sans approvisionnement.

Parti avec près de cinq cent mille soldats, Napoléon rentre à Paris à la tête de moins de dix mille hommes. En moins d'un an, il a perdu presque un demi-million de soldats.

Et pourtant, il déclare que sa campagne est un succès !

Il entre dans Paris entouré de la pompe et des circonstances d'un chef victorieux, de retour d'une conquête militaire. Confiant dans sa réalité, il déclare sa victoire sur les Russes et célèbre la défaite de Moscou.

C'est là le point essentiel : Napoléon était *confiant dans sa réalité*. Non pas la réalité, mais *sa* réalité.

Règle générale, la confiance en soi est une bonne chose. Bien équilibrée, c'est même une excellente chose. Mais la suffisance est probablement la plus destructrice des dix contraintes. J'ai vu des gens jouer les économies d'une vie sur une intuition. Même après avoir perdu tous leurs biens, ils *restaient persuadés* qu'ils avaient eu raison. Parce qu'à leurs yeux, ils étaient Blindés.

S'ils se contentaient de risquer leur vie ou leur avenir, ce ne serait pas si terrible qu'ils parient tout ce qu'ils ont sur une affaire en laquelle ils croient.

Mais ce n'est pas ainsi que les choses fonctionnent.

Les gens aux prises avec cette contrainte misent tout ce qu'ils ont sur la perception qu'ils ont raison. Malheureusement, « tout ce qu'ils ont » engage généralement la vie et l'avenir d'autrui.

Napoléon n'a pas misé *son* avenir en envahissant la Russie. Il a sacrifié l'avenir – la vie – *d'autrui* à ses desseins. Un demi-million d'hommes et leur famille ont *tout* perdu dans l'échec de son pari russe. Au début, Napoléon voulait envahir la Russie parce qu'il ne se sentait pas tenu de se soumettre à un traité et qu'il pensait pouvoir tout conquérir par la force guerrière. Malheureusement, la victoire russe s'est transformée en roulette russe, à une exception près – les chambres étaient chargées… et Napoléon l'ignorait. Par la suite, son ego en étant incapable, il a refusé d'admettre la catastrophe qu'il avait précipitée.

Pour être un meneur d'hommes, il faut se soumettre à certaines exigences et assumer certaines responsabilités. Ceux qui sont appelés à diriger doivent toujours peser le pour et le contre ; ultimement, ils doivent être prêts à payer le même prix qu'ils s'attendent à ce que les autres paient. Par exemple, à titre de propriétaire d'entreprise, je n'ai pas le droit de demander à mon personnel de soutenir un projet que je veux entreprendre si je ne suis pas disposé à compenser les sacrifices que chacun devra faire pour qu'il devienne réalité.

La suffisance de Napoléon l'a coupé de la conscience de ses actions. Mais, comment peut-on passer devant des milliers de cadavres d'hommes et de chevaux, devant des milliers d'hommes agonisant du typhus ou de faim, jour après jour, sans prendre conscience que la situation est désespérée ? C'est facile – il suffit d'être aveugle. Et la suffisance possède un pouvoir aussi aveuglant que mortel.

On la voit à l'œuvre chez le fonctionnaire ; par exemple, le politicien qui se présente devant le peuple et nie la vérité, croyant qu'il est au-dessus des lois et que la fin justifie les moyens. On la voit à l'œuvre chez les jeunes incapables d'accepter qu'un autre ait remporté la victoire dont ils étaient certains qu'elle leur appartenait. On la voit à l'œuvre chez ceux – hommes et femmes – qui risquent tout ce qu'ils possèdent et qui échouent, sans jamais comprendre que leur échec est intimement lié à leur incapacité d'évaluer une situation avec lucidité en raison de leur trop grande assurance.

La capacité d'accueillir le *feed-back* avec plus ou moins d'ouverture d'esprit constitue un excellent indice que la suffisance est bel et bien une de nos contraintes personnelles. Quand nous n'écoutons plus les autres, il ne reste qu'une seule voix : la nôtre. Et elle peut se révéler aliénante et trompeuse, surtout quand on est certain de toujours avoir raison. Napoléon n'écoutait pas. Il n'avait pas besoin de le faire – il était Blindé. Sauf qu'il ne l'était pas vraiment.

Sa carrière a commencé à décliner après son invasion manquée de la Russie. Exilé deux fois, il est mort sur l'île de Sainte-Hélène, des suites d'une longue maladie que la rumeur a attribuée à un empoisonnement à l'arsenic.

ASSURANCE EXCESSIVE POINT-COM

À l'instar du personnage de Lucy de la bande dessinée *Peanuts*, les individus dotés d'une assurance excessive sont souvent autoritaires et énergiques. C'est un comportement qu'on rencontre fréquemment dans plusieurs secteurs professionnels et activités parmi les plus dynamiques de notre société, mais aussi dans les postes plus conventionnels – par exemple, directeur des ventes ou chef de la commercialisation. Les individus pleins d'assurance ont souvent une personnalité magnétique; par ailleurs, ils semblent avoir réponse à tout. Beaucoup d'entrepreneurs sont affectés par cette contrainte. Dans un sens, il leur faut beaucoup d'assurance pour courir le risque de concrétiser ce que d'autres ne peuvent ou ne veulent réaliser. Mais si d'autres traits de caractère comme la maîtrise de soi et/ou l'humilité ne viennent pas compenser leur assurance, elle finira tôt ou tard par faire plus de mal que de bien.

Durant l'explosion des entreprises sur Internet de la fin des années 1990, je me rappelle m'être rendu à Dallas pour assister à des réunions d'investisseurs. Ces messieurs se rencontraient pour étudier les opportunités d'affaires qui leur étaient présentées. Lors de l'une de ces réunions, j'étais assis face à l'ex-président d'une jeune société point-com, qui venait nous présenter une nouvelle idée d'entreprise sensationnelle. Il venait de vendre les parts de sa première société et il a fait en sorte que nous sachions qu'il avait réussi un beau coup sur le marché. Il était clair qu'il s'attendait à ce qu'on lui confie le capital de risque nécessaire pour mettre en œuvre ce nouveau projet issu de son brillant cerveau. Ses antécédents étaient ponctués d'entreprises à court terme. Le plus frappant, c'était son style flamboyant et ostentatoire. De sa façon de parsemer ses propos de noms de célébrités, à la manière dont il avait soigneusement retourné et plié son manteau pour en exhiber la griffe avant de le déposer sur la chaise près de lui, il a fait retentir plusieurs sonnettes d'alarme consécutives.

Au cours de la discussion qui a suivi la présentation, j'ai questionné le fait qu'il n'y avait pas de plan d'affaires. Le groupe a rapidement écarté mes doutes. Quant à la star du point-com, il m'a dit à la blague que j'étais probablement le dernier dans mon quartier à avoir remplacé mon téléphone à cadran par un appareil à clavier.

Poursuivant la discussion, les investisseurs ont abordé la question des profits de l'entreprise et du moment où ils «attaqueraient» le marché. Les montants avancés étaient calculés en fonction de l'idée que le public visiterait le site en masse pour prendre connaissance des plus récentes nouvelles et opportunités, et l'entreprise leur vendrait de la publicité; c'est grâce à cette activité qu'au bout du compte, l'affaire engendrait des bénéfices. Aucune recherche commerciale n'a été présentée à l'appui des chiffres astronomiques et des prétentions dont il a été question ce jour-là. J'ai continué à poser des questions élémentaires sur l'absence de plan d'affaires et sur la tendance du directeur du projet à sauter d'une idée à la suivante sans se poser assez longtemps pour en mener une seule à terme.

Bien qu'enrobées dans un style charismatique, les idées du présentateur misaient beaucoup sur la chance et très peu sur le contenu. Pourtant, l'attrait des opportunités que la bulle Internet faisait miroiter à l'époque aux investisseurs a rapidement écarté mes objections (et celles d'un collègue). En fin d'analyse, plusieurs ont accepté le concept en raison de l'assurance débridée de son présentateur. Il a tellement bien vendu son idée que les investisseurs n'ont eu aucun doute quant à son succès.

Or, il a échoué.

L'entreprise a engouffré plus de cinq millions de dollars avant de finalement fermer ses portes.

Et notre présentateur aux fringues griffées ? Il a reçu un salaire annuel de 250 000 dollars pour diriger un projet qui s'est soldé par un échec. Fidèle à lui-même, il a quitté la société avant qu'elle ne sombre parce qu'il avait une nouvelle idée encore plus brillante à proposer à un autre groupe d'investisseurs.

Bien qu'il ait enlevé l'affaire grâce à son style persuasif, il y a englouti sa crédibilité et l'avenir du groupe qui avait choisi d'investir en suivant ses conseils. Comme les investisseurs en capital de risque gravitent dans les mêmes cercles, on peut parier qu'un jour ou l'autre, les actions de cet homme le rattraperont. Le « négociant » devra éventuellement négocier avec lui-même.

Bien entendu, on dit toujours qu'avec du recul, on avait vu venir. Il est certes facile de souligner les problèmes en jetant un regard en arrière, mais je savais déjà à l'époque que l'explosion des entreprises sur Internet serait un échec.

Pourquoi ?

Ce n'est pas en raison de mon intelligence supérieure : les données parlaient d'elles-mêmes. Après avoir dressé le profil de plusieurs chefs d'entreprise point-com, nous avons établi des traits de comportement presque identiques – tous chapeautés par une confiance en soi irréaliste.

Êtes-vous du type Blindé ?

Parmi les énoncés suivants, cochez ceux qui vous ressemblent et faites le total.

☐ C'est surtout grâce à ma contribution que les équipes avec lesquelles je travaille réussissent et réalisent des choses.

☐ Les personnes qui atteignent mon niveau de performance sont rares.

☐ Quand j'ai une idée, je vais de l'avant sans demander aux autres leur avis sur la meilleure façon de procéder.

☐ Je suis plutôt indifférent à l'opinion qu'on a de moi et aux sentiments qu'on ressent à mon égard.

☐ Certains me disent arrogant, mais je me contente d'exprimer les choses comme elles sont.

☐ Je crois fermement à mes intuitions, même quand elles ne sont pas corroborées par les faits.

☐ Les gens me disent souvent qu'ils n'ont pas le sentiment que je les écoute.

☐ Quand il s'agit d'admettre mes erreurs, je peux tolérer une partie du blâme, mais je me concentre surtout sur les fautes de l'autre.

☐ Dans un conflit interpersonnel, je m'arrête rarement pour réfléchir avec objectivité à ce qui arrive ou pour demander à un tiers de m'expliquer comment j'ai contribué au conflit.

☐ J'ai parfois l'air condescendant quand j'exprime mon point de vue.

Quelles sont vos tendances?

Indiquez le total obtenu ci-dessous.

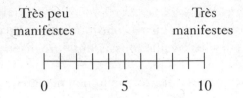

À l'aide! Je suis du type Blindé!

Me voici dans une situation délicate : j'essaie de communiquer aux personnalités les plus fortes qui soient qu'il faut probablement qu'elles procèdent à quelques ajustements. C'est un peu comme essayer de vendre de la glace à un Inuit!

Il n'y a pas longtemps, un de mes amis s'appliquait à remplir le profil Flippen quand il a été arrêté par le mot «entêté». Ne sachant si l'épithète s'appliquait à lui, il a demandé à sa conjointe : «Chérie, est-ce que je suis entêté?» Le silence a accueilli sa question. Après quelques secondes, il a compris. «Allons donc! s'est-il écrié. Je ne suis pas entêté. Si quelqu'un a un point de vue différent du mien et qu'il ou elle me fournit un argument que je trouve sensé, je suis capable de m'adapter. Ce n'est pas de l'entêtement.» Le silence s'est étiré quelques secondes de plus… Il avait la confirmation de sa réponse. On perçoit souvent les gens pondérés comme des entêtés; or, la perception *constitue* la réalité. J'aimerais donc que vous vous penchiez sur votre capacité d'apprentissage. Êtes-vous capable d'apprendre? Les autres sont-ils de votre avis – ou ont-ils l'impression d'être des vendeurs de glace en Alaska?

De bien des façons, cette contrainte pourra s'avérer des plus débilitantes, étant donné que votre entourage en viendra à éviter de vous faire part de ce qu'il pense si son *feed-back* n'est pas le bienvenu. Et faites attention! Ne posez pas trop de questions la prochaine fois que quelqu'un vous donne son avis – c'est tout aussi mortel! Même si certains commentaires vous rendent perplexe, contentez-vous pour l'instant de dire «merci». Vous déciderez plus tard si des éclaircissements s'imposent.

Voici un autre thème crucial : « traîner » les gens derrière vous, au lieu de les inciter à vous accompagner. Je ne connais pas beaucoup de gens qui aiment ou supportent d'être traînés à leur corps défendant ; par conséquent, faites preuve de circonspection. J'ai remarqué que certains parlent tellement fort que personne ne prête attention à ce qu'ils disent. C'est malheureux, car leur apport pourrait s'avérer précieux ; pourtant, on continue de faire la sourde oreille. Faites en sorte d'être sur la même longueur d'onde que la personne à qui vous voulez exprimer votre point de vue.

Même les Inuits ont parfois *aussi* besoin de glace !

Applications pratiques – étape par étape

Voici quelques exemples de comportements à adopter pour vous engager dès aujourd'hui dans le démantèlement de votre contrainte ! Si vous constatez, après avoir pris connaissance de toutes les contraintes, que le type Blindé compte parmi les obstacles qui vous nuisent le plus, l'application de ces étapes fera partie de votre plan proactif de dépassement, votre plan d'Action (que nous établirons au chapitre 15).

• Je vais faire en sorte de demander le *feed-back* de quelqu'un doté d'une forte personnalité. Je vais formuler deux questions en lien avec les aspects sur lesquels je travaille – par exemple : « Ai-je été entêté récemment ? » ou « Ai-je été assez à l'écoute des autres ? » Ensuite, je vais demander à cette personne d'évaluer chaque semaine mon comportement sur une échelle de un à dix. Si mon pointage est inférieur à dix, je vais l'accepter, remercier et demander : « Qu'est-ce que tu me suggères pour m'améliorer ? »

• Je vais cesser de me montrer aussi catégorique quand j'exprime mon opinion. Si je suis en désaccord avec les propos de mon interlocuteur, je vais m'efforcer de mieux écouter et de vraiment comprendre ses sentiments et son point de vue, plutôt que de me préparer mentalement à rétorquer. Quand on me demande mon opinion, je vais répondre *mais* je vais aussi poser des questions. De cette manière, j'éviterai d'avoir l'air tranchant et j'aiderai les autres à trouver eux-mêmes les réponses.

• Je vais rechercher plus activement le *feed-back* de ceux qui ont des opinions différentes des miennes. Par exemple, avant d'aller de l'avant avec mes idées, je les soumettrai à l'évaluation de personnes qui sauront poser les bonnes questions.

Comment gérer vos relations avec le type Blindé

Pour que les interactions avec une personne de ce type soient efficaces, il est essentiel de toujours faire en sorte qu'elle se sente validée. Même dans ses manifestations les plus extrêmes, cette contrainte présente des aspects positifs ; assurez-vous donc d'en faire mention. Voici certains points forts que vous pourrez souligner : confiance en soi, assurance, résilience, autonomie.

• Pour convaincre le type Blindé, accordez-lui la paternité d'une idée/d'une décision. Essayez une approche qui favorise des phrases comme : « Il y a quelque temps, vous avez exprimé quelque chose du genre ; j'étais tout à fait d'accord avec vous et j'ai poussé plus loin en ce sens. » Au lieu de définir le résultat que vous voulez obtenir, posez une question ou présentez un scénario qui permettra à votre interlocuteur Blindé d'en arriver à la conclusion souhaitée. S'il exprime son opinion, faites en sorte de le soutenir ; par ailleurs, évitez les énoncés catégoriques du genre « Ça ne fonctionnera pas » ou « Vous avez tort sur ce point ».

• Une des meilleures façons d'agir avec le type Blindé, c'est de l'écouter, d'approuver ses propos et de lui suggérer que vous pourrez peut-être l'aider en lui fournissant des renseignements additionnels. Servez-vous de ce que vous transmettez pour souligner les erreurs ou les errements de votre interlocuteur, mais faites en sorte qu'il comprenne que votre seul but est d'assurer son succès. La fermeté et l'inflexibilité fonctionnent rarement et mènent en général à un conflit qui pourrait devenir une source de ressentiment pour vous. Oui, le Blindé est une forte tête, mais cela ne veut pas dire qu'il soit mauvais ou méchant pour autant. Il lui arrive simplement d'avoir besoin qu'on l'aide à adopter un point de vue différent.

6

Deuxième contrainte destructrice :
le type Autruche (manque de confiance en soi)

Le type Autruche me rappelle Charlie Brown. Oui, je l'admets : j'adore Charlie Brown. C'est vraiment un bon petit gars ; il fait de son mieux pour se montrer gentil envers son entourage. Mais le fait est que cette contrainte destructrice le tient à la gorge. Personne ne le prend au sérieux. Incapable de soutenir le regard d'autrui quand il vit du stress, il se montre incroyablement indécis. Il se fait constamment supplanter par les autres ; pourtant, c'est l'un des plus gentils du groupe. Toujours attentionné et toujours oublié. Ce doit être décourageant de savoir qu'on a des talents qui n'auront jamais la chance de s'épanouir. Cette contrainte personnelle est responsable de pertes énormes : existences vécues à moitié, rêves jamais réalisés. Au fil des ans, j'ai rencontré mon lot d'Autruches, parfois dans les endroits les plus inattendus. Voici ce que j'aimerais leur dire : « Sortez-vous la tête du sable ! »

Mon bureau a reçu un coup de fil du Speed Channel, chaîne de télévision par câble pour amateurs de course automobile : on avait entendu parler des résultats que ma société obtenait dans le milieu de l'éducation et des affaires et on voulait savoir si les principes du DCP s'appliqueraient à la NASCAR.

La proposition était simple : après avoir choisi avec le client une équipe inscrite à l'association, nous aurions pour tâche de la rendre plus performante et plus rapide sur la piste en la soumettant à nos processus d'optimisation du rendement.

La première étape consistait à recueillir des données comportementales sur les membres de l'équipe, y compris les propriétaires.

Nous avions choisi l'équipe Fitz-Bradshaw appartenant à Armando Fitz et Terry Bradshaw; nous avions donc convenu de travailler avec l'équipe de la Marine de la Busch Series, au volant de la voiture numéro 14. Je ne savais pas grand-chose sur la NASCAR, même si j'en avais beaucoup entendu parler par mon fils Micah, fervent amateur de courses de stock-car.

Très vite, j'ai constaté que j'en avais beaucoup à apprendre. Lors de ma première rencontre avec l'équipe, un des hommes s'est penché vers moi.

«Alors, depuis combien de temps travaillez-vous pour la NASCAR?»

J'ai jeté un coup d'œil à ma montre : «Depuis à peu près vingt minutes.»

Je vous laisse imaginer à quel point mes «lettres de créance» l'ont impressionné. Tout ce que je savais de la course automobile, c'est que les pilotes virent beaucoup à gauche.

Néanmoins, au fil des rencontres, je n'ai pas été déçu. Je trouvais formidable de travailler avec ces hommes, tous passionnés de leur métier. Je n'avais jamais compris à quel point la course automobile est exigeante jusqu'à ce que je me retrouve au cœur de l'action. La chaleur est infernale et la plupart du temps, la cadence frise la folie. Pour les équipes de la NASCAR, la saison est extrêmement longue; elle dure de février à novembre, avec très peu de repos d'une semaine à l'autre.

Comme les courses ont lieu la fin de semaine, la vie de famille en paie le prix : le taux de divorce est beaucoup plus élevé dans cette discipline sportive que dans les autres sports. Les horaires sont chargés et la concurrence féroce.

Pour ajouter à la pression, les ratios des victoires de stock-car sont absolument uniques dans le monde du sport. Chaque semaine, entre trente-deux et trente-six pilotes participent à la Busch Series; un seul d'entre eux remporte la victoire. Le but n'est pas seulement de gagner, mais aussi d'accumuler des points. C'est un sport extrêmement dur et bien peu de coureurs parviennent au sommet.

Nous avions pour tâche d'améliorer la position de l'équipe Fitz-Bradshaw, alors en vingt-troisième place.

Nous avons pris le temps d'évaluer chaque membre et nous avons repéré quelques indicateurs soulignant des aspects qu'il valait la peine d'approfondir. Casey Atwood, le pilote, est un jeune homme au cœur vaillant. Il a commencé à courir à quinze ans et à gagner à dix-huit ans. Très bon pilote, il possède un talent inné remarquable. Par ailleurs, celui qu'on avait surnommé « le prochain Jeff Gordon » travaillait avec le même chef d'équipe depuis un certain temps.

Alors, où était le problème ? Pourquoi l'équipe se traînait-elle en vingt-troisième place au classement ? Quelles étaient ses contraintes ? Par où devions-nous commencer pour améliorer sa vitesse et sa performance ? Les questions se bousculaient dans ma tête.

PERDANT SUR LE CIRCUIT DE LA CONFIANCE EN SOI

Une de mes croyances fondamentales, c'est qu'aucun groupe, aucune organisation, ne peut s'élever au-delà des contraintes de ses dirigeants. Dans une équipe de stock-car, il y a plusieurs échelons de direction, à commencer par les propriétaires – et comme Terry Bradshaw l'admettait bien volontiers en riant : « Je suis la plus grande contrainte de l'équipe. » Il avait en partie raison sur certains points, mais pas pour ce qui était de la course en tant que telle. Durant l'épreuve, tout le monde a son rôle à jouer, mais les principaux protagonistes sont le pilote et le chef d'équipe. Il est évident que c'est le pilote qui mène le jeu puisqu'il conduit. Mais il adresse toutes ses demandes au chef d'équipe qui est censé apporter les corrections nécessaires pour assurer la maniabilité et la performance de la voiture sur la piste. Si le pilote et le chef d'équipe ont de la difficulté à communiquer, ils ont un problème.

Dans le cas de l'équipe de la Marine, le chef d'équipe de la voiture numéro 14 écoutait les demandes de son pilote Casey Atwood, mais il ne procédait pas nécessairement aux changements que celui-ci exigeait. Persuadé qu'il avait une meilleure solution pour corriger le problème, le chef disait souvent à Casey qu'il *avait effectué* les changements alors qu'en fait, il avait fait autre chose pour voir si cela n'améliorerait pas la performance de son pilote. Autrement dit, le chef d'équipe remettait en question la justesse des demandes de Casey et procédait aux changements qu'*il jugeait* nécessaires. De son côté, Casey ignorait que le chef n'effectuait aucune de ses requêtes.

En un rien de temps, les deux hommes en étaient arrivés à parler deux langues différentes. Casey a rapidement perdu son assurance et ses résultats médiocres sur la piste ont bientôt reflété l'effondrement de sa confiance en lui. Or, ce n'était pas le seul problème de Casey. Grâce aux données recueillies, nous savions qu'il avait très peu d'assurance, mais aussi qu'il était exagérément maître de lui. Résultat : c'était un pilote qui hésitait à courir des risques. Il était incapable de tirer parti des ouvertures périodiques qui lui auraient normalement assuré la tête du peloton. Par ailleurs, à son insu, il ne recevait pas le soutien de son chef d'équipe. Mis ensemble, ces éléments affectaient sérieusement sa performance.

Il nous fallait à la fois lui donner plus d'assurance et assouplir sa rigidité. La tâche n'a rien d'ardu du point de vue comportemental, mais une troisième contrainte compliquait la question : Casey était réfractaire au changement. Et pour ajouter à la confusion, le chef d'équipe s'entêtait à lui répéter qu'il faisait du bon travail, ce qui, dans les faits, était faux. Le moral et la cohésion de l'équipe étaient au plus bas.

Comment se manifestait le manque d'assurance de Casey sur le plan du comportement ? Premièrement, il ne prenait aucun risque. Qu'arriverait-il s'il démolissait la voiture ? S'il profitait d'une ouverture pour s'emparer de la tête et qu'il frappait le mur ? Après avoir fait quelques tours de circuit avec lui dans la voiture pilote, je peux dire sans mentir que je sais exactement comment on se sent. Quoi qu'il en soit, rouler à 225 km/hre sur une piste ovale dans la voiture pilote, c'est de la petite bière à comparer aux voitures qui font entre 260 et 300 km/hre, selon les circuits. Les pneus brûlants hurlent en permanence et ramassent tout ce qui, sur la piste, peut adhérer à leur surface. Avec l'accélération, les débris collés aux pneus fouettent les ailes de la voiture : on est en surcharge sensorielle tandis qu'on essaie en même temps d'éviter de heurter le mur qu'on rase à quelques centimètres près. Et tout cela au milieu d'un flot de voitures démentes qui n'ont qu'un seul but : vous doubler ou vous écarter du chemin. Le moins qu'on puisse dire, c'est que c'est un brin troublant.

Je n'avais pas de difficulté à comprendre qu'on soit réticent à doubler nécessairement toutes les voitures qui font du 290 km/hre. Mais, c'était le boulot de Casey. Quant au chef d'équipe, son travail consistait à lui donner la voiture avec laquelle il prendrait la tête.

Lors d'une course, Armando a déclaré : « Dites à Casey qu'il peut rapporter la voiture dans un sac à ordures, je m'en fous. Qu'il dépasse tous ces types ; je veux de l'action. » Pourtant, rien ne s'est passé. Fidèle à sa nature d'Autruche, Casey n'a pris aucun risque et la voiture est rentrée sans une égratignure.

Nous avons aussi travaillé sur les contraintes des autres membres de l'équipe. Au début, quand la voiture s'arrêtait au stand, l'équipe enregistrait un temps d'entrée-sortie de 16,7 à 17,5 secondes. À mesure que les membres apprenaient à mieux travailler ensemble, leurs résultats se sont améliorés. Ils sont parvenus à régler les problèmes qui ralentissaient leur routine lors de l'arrêt au stand.

Le manque de confiance en soi se manifeste aussi par l'incapacité de saisir les opportunités. Sur la piste, les voitures se rapprochent souvent beaucoup les unes des autres en entrant dans un virage. Par conséquent, il y a parfois trois voitures qui foncent de front dans la courbe. Cependant, il est presque impossible de franchir le virage dans cette formation, étant donné que la voiture circulant sur la travée extérieure doit couvrir plus de distance et ce, dans une position nettement désavantageuse – sans oublier le mur qui fonce sur vous à 260 km/hre… Si trois voitures s'engagent de front dans le virage, il y a bien des chances pour que l'une d'elles se fracasse contre le mur.

En général, un des pilotes cède et laisse les deux autres s'engager en premier. Bien entendu, le type de l'Autruche ralentira et laissera passer les autres. Indécis, il sera réticent à profiter de l'occasion qui se présente de doubler un concurrent. Il hésitera. L'incertitude n'est pas une bonne chose à 300 km/hre. Elle ne permet pas de remporter la victoire.

En plus des difficultés rencontrées sur la piste, Casey voyait son manque d'assurance lui nuire dans d'autres domaines de sa vie. Sa réserve et sa réticence à créer des liens affectaient sa relation avec ses commanditaires. Casey était formidable avec ses fans : on parlait de course automobile et il connaissait son affaire. Mais il n'avait pas la même facilité avec ses commanditaires. Il ne comprenait pas vraiment ce qu'ils lui voulaient et alors, son manque d'assurance le rendait maladroit. Casey était de nature timide, ce qui ne faisait que compliquer les choses encore davantage.

Au fil du temps, plusieurs des commanditaires et de leurs représentants ont fini par penser que Casey les snobait. C'était sans importance si la timidité et le manque d'assurance de Casey passaient pour de l'orgueil et de l'arrogance : les résultats étaient les mêmes. Conséquence : il a perdu la faveur de certains commanditaires, ce qui équivaut à un arrêt de mort en course automobile.

Même si les progrès de Casey étaient excellents, les commanditaires ont pressé Armando et Terry de changer de pilote. Casey arrivait à tirer le maximum de ses contraintes personnelles, mais elles étaient néanmoins sur le point de l'acculer au pied du mur.

De son côté, en dépit des difficultés personnelles de son pilote, l'équipe s'était beaucoup améliorée. Ses progrès se vérifiaient chaque semaine. Terry et Armando – deux types formidables à côtoyer autant sur le plan professionnel qu'autrement – acceptaient avec joie notre approche de travail. Et, oui... Terry Bradshaw est aussi amusant en chair et en os qu'il l'est au petit écran.

À mesure que chacun dépassait ses contraintes personnelles, l'équipe a gravi les échelons autant dans les courses de qualification qu'au classement. Au cours des trois premières semaines, l'équipe a réussi les meilleures courses de qualification de sa carrière. Au fil des mois, sa performance a continué de s'améliorer puis, de façon prévisible, elle a atteint un plateau quand ses membres ont atteint les limites de leurs contraintes. Dans ce cas précis, l'équipe de la Marine était passée de vingt-troisième à douzième au classement. C'était une amélioration incroyable en très peu de temps : les hommes avaient toutes les raisons d'en être fiers.

Casey faisait de son mieux pour se donner à fond en repoussant les limites de ses contraintes, mais ce n'était pas assez, ni assez vite. Entre ses performances sur la piste et la pression de plus en plus forte de certains commanditaires, sa carrière au sein de l'équipe Fitz-Bradshaw tirait à sa fin.

Au bout du compte, peu importe que Casey ait été un type attachant, bourré de talent et qu'il ait possédé des qualités formidables, ce qui comptait vraiment, c'était sa capacité à dépasser ses limites. Le manque d'assurance de l'Autruche finit par prendre le volant et déterminer du même coup son niveau de réussite possible.

En dépit du talent et des capacités de Casey, ses contraintes personnelles lui ont coûté son poste chez Fitz-Bradshaw.

D'où vient le manque de confiance en soi? Selon moi, on ne naît pas ainsi : je crois que certaines relations et certains événements déterminent l'image qu'on se forge de soi-même. Il s'avère donc utile de réfléchir à l'origine de cette contrainte.

SAGESSE DE GRAND-PÈRE

Trois mots ont changé ma vie.

Quand j'avais douze ans, mon grand-père – un homme que j'aimais, admirais et respectais – et moi travaillions sur notre ranch à faucher de longues herbes folles dont je ne connais pas le nom exact, mais que nous appelions des « fèves *senna* ». Comme elles envahissaient les terres basses, il fallait les faucher manuellement parce que le tracteur s'enlisait dans cette zone marécageuse.

Ce jour-là, il faisait très chaud et humide; j'avais probablement perdu quelques kilos à force de transpirer. J'aimais cette tâche exigeante, mais j'étais préoccupé par la partie de baseball où j'avais été lanceur la veille. Abordant le sujet avec mon grand-père, je lui ai expliqué en détail pourquoi j'avais mal lancé. J'avais raté plusieurs occasions formidables de retirer des joueurs sur des prises. Mon grand-père m'a interrompu : « Sais-tu ce que tu es en train de faire ? »

« Oui, monsieur », ai-je répondu. « Je repasse la partie d'hier soir et je critique mon jeu. »

« Fiston, sais-tu ce qu'il faut que tu fasses ? » m'a-t-il lancé. Nous avions interrompu notre travail et nous étions face à face. Appuyé sur sa faucille, mon grand-père m'a regardé droit dans les yeux et a prononcé trois mots que je n'oublierai jamais : « Vide ton sac. »

Constatant qu'à l'évidence, j'avais la tête pleine de points d'interrogation, il a élaboré : « En rangeant tes balles, ton gant et ton bâton dans ton sac après la partie, tu y as aussi mis ton échec. Il faut que tu vides ton sac pour être prêt à la prochaine partie. Tu passes ton temps à regarder en arrière. La seule chose qu'il y a derrière toi, c'est ton derrière, justement. Et crois-moi, pour l'avoir vu de mes propres yeux… le coup d'œil ne vaut pas l'effort ! Tire les leçons qui s'imposent de la partie d'hier et sers-t'en pour te concentrer sur l'avenir. »

Mon grand-père était plutôt taciturne, alors quand il ouvrait la bouche, ses paroles frappaient. Je n'ai jamais oublié ce qu'il m'a dit et encore aujourd'hui, je refuse de perdre du temps à regarder en arrière. Je veux certainement apprendre d'hier, mais je n'ai pas l'intention de perdre du temps à vivre de regrets et à ressasser des suppositions. La leçon est simple : on ne gagne pas la course quand on regarde en arrière.

Les épreuves, les conflits, les attentes déçues, les insécurités, les abus, les relations difficiles et les événements bouleversants de la vie nous lestent tous de lourds bagages dont nous devons nous défaire. Le secret consiste à se montrer disposé à « vider son sac » de ses blessures émotionnelles, car plus on enfouit ses émotions profondément, plus elles « empestent ». De plus, ces bagages constituent un poids écrasant à porter au quotidien.

Êtes-vous du type Autruche ?

Parmi les énoncés suivants, cochez ceux qui vous ressemblent et faites le total.

☐   Si je commets une erreur ou que je déçois quelqu'un, j'ai de la difficulté à passer à autre chose.

☐ Beaucoup de gens ont bien plus de talent que moi.

☐ L'opinion que les autres ont de moi m'importe énormément.

☐ Je suis timide et réservé. J'ai de la difficulté à lier connaissance avec des inconnus.

☐ Je m'efface assez facilement devant les fortes personnalités.

☐ Quand on me complimente, je me sens mal à l'aise si je ne fais que remercier, aussi ai-je tendance à détourner la conversation.

☐ Face à une nouvelle situation, je ne suis pas certain de savoir comment procéder sans l'aide et les directives d'autrui.

☐ Il m'arrive d'intérioriser de petites frustrations et au bout d'un moment, de tout déballer d'un coup,

☐ Je n'exprime pas souvent mon opinion, étant donné qu'un autre a probablement déjà la même.

☐ Je trouve le conflit très stressant, aussi ai-je tendance à l'éviter… parfois, en n'exprimant pas le fond de ma pensée.

Quelles sont vos tendances ?

Indiquez le total obtenu ci-dessous.

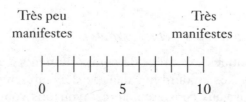

À *l'aide ! Je suis du type Autruche !*

Quand je parle à quelqu'un qui se débat avec cette contrainte, j'entame parfois la conversation en disant : « Spontanément, nommez-moi quelques-uns de vos points forts – les aspects où vous êtes certain d'exceller. »

En général, la personne tourne autour du pot un moment avant que je l'arrache à sa misère. Je reformule sa réponse et mentionne son humilité, tout en l'encourageant à s'identifier plus étroitement à ses points forts. On dirait presque que le type Autruche se regarde dans un miroir avec des verres embrouillés : il est incapable de voir sa beauté et son talent. En fait, si c'est votre cas, votre principal objectif consistera à reconnaître vos points forts et à vous les approprier réellement.

Voici une autre façon d'envisager les choses : imaginons que vous travaillez avec un enfant sur un projet. L'enfant fait de gros efforts, mais il commet des erreurs. Je sais exactement comment vous réagirez dans cette situation : « Allons, imbécile ! Fais les choses comme il faut. Mais fais un peu attention ! Ah non ! Pas encore ! » Bien entendu, je ne suis pas sérieux : vous ne vous exprimeriez jamais ainsi. Or, s'il ne convient pas de s'adresser de cette manière à un enfant, pourquoi est-ce juste quand vous *vous* parlez ainsi ?

Certains parmi mes plus chers amis doivent travailler cet aspect de leur personnalité et je souffre de voir à quel point ils intériorisent les choses. En écrivant ces lignes, je reviens en pensée sur certaines des périodes les plus houleuses de ma vie durant lesquelles je n'arrivais tout simplement pas à cesser de me fustiger. Je suis d'avis que nous gardions tous notre humilité et notre sensibilité, mais il ne faut pas laisser ces qualités devenir des contraintes.

Vous êtes unique : faites entendre votre voix !

Applications pratiques – *étape par étape*

Voici quelques exemples de comportements à adopter pour vous engager dès aujourd'hui dans le démantèlement de votre contrainte ! Si vous constatez, après avoir pris connaissance de

toutes les contraintes, que le type Autruche compte parmi les obstacles qui vous nuisent le plus, l'application de ces étapes fera
partie de votre plan proactif de dépassement, votre plan d'Action
(que nous établirons au chapitre 15).

• Je vais m'engager à m'approprier mes points forts : je vais
d'abord en dresser la liste et ensuite, je vais la relire chaque jour
jusqu'à ce que je les aie pleinement intégrés. (Vous aurez peut-
être besoin de l'aide d'une personne de confiance pour dresser
la liste.)

• Chaque fois que j'aurai des pensées d'autodénigrement,
je vais les remplacer par des énoncés plus justes. Par exemple, au
lieu de penser : « Je ne peux pas croire que je lui ai raconté ça…
C'était tellement maladroit de ma part ! Je parie qu'il est plus troublé qu'il ne voulait le laisser croire. Je voulais juste l'aider et voilà
ce qui arrive », je vais me dire : « Tout le monde peut commettre ce
genre d'erreur et il sait que j'essayais juste de l'aider. Par ailleurs,
il n'y a rien que je puisse faire ; par conséquent, je ne vais pas
perdre de vue l'importance de notre dîner. »

• Je vais me rendre dans une librairie pour acheter un cahier
dans lequel je vais commencer à tenir un journal. Je vais écrire
les pensées que j'ai à mon sujet et observer mon évolution au fil
du temps. (Périodiquement, relisez votre journal avec une personne de confiance qui pourra vous soutenir dans votre processus
de croissance.)

• Je vais casser mon image de personne toujours en quête
de l'approbation d'autrui. S'il arrive qu'on ne m'accorde pas cette
approbation, je vais prendre du recul et décider objectivement que
je peux poursuivre mon chemin. Tout en restant sensible à l'opinion d'autrui, je vais m'affirmer davantage.

Comment gérer vos relations avec le type Autruche

Pour que les interactions avec une personne de ce type soient
efficaces, il est essentiel de toujours faire en sorte qu'elle se sente

validée. Même dans ses manifestations les plus extrêmes, cette contrainte présente des aspects positifs ; assurez-vous donc d'en faire mention. Voici certains points forts que vous pourrez souligner : humilité, sensibilité, d'un grand soutien.

• Quand on communique avec le type Autruche, il faut à tout prix faire preuve de tact. Si vous devez le confronter, assurez-vous d'être celui qui convient à la tâche et n'oubliez surtout pas que ses oreilles amplifient la critique. Voici une bonne technique pratique : posez-lui des questions pour l'amener à voir les choses autrement sans qu'il se sente dénigré pour autant. Investissez dans le type Autruche et gagnez sa confiance : il finira par vous entendre correctement. Soulignez toujours ses qualités et son travail ; motivez-le, un peu comme si vous étiez sa meneuse de claque. Complimentez-le en disant, par exemple : « C'est parfait – vas-y ! » ou « Voilà qui est formidable ! » Faites en sorte qu'il soit placé dans une position qui comporte très peu de risques.

• Efforcez-vous de mieux écouter le type Autruche et de comprendre ce qu'il ressent. Devenez plus sensible à ses états d'âme en vous informant sur ce qu'il traverse. Posez-lui des questions comme : « Soyez sincère – que ressentez-vous actuellement ? » et « Je veux vraiment savoir où vous en êtes – est-ce que j'ai dit quelque chose qui vous a troublé ? » N'oubliez pas que la personne qui manque de confiance en soi a tendance à éviter les conflits et à ravaler ses sentiments. Pour lui faire avouer le fond de sa pensée, vous devrez probablement la sonder plus qu'une autre.

7

Troisième contrainte destructrice :
le type Guimauve (surprotecteur)

Amber est étudiante à l'université ; issue d'une bonne famille, elle est jeune, intelligente et jolie. Elle est gentille avec tout le monde et recueille les animaux errants. C'est une joie de la côtoyer. Amber a un petit ami – un jeune homme qui profite d'elle de plusieurs manières. Il est généralement en retard quand il vient la chercher pour sortir. Il oublie de téléphoner, contrairement à ce qu'il avait promis. Il oublie son anniversaire et la veille de Noël, il a demandé à sa mère de lui trouver un petit cadeau vite fait parce qu'il devait se rendre illico à une soirée avec des copains. Après qu'Amber et lui aient emménagé ensemble, elle n'a jamais hésité à faire sa lessive et à cuisiner ses repas. Elle établit même le solde de son compte bancaire !

Amber m'a tout expliqué avant de se mettre à pleurer et de m'avouer que son petit ami l'avait trompée. « Pourquoi me traite-t-il ainsi alors que je suis si généreuse à son égard ? » s'est-elle écriée.

« Il vous traite mal pour une bonne raison : il a compris que quelqu'un d'aussi gentil que vous ne le confronterait jamais au sujet de son comportement. Il prend ce que vous lui donnez puis, il se tourne vers les personnes qui ont les mêmes contraintes que vous pour obtenir d'elles tout ce qu'il peut », lui ai-je répondu.

Amber donne comme si tout en elle était inépuisable. Mais ce n'est pas le cas. En fait, beaucoup de gens se donnent complète-ment et ne comprennent pas que la relation où l'on donne sans jamais recevoir finit toujours par se tarir. Cependant, cette contrainte ne se manifeste pas du jour au lendemain. Elle naît au cours de l'enfance et touche les questions de frontières et de valeurs personnelles.

QUAND TROP, C'EST TROP

Dans *Oklahoma !*, Ado Annie chantait qu'elle était seulement « une fille incapable de dire non ».

Tout le monde connaît quelqu'un qui est reconnu pour sa nature accommodante : l'employée qui remplace ses collègues les fins de semaine et les jours fériés, la mère qui nettoie les dégâts de tout le quartier, l'ami qui prête de l'argent sans compter et n'en revoit jamais un cent. Nous adorons ces êtres généreux et altruistes qui nous simplifient la vie.

Alors, qu'y a-t-il de mal à avoir le cœur tendre ?

Les personnes surprotectrices ont souvent de la difficulté à établir des frontières. Leur comportement compatissant et altruiste dépasse la mesure convenable, autant pour elles que pour autrui. En fait, si vous êtes du type Guimauve, on en vient à s'attendre à ce que vous agissiez en mollasson. On s'y fie au point où si vous essayez de changer, on s'en offusque : soudain, vous n'êtes plus « vous-même ». On ne veut pas que vous changiez.

Les personnes exagérément maternantes sont incapables de confronter les responsables d'un problème. Ma conjointe Susan et moi avons une amie qui surprotège ainsi ses enfants depuis des années. Elle excuse toujours leurs comportements inappropriés, d'une façon ou d'une autre. Par ailleurs, quand elle décide de les corriger, elle s'adresse à eux comme si sa requête était incroyablement osée ; ses propos sont tellement dilués qu'ils n'ont plus aucun sens quand elle se décide enfin à parler. Elle est persuadée qu'elle peut corriger le comportement de ses fils à force d'amour, en leur donnant la « liberté » de grandir et de régler eux-mêmes leurs erreurs de comportement.

Le problème, c'est que sa contrainte personnelle a créé des contraintes dans la vie de ses deux fils. On ne sera pas surpris d'apprendre qu'ils restent égoïstes et irresponsables, même s'ils ont tous deux plus de quarante ans. L'un d'eux a été marié plusieurs fois. Ils n'arrivent pas à « se trouver » et sont incapables de persévérance. Leur mère excuse leur inconstance en affirmant qu'ils sont simplement en quête d'une activité pour laquelle ils ont des aptitudes. Elle ferait mieux de leur dire de se lever le matin et de se mettre en quête d'un emploi, plutôt que d'attendre que leur conjointe se charge de tout. De fait, les épouses assument maintenant plusieurs responsabilités dont maman s'était chargée pendant des années. Aucun des « garçons » ne lève le petit doigt à la maison. C'est « l'épouse » qui fait tout. Tondre le gazon, cuisiner, nettoyer, élever les enfants : elle fait tout.

Les parents surprotecteurs assument une trop grande part des responsabilités familiales. Ils se chargent de tout. Dans le mariage, la femme a généralement plus de difficulté avec ce comportement que l'homme. Bien entendu, il y a des exceptions, mais comme le nom l'indique, ce sont des exceptions. Quelqu'un qui fait tout encourage chez autrui l'égoïsme et le sentiment d'avoir justement droit à tout.

Voici un exemple : assis dans la salle de séjour, un couple regarde la télévision. Le conjoint surprotecteur va dans la cuisine chercher quelque chose à boire. Il/elle offre automatiquement quelque chose à sa/son partenaire. Quand « l'autre » conjoint se lève à son tour, la dernière chose qu'il/elle a en tête, c'est de retourner la politesse. Bien entendu, il y a dans tout cela une part normale de courtoisie, mais il vient un moment où cela se transforme en schéma de comportement malsain.

La personne attentionnée, qui agit avec considération, n'est pas nécessairement surprotectrice. C'est quand son comportement devient extrême qu'il y a un problème.

Premièrement, règle générale, le ressentiment et la négligence s'installent dans mes relations intimes si je me démène pour les autres au point où je manque de temps pour remplir mes obligations, si je rentre tard à la maison ou que je sacrifie mon temps « libre » aux autres. Deuxièmement, une relation saine se bâtit quand on aime assez l'autre pour le confronter de façon aimante à ses comportements malsains et accepter que la réciproque soit possible. Quand on donne pour «contrebalancer» le manque de générosité de l'autre, on lui fait du tort, car on ne lui permet pas de grandir dans cet aspect de sa personnalité. Beaucoup de mariages manquent de ce climat de tendresse qui se tisse quand on a le souci du bien-être de son partenaire.

Faire preuve de gentillesse est une chose. Être incapable de tracer des limites saines en est une autre. Souvent, le type Guimauve s'imagine que s'il prend suffisamment soin des autres, s'il donne assez, ses besoins et ses désirs seront comblés et tout le monde vivra heureux jusqu'à la fin des temps. Parce qu'il mise tout sur la croyance que la vie est juste et que son amour sauvera le monde, le type Guimauve est souvent victime d'un réveil brutal quand il comprend comment la réalité fonctionne. Cependant, cette contrainte n'apparaît pas du jour au lendemain. Elle germe durant l'enfance.

DÉCOUVRIR SES CONTRAINTES DÈS L'ENFANCE

Y a-t-il un moyen de déceler ces comportements chez l'enfant de manière à s'en occuper des années avant qu'ils ne se transforment en véritables contraintes ?

Dans bien des cas, les personnes surprotectrices étaient des enfants amicaux, incapables d'établir des frontières saines ou de s'affirmer. Je me souviens avoir constaté ce trait de caractère chez la fille d'un ami, une adolescente de dix ans prénommée Carrie. Je pose souvent aux enfants des questions qui les incitent à réfléchir et les encouragent à répondre en affirmant leur personnalité. Nous étions montés tous les trois dans la voiture de son père pour aller faire des emplettes et la petite s'était installée sur la banquette arrière.

Je lui ai demandé : «Aimes-tu tes cheveux coiffés comme ta mère te les a attachés ?» Elle m'a répondu : «Je les aime comme ça si *vous* les aimez.» Pour la plupart, cette réponse ne signifie pas grand-chose. Ma première pensée a été : « Intéressant ; elle n'a pas d'autre opinion que celle que je vais avoir. » Cependant, je savais aussi que Carrie avait de la difficulté avec ses amies à l'école. Quelques fillettes la tenaient à l'écart d'un groupe dont elle avait déjà fait partie ; elle se sentait blessée et rejetée. Elle laissait ces fillettes malveillantes lui dicter son état émotionnel.

Au lieu de dépendre de l'approbation d'autrui, les enfants équilibrés cultivent en général la capacité de se donner l'approbation dont ils ont besoin et de ressentir du bonheur. D'autres, comme Carrie, ont besoin d'apprendre à se façonner une solide image de soi pour que l'opinion d'autrui n'entrave pas l'acceptation de leur personnalité. Nous voulons tous obtenir l'approbation des personnes que nous jugeons importantes, mais cela ne devrait jamais dicter nos points de vue. Nous devons être en mesure de savoir que tel ensemble nous va bien ou que nous excellons dans telle activité et être capable de nous féliciter pour telle réalisation dont nous savons qu'elle est particulièrement réussie.

Combien de fillettes traversent la vie en quête d'approbation, uniquement pour découvrir que les autres peuvent facilement les en priver et briser leur petit cœur si tendre ? C'est une chose de danser pour le simple plaisir de danser ; c'en est une autre de le faire dans l'espoir que quelqu'un appréciera la performance. L'affirmation de soi contribue à maintenir les frontières personnelles et plus tard, une saine image de soi compense les tendances à l'altruisme. Autrement, les jeunes grandissent en quêtant constamment l'approbation d'autrui.

Quand nos garçons étaient jeunes, je m'arrangeais souvent pour qu'ils m'aident quand je faisais des réparations ou des projets à la maison et au ranch. Pendant que nous travaillions, je les interrogeais.

Que penses-tu du résultat de ton travail de peinture ? Comment as-tu fait pour résoudre le problème du tuyau qui coulait ? Étais-tu content d'avoir réparé la clôture si rapidement ? Comment te sens-tu après avoir fait du si bon travail ?

C'est le genre de questions et de commentaires grâce auxquels on enseigne aux êtres humains à s'affirmer. Pour un enfant, il est très sain de prendre conscience qu'il a réalisé quelque chose et d'être capable de le verbaliser. Parmi mes clients, plusieurs ont de la difficulté à affirmer leurs talents et à assumer leurs réalisations. Cette difficulté contribue parfois à rendre les frontières personnelles floues ; elle exacerbe des besoins affectifs qui se traduisent par une soif d'acceptation, caractérisée par la tendance à la surprotection et à la générosité excessive.

GUIMAUVES GRILLÉES

En affaires, c'est la même chose. C'est toujours le type Guimauve qui se tape tout le travail. Il fait des heures supplémentaires, planche sur des projets pour aider ses collègues, brûle la chandelle par les deux bouts et ne dit jamais non. Alors que sa charge de travail est déjà lourde, il accepte d'en prendre davantage. La personne de type Guimauve est essentiellement douce et malléable : elle est incapable de résister aux demandes déraisonnables, incapable de « dire non ». Même si on lui demande à la dernière minute de sauver un projet en crise à cause de l'irresponsabilité d'un tiers, elle annulera presque toujours ses plans pour venir en aide à quelqu'un qui se retrouve dans l'embarras.

Le type Guimauve fait rarement un bon cadre, car il ne peut se résoudre à la critique. Ses réactions et ses rétroactions sont exprimées de telle sorte que le rendement médiocre passera finalement sous silence. La situation se complique quand le chef de type Guimauve dorlote ses employés au détriment de sa responsabilité vis-à-vis du succès de l'entreprise.

Ma société applique une politique : nous ne critiquons jamais un membre de l'équipe devant des tiers. Que se passe-t-il quand on est promu et qu'on doit critiquer le rendement de ses collègues pour favoriser leur croissance ? Les personnes surprotectrices ont énormément de difficulté à transmettre un *feed-back* négatif, même quand elles doivent le faire. Pour le type Guimauve, il suffit de persister dans ses encouragements pour que les autres finissent par faire ce qui doit être fait. Bien souvent, c'est faux.

Parmi vous, certains (surtout de type Guimauve!) diront : «Flip, qu'y a-t-il de mal à se montrer serviable ou disposé à en faire un peu plus?» La réponse : rien, si vous répondez à une situation de crise ou à un besoin occasionnel. Toutefois, si vous constatez que vous ramassez souvent les pots cassés, que vous remplacez vos collègues irresponsables et que vous perdez temps et énergie à gérer le manque de planification ou les crises successives d'autrui, vous devrez bien finir par admettre que vous êtes probablement de type Guimauve. (N'oubliez pas, bien que molles et sucrées, elles ne sont pas nécessairement toujours bonnes pour la santé!)

Vous n'êtes pas obligé de vous transformer en Critique – contrainte que nous aborderons dans le prochain chapitre –, mais vous devez vous efforcer de *mesurer* les soins et les attentions que vous prodiguez à votre entourage. Ce que vous pouvez faire de plus aimant au bout du compte, c'est d'aider les autres à grandir – encourager, enseigner et parfois même exhorter – afin qu'ils dépassent leurs contraintes personnelles et expriment tout le potentiel de leur destin.

Êtes-vous du type Guimauve?

Parmi les énoncés suivants, cochez ceux qui vous ressemblent et faites le total.

☐ Si on leur en laisse le temps, les gens corrigent générale-ment leurs erreurs.

☐ Au travail, ceux qui sont déprimés ou ont besoin d'aide sur le plan personnel ont tendance à venir me voir pour que je les encourage.

☐ Il est plus important d'écouter un collègue parler de ses problèmes que de terminer mes tâches.

☐ Je dis parfois à l'autre ce qu'il veut entendre plutôt que le fond de ma pensée.

☐ Je trouve très difficile de faire régner la discipline.

☐ Les sentiments d'autrui importent beaucoup pour moi, ce qui signifie que je suis parfois obligé de sortir les gens de situations qu'ils ont eux-mêmes provoquées.

☐ J'ai beaucoup de difficulté à dire non.

☐ Je m'engage régulièrement à assumer trop de responsabilités de toutes sortes.

☐ J'aurais beaucoup de réticence à exprimer quelque chose qui risquerait de blesser mon interlocuteur, même s'il fallait que ce soit dit.

☐ Il m'arrive de penser que les gens abusent de ma bonne volonté.

Quelles sont vos tendances ?

Indiquez le total obtenu ci-dessous.

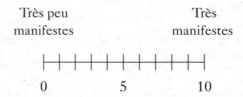

À *l'aide ! Je suis du type Guimauve !*

Je fais preuve de prudence chaque fois que j'aborde cette contrainte : il est difficile de dire à une personne gentille et généreuse qu'elle est légèrement déséquilibrée. Par conséquent, je vais d'abord applaudir toutes les personnes parmi vous qui sont très généreuses ; je souhaite que vous continuiez à épauler et à encourager votre entourage.

Cependant, j'aimerais que vous réfléchissiez à ceci : vous connaissez, j'en suis certain, l'annonce que font les agents de bord quand on monte à bord d'un avion (avant qu'on ait mal au dos et les genoux qui bloquent !) : « En cas d'urgence, des masques à oxygène tomberont du plafond. Veuillez enfiler un masque *avant* de venir en aide à ceux qui vous entourent. » On vous suggère de vous munir d'un masque en premier pour une bonne raison : une fois votre masque en place, vous serez en position d'aider vos proches. Je pense que dans bien des cas, vous êtes tellement occupé à prendre soin des autres que vous avez parfois la pile complètement à plat ! Nous devons donc faire en sorte que vous refassiez le plein d'énergie ! L'idée paraît égoïste, mais ce n'est pas le cas.

Bien souvent, un des principaux problèmes est simplement de trouver le courage de dire « non ». Je travaille avec plusieurs clients aux prises avec cette tendance et nous avons un petit dicton à ce sujet : « Non n'est pas une négation. » Bien entendu, si je dis toujours non, *je* deviens alors l'élément négatif de l'équation ; néanmoins, le meilleur choix consiste parfois à dire non.

Mon but consiste-t-il à vous dire quoi faire dans chaque situation ? Ou à vous endurcir ? Ou pis, à faire de vous un égoïste ? Absolument pas. Mon but est simplement de nous aider, tous autant que nous sommes, à atteindre un juste équilibre. Je suis parfois très patient, très compréhensif ; en d'autre temps, je décide d'appliquer les conséquences qui s'imposent. Évidemment, la situation se corse parce qu'on veut que tout soit blanc ou noir, mais je n'ai pas ce genre de réponse à offrir. Je vous invite simplement à vous évaluer, à obtenir le point de vue de personnes qui vous connaissent bien, et à voir si en vous attaquant à cette contrainte, votre entourage et vous en profiterez.

Applications pratiques – étape par étape

Voici quelques exemples de comportements à adopter pour vous engager dès aujourd'hui dans le démantèlement de votre contrainte ! Si vous constatez, après avoir pris connaissance de toutes les contraintes, que le type Guimauve compte parmi les obstacles qui vous nuisent le plus, l'application de ces étapes fera partie de votre plan proactif de dépassement, votre plan d'Action (que nous établirons au chapitre 15).

• Je vais commencer à faire en sorte que chacun assume les conséquences de ses actes. Si je suis tenté de laisser quelqu'un s'en tirer à bon compte ou de le sortir du pétrin, je vais m'assurer que j'agis dans le meilleur intérêt de tous. Je vais me faire connaître comme quelqu'un qui aime assez son prochain pour le responsabiliser. Aussi exigeant que cela soit pour moi, je sais que dans certains cas, agir ainsi renforcera mes relations.

• Je vais commencer à dire non quand c'est possible. Je ne vais pas cesser d'être serviable ou bienveillant, mais je vais éviter de trop m'engager et de m'épuiser. De la même manière, je vais arrêter de faire pour les autres ce qu'ils sont capables de faire par eux-mêmes. Le fait est que certains ont tendance à profiter de moi ; en me montrant déterminé, j'éviterai de créer de dangereux précédents.

• Je vais me montrer plus proactif quant à mes besoins. Comme je pourrai donner davantage une fois ma pile rechargée, je vais inscrire à mon horaire une activité que j'aime pratiquer.

• Je vais exprimer plus souvent mon point de vue. Si on me demande mon opinion, je vais m'exprimer avec tact, mais je serai totalement honnête. Je dois être prêt à remettre ceux qui m'entourent en question et à les pousser à respecter des normes justes, quoique élevées.

Comment gérer vos relations avec le type Guimauve

Pour que les interactions avec une personne de ce type soient efficaces, il est essentiel de toujours faire en sorte qu'elle se sente validée. Même dans ses manifestations les plus extrêmes, cette contrainte présente des aspects positifs ; assurez-vous donc d'en faire mention. Voici certains points forts que vous pourrez souligner : bienveillant, encourageant, aimant, à l'aise dans les relations interpersonnelles.

• Pour être entendu du type Guimauve et créer un rapport, assurez-vous d'applaudir les motivations à la base de son altruisme. Cette qualité est un atout précieux ; faites donc en sorte de ne pas lui donner l'impression que vous n'accordez pas de valeur à ce trait de son caractère.

• Faites en sorte d'octroyer au type Guimauve un poste qui met ses tendances à profit. Ainsi, le poste exigeant de critiquer autrui ne lui conviendra pas du tout. Dans le même ordre d'idées, comme le type Guimauve éprouve de la difficulté à s'affirmer face à une personnalité dominante, conservez des attentes réalistes. Ce type peine plus que les autres à établir ses frontières ; il faut donc l'encourager à procéder par petites étapes pertinentes.

8

Quatrième contrainte destructrice :
le type Critique (trop exigeant, tatillon, sévère)

Il y a quelques mois, j'ai été invité à une réunion des directeurs d'une société florissante, engagée dans l'aménagement foncier, la construction et la vente. Sur les lieux, l'aménagement paysager était impeccable. En entrant dans l'immeuble, j'ai été accueilli et conduit jusqu'aux bureaux situés au deuxième étage, en surplomb d'un étang paisible. L'ensemble dégageait une atmosphère d'élégance et de succès raffiné. Je me suis installé tout en profitant de l'endroit, tandis que les autres participants arrivaient peu à peu pour la réunion. Finalement, nous étions dix quand nous avons commencé. La présentation s'est très bien passée.

UN CLIMAT DE PEUR

Peu après le début de la période de discussion, Pam, une femme d'une quarantaine d'années, a posé quelques questions sur certains documents de la présentation.

Tout à coup, l'atmosphère agréable s'est détériorée. Sans avertissement, Pam s'est écriée : « Tout ceci est ridicule. Qui a préparé ces calculs ? »

Dans mon for intérieur, je me suis dit : « Une minute… qu'est-ce que c'est que ça ? Cette affaire risque d'être intéressante. »

Le ton et le contenu de la réunion ont immédiatement changé. Quelqu'un a répondu brièvement, puis Pam a lancé une nouvelle salve de questions. Tandis que je voyais la tension grandir chez les participants, Pam a continué de foncer sans se préoccuper de l'anxiété et de l'animosité qu'elle générait. Pour couronner le tout, elle n'écoutait même pas les réponses des autres participants. Comme elle n'écoutait pas, elle a raté des informations importantes qui auraient répondu à plusieurs de ses questions.

Après quelques minutes de ce manège, la personne qui avait convoqué la réunion a suggéré une courte pause. Je suis resté assis tranquillement à ma place pendant que le directeur de l'équipe essayait de discuter avec Pam.

Celle-ci s'est contentée de secouer la tête et de croiser les bras, refusant manifestement de l'entendre. Finalement, le chef d'équipe a laissé éclater sa frustration : « Pam, *pourquoi est-ce qu'il faut toujours que tu pousses comme ça ?* »

Pam a eu la répartie classique : « Personne ne m'écoute jamais et je suis fatiguée qu'on ne tienne pas compte de moi. Je suis toujours en train de dire aux autres ce qu'ils ne veulent pas entendre et pourtant, ils ne comprennent pas. Ce sont des imbéciles. » Le message ne pouvait être plus clair. Pam était sévère et critique ; il y avait déjà un certain temps qu'elle déversait sa hargne sur le groupe, autant en privé qu'en public. Elle venait maintenant de faire un pas de plus : elle dénigrait ses collègues en présence du patron.

Le côté critique de Pam était légendaire. Il transformait les réunions en séances obscurcies par la peur, destinées à chercher les erreurs et à distribuer les blâmes. Toute la culture de l'entreprise était affectée par le comportement de Pam et plusieurs des meilleurs employés quittaient l'entreprise parce que leur intégrité personnelle leur interdisait d'en supporter davantage et de continuer à travailler sous cette contrainte continuelle. D'autres cherchaient un moyen de faire transférer Pam dans un autre service. L'atmosphère suintait la peur et l'anxiété : les employés attendaient la prochaine attaque.

Le patron de Pam m'a donc demandé de la rencontrer plus tard ce jour-là.

Une fois la porte refermée et les chaises disposées de telle sorte que nous puissions nous asseoir l'un en face de l'autre, j'ai questionné Pam de but en blanc : « Est-ce que les choses vont comme vous le voulez ? » D'abord perplexe, elle m'a répondu : « Voulez-vous dire la disposition des chaises ou la réunion ? » « Eh bien ! Je pensais plutôt à la réunion », ai-je rétorqué.

Elle est passée immédiatement en mode défensif. Elle s'est lancée dans une tirade à propos des problèmes déjà présents depuis un certain temps, dont elle savait qu'ils n'iraient pas en s'améliorant. Elle en avait beaucoup sur le cœur concernant ses collègues qui ne travaillaient pas aussi fort qu'ils le devraient, qui n'étaient pas aussi engagés qu'elle et qui, « de toute façon, ne sont au courant de rien de ce que je sais de la situation. »

Pam monologuait en distillant venin et amertume. Il était évident que sur le plan de l'efficacité, elle avait fait son temps à ce poste. Elle critiquait tout le monde depuis des années et maintenant, elle ne mettait même plus de gants blancs. À moins qu'elle ne prenne des mesures sévères pour sauver son emploi de la catastrophe, sa carrière de cadre dans cette société était terminée.

Le plus triste, c'est que Pam croyait se montrer perspicace et serviable en soulignant les problèmes. En fait, elle se montrait extrêmement critique et usait même souvent de violence verbale. Selon elle, personne – et je dis bien personne – ne pouvait faire les choses aussi bien qu'elle. Elle était implacable. Ses critiques n'épargnaient personne et elle pouvait tout aussi bien souligner les erreurs du président que celles du concierge. Toutes les décisions, toutes les stratégies, tous les plans, tous les rapports, tous les contrats d'embauche, toutes les acquisitions comportaient des défauts qu'elle était seule à voir.

La vie personnelle de Pam était encore plus révélatrice. Elle était divorcée et son unique enfant ne lui parlait plus. Elle n'avait pas d'amis – de toute façon, trop occupée avec sa carrière, elle affirmait ne pas avoir de temps pour l'amitié. Elle critiquait les autres et leur travail. Pourtant, ce travail auquel elle se consacrait si entièrement allait lui être enlevé. On lui demanda de donner sa démission quelques jours plus tard.

Nous connaissons tous quelqu'un comme Pam, n'est-ce pas ? Ces opposants systématiques qui croient qu'il est de leur devoir de souligner toutes les failles d'un projet ou d'une idée, ou pis encore, les défauts de leurs collègues.

Il n'y a aucun mérite à critiquer le travail ou la contribution d'autrui. Par contre, il y a *beaucoup* de mérite à voir les bons côtés de quelqu'un et les opportunités de croissance qui l'aideront à grandir et à s'épanouir pleinement. Les sociétés font face à cette question chaque jour : que faire avec les employés qui traînent des problèmes personnels – ceux qui sont aux prises avec des questions non résolues du passé qui persistent et se répètent dans leur présent ?

« Faut-il garder à notre emploi une personne compétente, mais sévère dans ses interactions ? Devons-nous excuser son comportement inapproprié afin de nous assurer la jouissance de ses capacités ? »

Peut-être à court terme, mais pas longtemps. Si un employé au comportement inadéquat refuse l'aide qu'on lui offre pour corriger son problème, ce n'est qu'une question de temps avant que sa contribution ne fasse plus le poids au regard de ses contraintes. C'est là que les patrons se font congédier par la direction... ou que les subordonnés commencent à quitter les lieux pour de plus verts pâturages.

Quand j'étais étudiant à l'université, j'ai travaillé un été dans un service d'arpentage, pour un homme aux prises avec la même contrainte que Pam. Bob, le directeur du service, était un perfectionniste qui s'attendait à ce que tout soit toujours parfait en tout temps. Bob était cynique et sarcastique ; durant tout le temps où j'ai travaillé pour lui, je ne l'ai jamais entendu dire quoi que ce soit de positif sur quelqu'un ou sur le travail de ses collègues.

Un de ses ex-employés s'était engagé dans l'armée, et comme il était de retour à la maison, Bob lui a offert de reprendre son emploi. Bob me parlait de Billie, son assistant favori, depuis des semaines. J'étais donc très curieux de connaître ce fameux Billie, étant donné que je n'avais jamais vu Bob satisfait de qui que ce soit auparavant. Je me suis dit : « Ce type doit être capable de marcher sur l'eau. »

Une semaine plus tard, Billie est arrivé et a repris son travail avec Bob. Nos journées de travail se succédaient et puis un jour, c'est arrivé. Nous étions tous trois dans le camion quand Bob a explosé, abreuvant Billie d'une liste de critiques longue comme le bras. Clamant que l'armée l'avait gâté, il criait qu'il ne savait plus travailler, qu'il ne se souciait plus de la qualité, qu'il ne faisait pas son travail, et j'en passe. Quand nous sommes arrivés au bureau des ingénieurs, Billie et moi sommes restés dans le camion, tandis que Bob entrait dans l'immeuble pour prendre quelque chose.

Après quelques minutes, Billie s'est tourné vers moi et a déclaré : « J'ai déjà supporté Bob et ses critiques. Je pensais pouvoir le refaire, parce que j'avais besoin de cet emploi. Mais j'en suis incapable. Je m'en vais. » Sur ces mots, il est descendu du camion dans lequel nous étions montés pour nous rendre au travail ce matin-là et il a traversé la rue. Ensuite, il a levé le pouce, déterminé à refaire en stop les soixante-cinq kilomètres qui le séparaient de chez lui.

Bob est sorti du bureau. Il est remonté dans le camion et m'a demandé où était Billie. Je lui ai raconté ce qui s'était passé. Il n'a pas dit un autre mot de la journée.

Laissez-moi maintenant vous confier une anecdote plus personnelle qui a joué dans ce qui s'est produit plus tard cette semaine-là. Le lendemain, Bob était à nouveau en selle. J'étais le seul assistant qui lui restait : j'avais déjà travaillé plus de cinquante heures et nous n'étions que le jeudi. Il nous restait encore deux jours de travail cette semaine-là. L'après-midi, tandis que nous montions à bord du camion, Bob s'est mis à me houspiller à propos d'un truc qui ne lui plaisait pas – et il a fait tout son possible pour bien m'humilier.

Quelle était l'une de mes contraintes personnelles à l'époque ? J'avais un grave problème avec le conflit. En raison de mon enfance difficile et de la façon dont j'avais été traité à la maison, j'avais terriblement peur du conflit et j'ignorais comment le gérer. Que se passerait-il si je m'exprimais et que j'étais congédié, ou pis ? J'avais toujours évité le conflit et jamais je n'aurais défendu mes droits.

Sauf ce jour-là.

J'étais fatigué. J'étais affamé. Bob a commis l'erreur de faire un commentaire sur ma petite amie. Les dés étaient jetés. Nos deux contraintes personnelles sont entrées en collision.

Ouvrant la bouche, j'ai laissé tomber : « Vous êtes le vieil homme le plus détestable que je connaisse. Vous êtes incapable de garder vos employés, parce que vous êtes intolérable. Tout ce que vous faites, c'est vous plaindre. Pas surprenant que personne ne veuille travailler pour vous. Vous n'avez jamais gardé un employé plus de six mois et vous n'avez fait que répéter ce schéma toute votre misérable vie. Vous ne vous entendez même pas avec votre propre famille. Vous dites un mot de plus et *je démissionne* ! »

Voilà. Je m'étais enfin exprimé. Mon cœur battait la chamade, j'avais les nerfs en boule, mais je l'avais fait ! J'étais content de ne pas avoir pris le temps de réfléchir, parce que sinon, je me serais persuadé de me taire. Je suis monté à bord du camion. Bob n'a pas rajouté un mot de la journée.

Le lendemain, il est venu vers moi en disant : « Je m'excuse pour hier. J'en ai parlé à ma femme et elle est d'accord avec toi. Je ne le ferai plus, je te le promets. » Nous avons classé l'affaire et il ne m'a plus jamais parlé sur ce ton. Nous sommes restés amis jusqu'à sa mort. Malheureusement, il y avait très peu de gens à ses obsèques, étant donné qu'il s'était mis presque tout le monde à dos de son vivant. Les Critiques finissent généralement seuls.

LE CRITIQUE À LA MAISON

Voilà bien le drame du type Critique : sa contrainte personnelle est encore plus dommageable dans sa vie privée qu'ailleurs. Rien n'est jamais assez bien. Vous l'entendez dès qu'il pose le pied dans la maison. Si les enfants ont fait la vaisselle, il exigera de savoir pourquoi ils n'ont pas essuyé les comptoirs…

On ne peut jamais satisfaire le type Critique et le plus malheureux, c'est qu'il n'a généralement aucune idée à quel point ses propos sonnent comme des reproches aux oreilles d'autrui. De son point de vue, il ne fait qu'énoncer l'évidence ou se montrer serviable. Le type Critique n'est pas conscient de ce qu'il fait ; quand on lui en fait la remarque, il n'arrive pas à saisir, à moins qu'on lui présente une série d'exemples précis, de façon à tracer un portrait très clair.

Certains ont fait leur métier de leur tendance à la critique. Dans certains domaines, ce trait de caractère constitue en effet un atout. En ingénierie, par exemple, il faut un œil très critique et une attention scrupuleuse aux détails afin de détecter ce qui ne fonctionne pas. Mais rentrez chez vous avec cette mentalité et voyez comment elle réussira avec votre famille…

Propriétaire d'une grande firme d'ingénieurs, Donnie était un de mes clients. Partenaire fondateur de la société, il « savait » ce qu'il fallait faire. Il affirmait que ses partenaires ne travaillaient pas aussi fort que lui et qu'ils étaient incapables d'avoir une vue d'ensemble. Par ailleurs, il était d'avis que les jeunes ingénieurs que la firme engageait n'avaient pas la même éthique de travail et qu'il était incapable de recruter de bons employés en raison de l'attitude des jeunes.

Un jour, tandis que nous nous dirigions vers l'immeuble où logeait sa société, Donnie s'est plaint du travail de la personne chargée de l'entretien du gazon et des fleurs. Il est entré dans le bureau de sa secrétaire et lui a ordonné de trouver une autre compagnie d'entretien, parce que celle-ci semblait incapable de faire les choses correctement. Il en avait assez du travail mal fait. Il ne devrait pas être obligé d'en voir autour de *son* immeuble.

Levant les yeux vers lui, sa secrétaire a répondu : « Donnie, vous ne vous souvenez pas ? C'est votre fils qui tond le gazon cet été. Il a commencé cette semaine. »

« Eh bien, dites-lui de le tondre comme il faut ! Il n'est pas question qu'il fasse ici comme à la maison », aboya-t-il avant de se détourner et de se diriger vers son bureau.

Quel ours ! Rien ni personne ne le rendait heureux. Finalement, avec l'aide de ses partenaires, nous avons réussi à l'isoler en lui donnant un poste où il n'avait pas d'impact sur les ressources humaines. Nous avons offert un salaire faramineux aux deux personnes qui se rapportaient à lui. Considérant qu'il s'agit d'une prime de salaire pour « emploi dangereux », les autres partenaires ont déboursé sans sourciller. Ils sont d'avis que c'est de l'argent bien employé pour ne pas avoir à côtoyer Donnie.

REGARDER, MAIS NE RIEN VOIR

Je suis intimement familier avec la personnalité du type Critique. En effet, j'ai vécu avec cette contrainte toute ma vie, car elle s'est manifestée chez certains des êtres que j'ai le plus aimés : mes parents.

Il y a des années, en finissant mes études universitaires, je savais que je voulais faire autre chose dans la vie que ce qu'on faisait généralement autour de moi. J'avais besoin de quelque chose de plus que les affaires ou un emploi. Après avoir beaucoup réfléchi et sondé mon âme, j'ai décidé, comme je l'ai mentionné plus tôt, de fonder un centre de *counseling* sans but lucratif pour traiter toute personne en détresse qui en franchirait le seuil.

J'ai pris ma voiture pour aller rendre visite à mes parents ; j'étais indécis quant à ce que je devais leur dire à propos de mon avenir. J'étais enthousiaste et je ne voulais pas qu'ils étouffent mon excitation sous leurs objections. Depuis des années, ils caressaient des plans à mon sujet, ce qui *n'incluait pas* de traîner avec les pauvres et les défavorisés du centre du Texas. Après le dîner, nous nous sommes assis dans la salle de séjour et j'ai annoncé à mes parents que finalement, je n'accepterais pas la prestigieuse assignation de recherche qu'on m'offrait en Afrique. Je comptais plutôt travailler sur le plan local, avec les membres des gangs de rue et les jeunes en difficulté.

Le choc et la déception de mes parents étaient presque insoutenables. Ils n'ont pas mis longtemps avant de me dire que je gaspillais ma vie et à me laisser savoir que l'affaire tournerait au désastre. « Comment vas-tu survivre ? » m'ont-ils demandé. « Tu vas mourir de faim et ta famille avec toi. C'est une décision épouvantable – qui va te soutenir ? »

Ces critiques n'étaient pas nouvelles à mes oreilles. En grandissant, je les avais entendues chaque fois que j'avais essayé une nouvelle idée. Même si j'étais à présent un adulte responsable, la réaction de ma mère restait telle qu'elle avait toujours été. Elle n'arrivait pas à comprendre de quoi il était question, ni pourquoi ma décision avait tant d'importance pour moi.

Eh bien! J'ai ouvert ma clinique et mon travail s'est avéré extrêmement gratifiant. Des années plus tard, après les articles dans les journaux, les nominations du gouverneur, les prix et la reconnaissance, j'ai cru que ma mère finirait par voir que je faisais du bon travail, du travail important. Mais elle n'a jamais compris. Au fil du temps, je crois que je me suis résigné à ce qu'elle ne me comprenne pas, qu'elle ne comprenne pas mon avenir. J'ai plutôt décidé de faire ce que je pensais être censé faire de ma vie. Obtenir son approbation exigeait tout simplement trop de temps et à dire vrai, c'était trop douloureux.

UNE VIEILLE GRANGE REFAIT PEAU NEUVE

Plusieurs années plus tard, après que j'eus quitté la clinique et lancé mon entreprise, Susan et moi étions en voyage au Vermont où nous avons rencontré des gens formidables. Nous dînions ce soir-là au gîte touristique où nous étions descendus et un de nos nouveaux amis nous a demandé ce que nous avions fait durant la journée. Je lui ai expliqué que j'avais regardé des vieilles granges tout l'après-midi – mais qu'elles filaient à 110 km/hre parce que le groupe avec lequel j'étais n'avait pas envie de s'arrêter pour que je puisse visiter chaque grange du Vermont. Jim et Marilyn Ellis, un jeune couple de l'Ohio, étaient assis en face de moi; Jim m'a demandé pourquoi j'étais fasciné par les vieilles granges.

Je lui ai expliqué : « J'aimerais en démonter une, la transporter au Texas et la rebâtir pour en faire mon bureau. » Les yeux de Marilyn ont brillé et elle m'a répondu : « Intéressant. J'ai une grange en Ohio; elle a plus de cent soixante-dix ans et elle est en parfait état. Je serai heureuse de vous l'offrir si vous pensez pouvoir vous en servir. »

Pour un peu, j'aurais sauté de ma chaise et fait le tour de la table en sautant à cloche-pied! « Ouais, ça devrait marcher », ai-je répondu.

Et ça a marché.

Après avoir planifié les mille et une étapes du projet, j'ai engagé une équipe pour démonter la grange. Ils ont procédé le jour d'une des pires tempêtes de neige de toute l'histoire de l'Ohio. Partie du nord-est, cette grange de deux étages à quatre travées a vogué vers les cieux plus cléments du Texas. Quand le camion est entré dans la cour, mes fils et moi sommes restés bouche bée.

Nous avions devant nous vingt-deux mille kilos de poutres et de montants.

Je n'oublierai jamais ce que nous avons ressenti en soulevant ces poutres de chêne de vingt-cinq centimètres carrés et de douze mètres de long, taillées et façonnées à la main par les Amish, cent soixante-dix ans auparavant. Nous les avons déchargées avant de les disposer en piles.

Quelques semaines après l'arrivée des pièces de bois, j'ai décidé d'organiser une corvée traditionnelle pour monter la charpente. C'est ainsi que trente de mes amis se sont joints à moi pour reconstruire ma grange par une fin de semaine torride de l'été texan.

On est saisi de révérence en touchant un objet façonné par quelqu'un qui tire fierté de son travail. À la fin de l'après-midi, chaque homme est reparti avec une vieille cheville, destinée à lui rappeler l'étonnante qualité artisanale de la grange et le plaisir que nous avions partagé ensemble.

La construction était commencée depuis quelques semaines quand ma mère est venue nous rendre visite quelques jours. Matthew, mon fils aîné, était dans la grange et faisait le tour des poutres pour les poncer et les nettoyer en vue de la prochaine étape. Étendu sur l'une des plus hautes poutres comme un gros chat, il observait le monde tourner sous lui quand ma mère est entrée dans la grange.

Elle a passé le seuil, m'a jeté ce regard que je connais si bien et m'a assené : « Je n'ai pas l'impression que ça va marcher. Tes clients ne viendront jamais jusqu'ici pour te consulter. Avant longtemps, tu seras fauché et tu perdras tout. Et qu'est-ce que tu feras, à ce moment-là ? »

C'est alors qu'elle a prononcé les paroles qui, je le savais, l'avaient habitée sa vie durant : « Flip, pourquoi n'agis-tu pas comme une personne normale, avec un travail normal et une vie comme tout le monde ? »

J'avais le nez en l'air et j'admirais la charpente quand j'ai constaté que mon fils était allongé sur une des poutres. Il avait tout entendu. D'un ton tranquille, j'ai répondu à ma mère : « Eh bien ! Ça fera un endroit formidable pour entreposer du foin, qu'est-ce que tu en penses ? » Elle a secoué la tête avant de repartir vers la maison climatisée.

Après son départ, Matthew m'a posé une question que je n'oublierai jamais.

« Papa, comment as-tu pu grandir en entendant ça tout le temps ? »

Ma première question a été : « Que veux-tu dire ? » Il a dit : « Elle te critique tout le temps et toi, tu n'as même pas l'air de l'entendre. »

Je savais que dans cette relation, la situation était différente de toutes les autres relations de ma vie. Néanmoins, c'est seulement là que j'ai compris : en même temps que ma mère avait perdu la capacité de voir des choses en *moi*, j'avais perdu la capacité et le désir d'entendre ce qu'*elle* avait à me dire.

Il était préférable que je n'entende plus ses commentaires désobligeants et que je choisisse plutôt d'écouter les personnes capables de « voir » ce qui, au bout du compte, ferait de ma vie ce qu'elle est aujourd'hui. Je n'y serais peut-être jamais parvenu, n'eût été des personnes positives qui sont passées dans ma vie. Et il est certain que je ne serais pas où je suis aujourd'hui.

Êtes-vous du type Critique ?

Parmi les énoncés suivants, cochez ceux qui vous ressemblent et faites le total.

☐ Je remarque les choses qui ne sont pas correctes ou pas aussi bonnes qu'elles pourraient l'être.

☐ Le sarcasme est une forme d'humour que je comprends.

☐ Les gens arrivent rarement à répondre à mes attentes élevées.

☐ Les gens n'ont jamais vraiment l'air heureux ou enthousiastes de me voir.

☐ Je deviens frustré si on ne me donne pas rapidement ce que je veux, comme je le veux.

☐ Ceux qui me connaissent bien m'ont déjà accusé d'être sceptique.

☐ Je ne me plains pas vraiment. Je ne fais que souligner les problèmes qui doivent être résolus.

☐ Il m'est arrivé de donner mon avis à quelqu'un sans qu'il me l'ait demandé.

☐ Je ne donne pas de note parfaite, parce qu'il y a toujours place à l'amélioration.

☐ J'ai tendance à remarquer les excentricités des gens.

Quelles sont vos tendances ?

Indiquez le total obtenu ci-dessous.

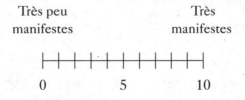

Très peu manifestes — Très manifestes

0   5   10

À *l'aide ! Je suis du type Critique !*

J'ai récemment rencontré quelqu'un qui a de la difficulté dans ce domaine. Tandis que nous parlions, j'ai remarqué un stylo-bille sur son bureau. J'ai tendu la main, saisi le stylo et en le tenant fermement des deux mains, je l'ai plié en deux. Je l'ai ensuite remis sur le bureau de mon client et j'ai dit : « Voilà ce que vous faites avec vos talents. Chaque fois que vous critiquez autrui, vous minez vos propres capacités. Alors, gardez ce stylo avec vous ; il vous servira de pense-bête – et en passant, il n'y a aucuns frais supplémentaires. » Il m'a trouvé amusant, mais il a surtout saisi ce que je lui disais.

Je n'ai rien contre le fait que le type Critique soit capable de voir les aspects qui, chez une personne ou dans un processus, ont lieu d'être améliorés. Je veux simplement m'assurer qu'il se mérite le droit de verbaliser ses opinions. À vrai dire, je ne suis pas très chaud face aux personnes qui essaient de régler mes problèmes. Au lieu de chercher à améliorer les autres, pourquoi ne pas investir en soi ? Quand on parle d'amélioration, l'idée paraît soudaine, unilatérale, tandis que le mot « investir » suppose une responsabilité à long terme des deux parties.

On peut démontrer les dangers de ce trait de caractère à l'aide d'une canette d'aluminium très ordinaire, du genre canette de boisson gazeuse. Chaque fois que vous vous surprenez à donner votre opinion quand on ne l'a pas sollicitée, à faire du sarcasme ou à vous plaindre de quelque chose, faites une bosse dans la canette. Par la suite, essayez de lui redonner sa forme originale. Vous n'y arriverez pas.

Si vous occupez un poste qui vous demande de superviser du personnel, il est absolument crucial que vous dépassiez cette contrainte. Mais ne vous fiez pas uniquement à ce que j'en dis. Fiez-vous aux résultats de la recherche qui ont démontré de façon répétée que dans la plupart des cas, la personne qui quitte son emploi quitte en fait son patron. Dans le cas des parents, des résultats de recherche similaires ont démontré que les enfants de parents perfectionnistes sont enclins à craindre l'échec.

Aussi, plutôt que de voir ce que les autres doivent changer, concentrez-vous sur leurs qualités. Investissez dans les gens si vous voulez vous mériter le droit de les confronter. Pensez à leurs talents que vous espérez faire éclore. C'est peut-être ce à quoi Michel-Ange pensait quand il a dit : « Ayant vu un ange dans la pierre, j'ai sculpté celle-ci pour le libérer. »

Applications pratiques – étape par étape

Voici quelques exemples de comportements à adopter pour vous engager dès aujourd'hui dans le démantèlement de votre contrainte ! Si vous constatez, après avoir pris connaissance de toutes les contraintes, que le type Critique compte parmi les obstacles qui vous nuisent le plus, l'application de ces étapes fera partie de votre plan proactif de dépassement, votre plan d'Action (que nous établirons au chapitre 15).

• Je vais cesser d'avoir des attentes trop élevées. Les attentes élevées que j'ai par rapport aux gens donnent à penser que je suis difficile à satisfaire. S'il m'arrive d'être exagérément sévère envers quelqu'un, je vais lui faire mes excuses, même si je pense qu'il se montre trop sensible. Je vais choisir trois personnes et leur demander : « Mes attentes sont-elles difficiles à satisfaire ? » Si elles répondent oui, je vais m'excuser et me ranger à leur avis.

• Pour en arriver à moins critiquer, je vais m'abstenir de toute critique pendant une journée entière. Qu'il s'agisse d'un membre de la famille, d'une amie, d'un collègue ou de l'employé du restaurant à service rapide, je n'aurai aucun propos négatif. Je vais plutôt penser au motif à l'origine du ressenti ou des actions de mon vis-à-vis. De plus, je vais commencer à me concentrer davantage sur les qualités des gens, les éléments positifs des situations et des idées.

• Je vais cesser d'imposer mes commentaires non sollicités. Au lieu de me considérer comme une sommité en matière de *feedback*, je vais laisser ceux qui connaissent la personne visée lui exprimer certains de leurs commentaires. Sinon, je pourrais être perçu comme trop critique. J'aurai également la patience d'admettre que je n'ai pas toujours raison et qu'il vaut peut-être mieux taire mon point de vue pour l'instant.

• Je vais observer plus attentivement mon langage corporel. Je vais me montrer plus expressif et plus positif quand je m'exprime et que je fais un commentaire. Je ne croiserai pas les bras et je ne froncerai pas les sourcils. Par ailleurs, sourire ne me fera pas de mal !

• Je vais cesser de lancer des pointes subtiles et de faire du sarcasme. Le jeu n'en vaut pas la chandelle et les victimes de mon humour ne m'avoueront certainement pas que je les ai blessées ou offensées.

Comment gérer vos relations avec le type Critique

Pour que les interactions avec une personne de ce type soient efficaces, il est essentiel de toujours faire en sorte qu'elle se sente validée. Même dans ses manifestations les plus extrêmes, cette contrainte présente des aspects positifs ; assurez-vous donc d'en faire mention. Voici certains points forts que vous pourrez souligner : discernement, attentes élevées, voit les aspects à améliorer.

• Dans vos relations avec le type Critique, faites en sorte d'utiliser des phrases comme : « Je vois que vous avez certaines réserves et que vous entrevoyez des obstacles », « Vous êtes d'une perspicacité incroyable – quel point formidable ! », « Nous devons soigneusement peser vos inquiétudes » et « Je vous entends bien ; j'essaie simplement de rassembler les pièces du puzzle. »

• Si vous avez l'impression qu'une personne de ce type vous cherche des poux, essayez de ne pas y réagir de façon personnelle, car il est possible que le problème soit ailleurs. Par contre, soyez prêt à vous exprimer et à dire : « Je me sens un peu dépassé ; cela m'aiderait si vous pouviez aussi souligner des aspects positifs. »

9

Cinquième contrainte destructrice :
le type Iceberg (indifférent)

K aren Hart est enseignante ; elle a participé à une formation pour enseignants offerte par ma société et intitulée *Capturing Kids' Hearts (Gagner le cœur des enfants)*. Les étudiants appelaient Karen, madame Hart, du moins en sa présence. Toutefois, Karen a découvert qu'entre eux, la majorité la surnommaient plutôt madame Hart*less**. Elle ne pouvait pas vraiment en être offensée, car au plus profond d'elle-même, elle savait que le surnom était en partie mérité.

En vérité, Karen aimait *vraiment* les gens. À la maison, son encouragement, son affection et son soutien en faisaient une mère idéale. Toutefois, Karen croyait qu'à l'école, la force était la seule manière de commander le respect et de maintenir la discipline. Elle n'était pas exagérément sévère ou exigeante comme le type Critique du chapitre précédent, mais sa classe n'était pas un endroit chaleureux.

Karen n'acceptait jamais d'excuses. Persuadée que les étudiants n'attendaient que l'occasion de profiter de l'enseignant trop bon, elle refusait de se montrer amicale. Selon plusieurs critères vérifiables, le système de Karen fonctionnait à la perfection. Ses étudiants remettaient leurs travaux à temps, ils n'étaient jamais envoyés au bureau du directeur et leurs progrès scolaires étaient

---

* En anglais, le patronyme *Hart* se prononçant comme le mot *heart* qui signifie cœur, *Hartless* veut dire sans cœur. (NdT)

acceptables. Le directeur de l'école, les parents, les autres enseignants et certains étudiants la complimentaient même pour son travail. « J'étais constamment honorée par mes collègues du milieu. J'ai même été mise en nomination pour un prestigieux prix pédagogique. Les signaux que je recevais me confortaient dans l'idée que je faisais du bon travail », m'a-t-elle expliqué.

Pour bien des gens, Karen était un bon professeur. Dociles et obéissants, ses étudiants obtenaient de bonnes notes aux épreuves normalisées. Pourtant, il manquait quelque chose au système : une *interrelation*.

Karen excellait sur le plan pédagogique, mais elle accusait d'importantes lacunes sur le plan relationnel. Résultat : non seulement était-elle distante avec ses étudiants, elle ne créait pas non plus un milieu favorisant la création de liens entre eux.

Karen m'a confié que notre processus lui avait fait comprendre les contraintes qui la retenaient en classe. Après la formation, elle s'est efforcée de se montrer plus humaine, en complimentant plus fréquemment ses étudiants et les soutenant davantage. Elle a rédigé plus de mots d'encouragement et s'est montrée plus expressive. Elle a pris l'habitude de saluer ses étudiants à leur entrée dans la salle de cours. Comme elle l'a elle-même expliqué : « Grâce à ce que j'ai appris, j'ai été capable de nouer de meilleures relations avec mes étudiants et de leur offrir un modèle de comportement plus sain et plus généreux. J'ai appris à être *réellement présente* aux besoins de mes étudiants. »

À la fin des classes, Karen a réfléchi à l'année qui venait de s'écouler et à sa nouvelle approche de la discipline. Elle a revu le visage stupéfait de ses étudiants la première fois qu'elle leur a serré la main et ressenti à nouveau l'amour étonnant qu'elle a éprouvé ce jour-là (boule d'émotion dans la gorge en prime) en se rendant compte à quel point ils lui manqueraient.

Il y a quelques années, j'ai reçu une lettre de Tara, une enseignante aux prises avec la même contrainte que Karen et qui a décidé elle aussi de la dépasser :

> « Les événements de ces derniers jours de cours m'ont transformée – et ils ont eu le même effet sur beaucoup d'autres personnes. Nous avions organisé une sortie édu-

cative pour toutes les classes de notre niveau scolaire :
il s'agissait d'un programme de consolidation d'équipe
intitulé *Ropes*. Tina ayant rendez-vous chez le médecin,
elle devait nous rejoindre plus tard : son père viendrait la
reconduire en voiture.

« J'ai vu Tina arriver avec son père et je suis allée les
accueillir. Pendant ce temps, les étudiants s'étaient regrou-
pés et s'efforçaient de résoudre le problème qui venait de
leur être posé. Les étudiants avaient déjà établi des liens
significatifs ; je me sentais mal à l'aise parce que Tina avait
raté quelques activités particulièrement intenses. S'intégrer à un groupe au milieu d'une journée d'activités peut
s'avérer difficile, surtout pour une enfant aussi timide que
Tina, qui n'aime pas se démarquer.

« Alors que Tina et moi nous approchions du groupe,
j'ai lancé avec enthousiasme (j'élève rarement la voix et
je me montre très peu souvent enthousiaste, mais j'essayais d'être plus expressive et chaleureuse) : "Ohé ! Les
amis : Tina est arrivée !"

« Je ne savais pas du tout comment le groupe réagirait.

« Sans hésiter, toute la classe – tous les étudiants sans
exception – s'est levée pour entourer Tina et s'est mise à
crier : "Ouais, Tina est là, Tina est là !" Ils ont accueilli son
retour par des sauts de joie. L'instructeur du groupe s'est
joint à nous et, s'inclinant devant Tina comme devant une
reine, a annoncé : "Mademoiselle Tina est arrivée !"

« Prenant conscience de ce que ce moment signifiait
pour Tina, je me suis détournée pour voir si son père avait
été témoin de la scène. Un grand sourire aux lèvres, celui-
ci m'a saluée de la main avant de repartir. Plus tard, il m'a
raconté avec beaucoup d'émotion combien ce moment
avait été précieux pour la mère de Tina et pour lui. C'était
un "moment béni" pour chacun d'entre nous.

« Les enfants n'ont pas toujours conscience de la por-
tée de leurs paroles et de leurs gestes, mais ce jour-là, mes
étudiants nous ont offert, au père de Tina et à moi, un

cadeau que nous n'oublierons jamais. L'accueil qu'ils ont fait à Tina, leurs paroles et leurs gestes, venait du fond du cœur : c'était le résultat direct de ce que j'avais partagé avec eux – et démontré concrètement – tout au long de l'année. »

Karen et Tara aimaient assez les enfants pour accepter de changer les aspects qui nuisaient à leur rôle de guide et de modèle. Elles ont probablement pensé qu'elles changeaient pour elles-mêmes, mais les répercussions durables de leurs efforts sur leur approche pédagogique et leur capacité à créer des liens avec les nouveaux étudiants, année après année, ont représenté des récompenses personnelles inattendues.

VOLER DANS UN FROID SIDÉRAL

À la base, Karen avait appris qu'elle ne devait jamais « materner » ses étudiants. C'est malheureux, mais ce n'est pas inhabituel. Mon entreprise est la plus grande société de formation d'enseignants en Amérique du Nord et j'entends le même discours partout. C'est un thème communément abordé dans les salles de professeurs : « Les profs ne sont pas supposés sourire avant Noël » ou « Vous n'êtes pas *l'ami* de vos étudiants – vous êtes leur *professeur* ». Faut-il s'étonner que beaucoup d'enfants refusent de fréquenter l'école ? Quel enfant voudrait fréquenter des gens qui ne l'aiment pas, qui ne sont pas heureux de le voir et qui agissent comme s'ils ne souhaitaient pas sa présence ? La bonne nouvelle, c'est que tous les enseignants ne sont pas comme cela.

Je me suis servi de l'exemple de Karen Hart pour deux raisons. Premièrement, elle fait maintenant partie de notre équipe où elle accomplit un travail incroyable avec les enseignants. Deuxièmement, je voulais démontrer que dans certains cas, le comportement est relié davantage au milieu et aux attentes professionnelles qu'aux traits de caractère personnels.

Quoi qu'il en soit, les véritables Icebergs forment un groupe à part. Ce type de personnalité a de la difficulté à entrer en relation ; en général, il ne s'intéresse ni aux sentiments, ni au bien-être d'autrui. Je ne parle pas de timidité, une contrainte tout à fait différente. Je parle de ces personnes qui éprouvent peu de sympathie pour leurs congénères, ne se lient pas et traversent l'existence en voyant aux affaires, pas aux gens. Ces personnes font des parents distants et exigeants, des patrons durs et détachés.

On en rencontre d'ailleurs beaucoup sur le marché du travail.

La culture du milieu professionnel est un sujet fascinant. Certaines sociétés, comme la compagnie aérienne Southwest, accordent de la valeur aux relations ; ce sont des milieux de travail chaleureux et amicaux. Dès ses débuts, la Southwest a délibérément encouragé une culture corporative altruiste, et l'entreprise a prouvé qu'elle avait raison de faire passer les gens en premier. Je me souviens de mon premier vol à bord de l'un de leurs avions : j'ai été impressionné par le travail d'équipe du personnel – les pilotes travaillaient de concert avec les agents de bord pour nettoyer rapidement la cabine avant l'arrivée des prochains passagers.

Je me souviens aussi d'une autre compagnie aérienne dont j'utilise assez souvent les services puisqu'un de ses vols décolle du petit aéroport de ma localité. Tandis que j'établissais ma correspondance avec une grande ville, le capitaine de l'avion se tenait à côté du comptoir d'enregistrement. La billettiste a demandé au capitaine si l'avion était prêt pour l'embarquement. La lorgnant d'un œil sévère, il a montré du doigt les galons ornant la manche de sa veste avant de lui lancer d'un ton hargneux : « Est-ce que j'ai l'air d'être celui qui devrait répondre à cette question ? Ne me demandez pas ce que vous devriez savoir ! » avant de sortir en coup de vent. Les passagers qui se préparaient à l'embarquement l'ont tous entendu : ils ont eu un regard de sympathie pour la jeune préposée qui cherchait visiblement à ravaler ses larmes tandis que le capitaine s'éloignait. À mon avis, personne n'avait envie de monter dans cet avion.

LES ICEBERGS FONT DES IGLOOS

Le jeune couple avait déjà rempli le questionnaire et m'attendait quand je suis sorti de mon bureau pour les rencontrer. Ils avaient été accueillis par Barbara, ma secrétaire à l'époque, qui les avait rassurés quant au déroulement du processus de psycho-thérapie.

Ils sont entrés dans mon bureau et j'ai remarqué que l'homme attendait que sa femme choisisse un siège avant de s'asseoir à côté d'elle. Tous deux jeunes, ils donnaient l'impression d'être tota-lement axés sur leur carrière et d'être venus me rencontrer après le travail. Tandis que nous révisions leurs renseignements person-nels, j'ai constaté qu'ils n'avaient pas indiqué pourquoi ils venaient me consulter dans la section prévue à cet effet. En général, c'est qu'il s'agit d'un sujet dont on souhaite me parler en privé et qu'on ne veut pas dévoiler dans un formulaire, au risque que d'autres l'apprennent. Je comprenais donc parfaitement la situation ; je leur ai expliqué notre principe de confidentialité, en leur promettant que je ne parlerais de leurs problèmes à personne.

Après quelques questions d'ordre général, j'ai demandé : « Alors, quel est l'objet de votre visite ? Comment puis-je vous aider ? » Ils ont échangé un regard. Tim n'a pas dit un mot. Se tournant vers moi, Caroline a laissé tomber : « Il n'est pas heureux de notre vie sexuelle et il faut que nous en parlions. »

L'affaire se présentait bien. Il était embarrassé, mais elle était plus ouverte et disposée à discuter franchement de la question. J'ai poursuivi avec certaines questions de base : « Êtes-vous capables d'en discuter ensemble ? Comment vous sentez-vous quand vous abordez la question ? Avez-vous essayé d'en discuter avec un tiers, quelqu'un de votre Église, un couple plus vieux ou peut-être un ami ? »

Ils se sont détendus et m'ont confié qu'ils n'avaient jamais eu de relation sexuelle avant leur mariage et que cette union était la première pour les deux. Tim a enchaîné : « Je ne pense pas qu'elle aime faire l'amour avec moi. J'ai fait tout ce que j'ai pu pour être gentil et patient, mais je crois qu'elle s'en fiche. »

Caroline a immédiatement répliqué : « Ce n'est pas ça. Je t'aime pour vrai, mais je n'ai tout simplement pas les mêmes besoins que toi. Tu es un homme. Je suis une femme. C'est différent. Tim, tu as l'air de toujours avoir besoin de *tellement* d'attention. Tu as trop d'attentes. »

Ce qui nous amenait à une question essentielle. « Dites-moi – qu'est-ce qui est *trop* pour vous ? Quelle est la fréquence moyenne de vos relations ? »

Tim m'a expliqué que la plupart du temps, son travail l'amenait à se déplacer à l'extérieur quelques jours par semaine et qu'il s'ennuyait de Caroline quand il était en voyage. « Je lui téléphone et nous bavardons. Nous aimons être ensemble : nous avons les mêmes intérêts et nous aimons parler du travail et de sujets de ce genre. »

« D'accord. Je comprends que vous aimez être ensemble, mais vous n'avez pas répondu à ma question. Combien de fois faites-vous l'amour en moyenne ? »

Caroline a répondu : « Eh bien… En moyenne, deux ou trois fois environ. »

J'ai insisté : « Deux ou trois fois – quoi ? Par mois, par jour, par semaine, par année ? Nous parlons de quelle fréquence ? »

Elle a précisé : « Peut-être deux ou trois fois tous les six mois. » Tim m'a jeté un regard comme s'il allait s'effriter de l'intérieur.

Je me suis tourné vers lui : « Tim, est-ce que c'est exact ? »

« Ouais, c'est exact, mais il n'y a pas que ça. Elle ne me prend jamais dans ses bras quand je rentre à la maison. Il y a toujours des documents empilés sur le lit à côté d'elle et elle travaille. Je rentre, elle m'accueille et nous parlons, c'est tout. Nous ne nous embrassons pas, nous ne nous touchons pas. Elle n'est pas affectueuse. Je ne la trompe pas ; je ne ferais jamais ça, mais je veux qu'elle m'aime et elle ne m'aime pas. » La tristesse de son regard faisait vraiment peine à voir tandis qu'il s'efforçait d'exprimer sa souffrance. Il n'avait pas l'air en colère, simplement brisé.

« Mais je l'aime et il sait que je l'aime. Je ne suis pas obligée de passer mon temps à lui prouver. Ce n'est pas si important pour moi. Je peux vivre sans toute cette sentimentalité à l'eau de rose. Je ne veux pas qu'il soit malheureux, mais je ne comprends pas. Qu'y a-t-il de mal à faire l'amour tous les deux ou trois mois ? Pourquoi est-ce que ce ne serait pas correct si c'est ce que nous voulons ? »

Évidemment que c'est bien – si c'est ce dont les deux personnes ont convenu et si elles sont toutes deux heureuses dans la relation. Les couples n'ont pas à respecter un horaire précis. D'un point de vue clinique et par respect pour ceux que je rencontre, je suis d'accord que cette décision leur revient, comme il convient. Mais ce n'était pas le cas de Tim. Il *n'était pas* heureux dans sa relation : il souffrait autant du manque d'affection et de tendresse que du manque de sexe. La fréquence de leurs relations sexuelles lui posait peut-être un plus grand problème que le manque d'affection, mais le fait était qu'il avait besoin de plus sur les deux plans.

Au fil des mois, nous avons fait de grands progrès, mais pas du genre qui me faisait plaisir. Plutôt que de devenir plus affectueuse et plus généreuse, Caroline a réclamé un ensemble de comportements, une routine dont elle se souviendrait et qu'elle s'efforcerait d'appliquer. Quand Tim rentrait du travail ou d'un voyage d'affaires, elle appliquait sa routine avec la régularité d'une horloge. Mais il était évident que quelque chose manquait.

Au bout du compte, Tim a dû s'ajuster à la froideur de Caroline. Pendant des années, il a vécu avec un sentiment muet «d'incomplétude», tirant un maigre réconfort de l'amitié et du compagnonnage qui les unissaient dans tant d'autres domaines. Notre relation s'est transformée : ils sont devenus des amis que je rencontrais assez souvent par hasard. Ils ont eu une fille qu'ils ont prénommée Tammy. C'était une joie de la côtoyer et j'ai eu la chance de la voir grandir.

Un jour, j'ai reçu un coup de fil de Tammy. Elle m'a demandé de lui faire une faveur et de m'adresser à un groupe de jeunes de son université dès que j'aurais un moment de libre. Elle voulait également m'inviter pour le lunch. Tammy est la jeune fille la plus adorable que je connaisse et Susan et moi avons appris à l'aimer. J'ai donc accepté son invitation. Nous avions hâte de nous revoir.

Nous avons pris rendez-vous pour nous rencontrer dans un restaurant du quartier. Nous avons pris plaisir à nous remettre à jour et à partager nos histoires. Notre échange s'est poursuivi un moment avant que Tammy me lance un regard désemparé.

«Qu'est-ce qui cloche avec maman?» m'a-t-elle demandé. «Pourquoi est-elle incapable de m'aimer? Quand je rentre de l'université, elle n'a même pas l'air de s'être ennuyée de moi. Je sais qu'elle m'aime, mais est-ce que tu sais pourquoi elle ne me prend jamais dans ses bras ? Ce qui me chagrine le plus, c'est qu'elle est plus affectueuse avec moi qu'avec papa. » Tammy s'est penchée vers moi et m'a questionné tout bas : « Est-ce que j'ai fait quelque chose ? Est-ce que quelque chose de mal s'est produit quand j'étais enfant pour qu'elle n'ait pas envie d'être avec moi ? »

Bang ! Et voilà. La contrainte de Caroline avait perduré et elle nuisait maintenant à sa deuxième relation importante. J'ai parlé à Tammy et je lui ai expliqué qu'elle n'avait rien à voir dans toute cette histoire. J'ai dû faire l'équilibriste pour aborder le sujet sans rien lui révéler de la discussion que j'avais eue avec ses parents plusieurs années auparavant. Après un moment, elle a levé les yeux vers moi : « Flip, je ne veux pas être comme elle. Je suis affectueuse envers les gens. Je veux que les gens sachent que je les aime. Maman est formidable comme professionnelle, mais elle ne comprend rien comme parent. J'ai besoin de son amour. J'ai besoin qu'elle soit capable de me le démontrer. Je vais te dire une chose : je ne vivrai pas comme ça toute ma vie. »

Quand on fuit ce qu'on doit affronter, le problème ne disparaît pas de lui-même. Il ne suffit pas que les autres « s'adaptent » à votre nature. Nos contraintes personnelles finissent toujours par nous rattraper. Parfois, il est trop tard et le prix à payer est trop élevé.

UNE FÊTE POUR WILLIAMS

Mike Steele a fait le voyage en avion jusqu'à nos bureaux pour venir me parler de son entreprise dont le siège social est au Texas. Agate est une division de l'une des cinq cents sociétés de la revue *Fortune*. En plus d'être chef d'entreprise, Mike a une présence particulièrement imposante : il mesure plus de 1,93 mètres.

Je l'ai tout de suite trouvé sympathique. Mike savait ce qu'il faisait et ce qu'il voulait. Il voulait que son entreprise devienne la meilleure et il était d'avis que nous serions en mesure de l'aider à atteindre son but. Nous avons discuté de contraintes personnelles et Mike a vite compris qu'il en avait quelques-unes. En fait, il en avait plusieurs.

Mike avait aussi à son emploi un jeune homme brillant dont il souhaitait favoriser la croissance personnelle ; nous avons donc entrepris le processus de dépassement des contraintes personnelles (DCP) avec lui et son second, Hal.

Hal Williams était le directeur financier d'Agate. Jeune homme assidu et extrêmement intelligent, il portait de grosses lunettes à monture noire et avait une mentalité « conservatrice ». En matière de règlements – même implicites –, tout était noir ou blanc pour lui. Hal était également très investi dans sa carrière. Toutefois, il était aux prises avec de graves contraintes personnelles qui commençaient à affecter ses progrès à mesure qu'il s'élevait dans la hiérarchie de l'entreprise.

Comme il poursuivait sa démarche de croissance personnelle, Mike s'est vu offrir le poste de président du groupe au siège social de la société mère à Dallas. C'était une promotion fabuleuse, la concrétisation d'un des objectifs que nous avions établis quand Mike avait commencé le processus. Le départ de son patron signifiait aussi que Hal devenait président de la société.

La promotion de Mike fut l'occasion de grandes célébrations, au contraire de celle de Hal. Presque personne ne fêta l'annonce de son accession à la présidence d'Agate. Sa plus grande contrainte personnelle était son manque d'empathie et d'intérêt envers ses collègues. Hal se concentrait sur ce qui lui importait le plus, plutôt que sur ce qui comptait le plus pour ses employés.

La semaine suivant sa promotion, Hal m'a téléphoné et nous avons discuté de ce qu'il ressentait. Il m'a confié : « Flip, mon nouvel emploi me passionne, mais personne ne semble vouloir de moi à l'échelon des cadres. Est-ce que c'était épouvantable à ce point ? Est-ce que j'ai vraiment été si difficile à côtoyer ? » J'ai répondu : « Oui, vous l'avez été. » J'ai senti au bout du fil que je l'avais blessé.

J'ai poursuivi : « Hal, vous pouvez régler le problème. Vous en avez la capacité et maintenant, vous avez une raison d'effectuer les changements qui s'imposent. ». Nous avons alors convenu d'un objectif : organiser une fête. Non pas une fête pour *lui*, mais une fête quotidienne qu'il ferait vivre à ses *employés*. Hal s'est engagé à se montrer plus expressif et surtout, plus empathique. Un de ses objectifs était plus précisément de célébrer son équipe de son mieux et de faire en sorte que ses employés reçoivent des promotions, des augmentations salariales et des primes, et que des opportunités leur soient offertes. Au lieu de penser à *sa* carrière, Hal s'est engagé à agir de manière à favoriser la carrière de ses collègues.

Il a pris le même engagement envers sa famille. Il s'est engagé à aimer sa conjointe inconditionnellement, à complimenter ses fils chaque jour pour leurs accomplissements. Hal se sentait investi d'une mission et cette mission, c'était sa croissance personnelle.

Il y a quelques semaines, je lui ai rendu visite. Il occupe maintenant le poste de directeur financier mondial d'Agate et son bureau est voisin de ceux de Mike Steele et Tom Woolford, le président du conseil d'administration. Les employés qui travaillaient sous ses ordres à Austin l'ont suivi à Dallas. Il est devenu beaucoup plus sympathique et quand on lui a offert le poste de directeur, ses employés ont organisé une fête en son honneur parce qu'*il* avait appris à faire *leur* éloge. Hal est devenu plus amical, plus ouvert et plus généreux qu'il ne s'en croyait capable et sa vie n'en est que plus riche. L'empathie n'a rien à voir avec la mollesse, ni avec les démonstrations d'affection excessives : c'est se soucier de l'autre et apprendre à l'exprimer.

Êtes-vous du type Iceberg?

Parmi les énoncés suivants, cochez ceux qui vous ressemblent et faites le total.

☐ Les gens sont capables de régler leurs propres problèmes et devraient d'ailleurs s'en charger.

☐ Je filtre généralement mes appels; quand ils sont assez importants, je les retourne plus tard.

☐ Les gens diraient de moi que je ne suis pas une personne affectueuse.

☐ Je ne complimente pas les gens aussi souvent que les autres.

☐ Je suis plus renfermé quand je suis en compagnie de gens avec qui je ne me sens pas à l'aise.

☐ Je me sens bizarre quand j'essaie de «materner» les autres, même mes proches.

☐ Je pense rarement à ce que je pourrais faire pour autrui.

☐ En général, je ne me sens pas obligé de saluer les gens, surtout les étrangers.

☐ Il n'est pas rare qu'on me demande à quoi je pense, parce que je suis difficile à cerner.

☐ Aider autrui à se sentir bien dans sa peau ne fait pas partie de mes responsabilités.

Quelles sont vos tendances?

Indiquez le total obtenu ci-dessous.

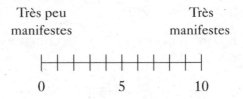

Très peu manifestes   Très manifestes

0   5   10

À l'aide! Je suis du type Iceberg!

Un vers de Molière me vient à l'esprit, qui capture bien l'essence de cette contrainte : «Nous ne sommes pas seulement responsables de ce que nous faisons, mais aussi de ce que nous ne faisons pas. » Récemment, un ami m'avouait qu'il se sentait seul. Il m'a confié qu'il aimait les gens au fond, mais qu'il ne parvenait pas à entrer en rapport avec eux et qu'il ne prenait pas le temps de leur démontrer son affection.

Cette contrainte se révèle souvent beaucoup plus flagrante dans le cercle élargi des connaissances. Bien entendu, il arrive que les personnes de type Iceberg fassent preuve de beaucoup d'affection envers leurs proches, peut-être parce qu'elles ne se sentent pas menacées en leur compagnie. D'un autre côté, elles auront l'air fermées ou sérieuses quand elles sont en compagnie de gens qu'elles connaissent peu. Chaleur et expressivité se dissimulent derrière leur froideur, mais elles doivent dévoiler ce côté de leur personnalité à davantage de gens.

La connexion émotionnelle est un bon concept à retenir. Si vous êtes de type Iceberg, arrêtez-vous un moment et pensez à vos deux meilleurs amis. Selon moi, ce sont des personnes avec qui vous avez établi une connexion émotionnelle. En fait, vous avez probablement d'autres amis que vous fréquentez plus souvent.

Vous devez faire en sorte de garder l'œil ouvert pour saisir les occasions de capter le ressenti de votre entourage. Investissez dans le « portefeuille affectif » des gens, de façon à nouer des relations durables qui résisteront aux tribulations de l'existence.

Applications pratiques – étape par étape

Voici quelques exemples de comportements à adopter pour vous engager dès aujourd'hui dans le démantèlement de votre contrainte ! Si vous constatez, après avoir pris connaissance de toutes les contraintes, que le type Iceberg compte parmi les obstacles qui vous nuisent le plus, l'application de ces étapes fera partie de votre plan proactif de dépassement, votre plan d'Action (que nous établirons au chapitre 15).

• Le soir, je n'irai pas dormir avant d'avoir fait au moins l'une des choses suivantes : (1) envoyé un courriel encourageant ; (2) donné un coup de fil à quelqu'un qui a besoin de soutien, ou ;

(3) fait un compliment à quelqu'un. Ainsi, je ferai fructifier mes « placements » dans le « portefeuille affectif » de ceux qui m'entourent.

• Je vais engager la conversation avec les personnes que je rencontre. Je vais faire une pause et accueillir les gens avec un sourire enthousiaste. Même si je suis au beau milieu d'une tâche, je vais prendre le temps de converser quelques minutes ; ensuite, j'indiquerai poliment à mon interlocuteur que je dois retourner à mes responsabilités.

• Je vais commencer à m'intéresser davantage aux gens que je côtoie, en disant quelque chose comme : « Je vous ai peut-être donné l'impression que je ne vous apprécie pas à votre juste valeur. M'aideriez-vous à mieux prendre soin de notre relation ? » Je vais délibérément poser des questions plus personnelles aux gens, afin de découvrir ce qui compte pour eux, en demandant par exemple : « Comment va votre famille ? » ou « Qu'est-ce qui vous a préoccupé, dernièrement ? » Par ailleurs, je vais me montrer plus ouvert, de manière que les gens apprennent à me connaître sous mon vrai jour.

Comment gérer vos relations avec le type Iceberg

Pour que les interactions avec une personne de ce type soient efficaces, il est essentiel de toujours faire en sorte qu'elle se sente validée. Même dans ses manifestations les plus extrêmes, cette contrainte présente des aspects positifs ; assurez-vous donc d'en faire mention. Voici certains points forts que vous pourrez souligner : ne se laisse pas démonter par des émotions accessoires, ne se perd pas dans les relations au détriment d'autres priorités.

• Si vous avez de la difficulté à percevoir le côté plus chaleureux du type Iceberg, mieux vaut poser des questions précises plutôt que d'attendre et d'espérer : « Est-ce que ce que je viens de dire vous plaît ? » ou « J'ai de la difficulté à vous saisir – pouvez-vous me donner des détails sur ce qui vous plaît, en l'occurrence ? » N'ayez pas d'attentes irréalistes : il se peut que le type Iceberg ne modifie jamais son comportement de façon marquée.

• Comme le type Iceberg est assez coriace sur le plan des émotions, on peut exprimer son propos sans détour. Si vous voulez son soutien, demandez-lui et précisez votre pensée, le cas échéant. Si la réponse est insuffisante, revenez à la charge et soyez encore plus précis. Vous pouvez parler franchement à un type Iceberg, mais il lui faut l'encadrement d'un comportement précis. Aidez-le à comprendre qu'il aura avantage à ajouter un élément affectif à sa personnalité, qu'il aura ainsi de meilleures chances d'améliorer ses relations et son rendement. Il réagira peut-être en pensant – ou en déclarant – que vous avez « besoin d'attention » : soyez prêt à répondre objectivement que vous ne faites pas l'objet de la discussion et qu'il serait peut-être bon qu'il obtienne le *feed-back* d'autrui sur la question. En dernier lieu, ne soyez pas consterné s'il ne répond pas plus à vos attentes quand la situation se reproduit. Il peut parfois rester aveugle au besoin le plus criant; par conséquent, armez-vous de patience, le temps qu'il cultive l'empathie.

10

Sixième contrainte destructrice :
le type Indolent (tiède, sans vision ni dynamisme)

Il y a plusieurs mois, j'ai reçu un coup de fil de David, un ami de longue date. Au moment de conclure notre conversation, il m'a demandé d'inviter son fils Michael pour le lunch afin de discuter de son avenir. Il m'a confié que Michael éprouvait des difficultés à choisir une carrière et qu'il n'arrivait pas à décider ce qu'il voulait faire de sa vie. Comme nous ne nous étions pas vus depuis des années, j'ai pensé que ce serait formidable de le rencontrer.

Nous sommes allés dans un restaurant de quartier et comme tous les jeunes hommes en croissance inscrits aux études supérieures, Michael a commandé tout ce qu'il y avait sur le menu. On dirait qu'à cet âge, la quantité importe plus que tout le reste : j'étais heureux de voir qu'il appréciait son repas. Tandis que nous échangions, il m'a parlé des cours auxquels il était inscrit, en ajoutant qu'aucun ne l'intéressait vraiment. À ce point de ses études, il avait cumulé suffisamment de crédits pour être en terminale, mais comme ses cours étaient éparpillés dans plusieurs disciplines et qu'il n'avait pas de majeure, il était encore loin de son diplôme. En fait, il en était à sa cinquième année d'études et il lui manquait encore l'équivalent d'une année de cours pour obtenir son diplôme.

« Comment vont tes cours ? » lui ai-je demandé.

« Bien, j'en ai abandonné quelques-uns, ce trimestre, parce que j'avais pris du retard. De toute façon, après avoir vérifié ce dont j'avais besoin, je n'ai pas eu l'impression qu'ils m'aideraient à obtenir mon diplôme. »

Quand je lui ai demandé combien d'heures de cours il suivait et quels cours il avait abandonnés, sa réponse m'a réduit au silence. « J'avais quinze heures de cours, je n'en ai plus que trois. J'ai conclu que je n'avais pas besoin du reste si je décide de changer encore une fois de majeure. »

Je n'arrivais pas à en croire mes oreilles. Il avait abandonné douze heures de cours *en un trimestre*. Il s'était inscrit à des cours qu'il avait payés sans avoir au préalable vérifié s'ils pourraient compter pour sa majeure ! Pourquoi s'inscrire à un cours qu'on ne terminera pas et le payer si c'est pour mieux l'abandonner ?

La réponse était simple : parce que quelqu'un d'autre payait la facture.

Les parents de Michael sont de bonnes personnes. Ils gagnent de l'argent de façon traditionnelle – c'est-à-dire en travaillant. David a un bon emploi qui exige de longues heures et beaucoup de déplacements. La conjointe de David a aussi un emploi ; elle se charge du supplément de travail que lui occasionne l'absence de son mari deux soirs par semaine.

J'ai demandé au jeune homme : « Michael, à quelle heure t'es-tu levé, ce matin ? »

« Oh, eh bien, je suis sorti hier soir et je suis rentré très tard, alors je ne me suis pas levé de bonne heure. » Il a souri.

« Je me suis couché tard aussi, mais à quelle heure t'es-tu levé ? »

« Un peu avant l'heure de notre rendez-vous. »

Laissez-moi voir si je saisissais bien la situation. Il s'est couché tard, il n'a pas d'autre travail que ses études, il a trois heures de cours par semaine et il est resté au lit jusqu'à l'heure de notre rendez-vous. Quelle vie de chien ! J'appréciais à tout le moins sa franchise.

« Michael, savais-tu que j'ai fait une crise cardiaque il y a quelques années ? »

« Ouais, j'en ai entendu parler. Est-ce que tu vas bien, maintenant ? »

« Oui, mais je souffre d'une maladie cardio-vasculaire et j'ai subi trois interventions chirurgicales depuis. Je mange bien, je m'entraîne et je suis en pleine forme depuis la prise en charge du problème. »

« C'est bien ! »

Nous avons terminé notre repas et la conversation a bientôt porté sur le sujet dont il voulait m'entretenir – sa carrière. « J'ai besoin de trouver une activité qui me permette de travailler le nombre d'heures que je veux, tout en faisant quand même un bon salaire. J'aime bien ne pas avoir trop de pression et je veux du temps pour voir mes amis. Je ne sais pas vraiment ce que je veux faire, mais c'est le genre d'emploi que je recherche », a-t-il conclu. « À ton avis, qu'est-ce que je devrais choisir comme carrière ? »

Il n'aurait pu m'offrir meilleure occasion.

Je me suis penché vers lui et je lui ai dit : « Michael, tu sais que notre entreprise fonctionne bien, n'est-ce pas ? »

« Bien sûr. »

« Eh bien ! J'ai un boulot pour toi, mais peut-être qu'il ne te plaira pas. Ce n'est pas très difficile les deux ou trois premières années. En fait, tu peux faire à peu près tout ce que tu veux. Par contre, ce sera plus difficile par la suite. »

Il s'est redressé, les yeux brillants. « Wow ! Ça m'a l'air bien. De quoi s'agit-il ? »

Je me suis penché si près qu'il a probablement pensé que j'allais l'embrasser. « Je pense que tu devrais étudier la question de devenir… *donneur*. Dans quelques années, j'aurai probablement besoin d'un nouveau cœur. Comme tu ne fiches rien avec ton cœur en parfait état, j'ai pensé que je pourrais y aller et t'acheter tout de suite le tien. De cette manière, quand j'en aurai besoin, je pourrai te le réclamer. Tu gaspilles ta vie, moi pas. Donc selon moi, ce ne serait que justice que j'aie l'opportunité de terminer les grands projets sur lesquels je travaille. Qu'est-ce que tu en dis ? L'affaire t'intéresse ? »

Bouche bée, Michael me regardait comme si je venais tout juste de donner un coup de pied à son chien. Oui, la vérité était froide et dure. Mais c'était la vérité. Je me suis à nouveau penché vers lui et j'ai pris son visage entre mes mains.

« Fiston, ce que tu fais de ta vie n'a aucune valeur. Remue tes fesses et fais quelque chose des talents que tu possèdes. Et en passant, ne me téléphone pas pour le lunch à moins que tu ne suives tes cours et que tu n'aies des résultats à ton actif. Tu as un potentiel extraordinaire, mais chaque jour que tu gaspilles est une insulte aux dons qui t'ont été donnés. Termine tes études et fais quelque chose de ta vie – ou bien, accepte mon offre. »

Puis, en plein restaurant, je l'ai embrassé sur le front, je me suis levé et je l'ai serré dans mes bras. Ensuite, nous sommes sortis.

Plusieurs mois ont passé avant que Michael ne me retéléphone. Quand il l'a fait, il était sur le point d'obtenir son diplôme et il avait déjà quelques rendez-vous pour des entrevues sérieuses en vue d'un emploi. Il a accepté un poste intéressant dans une entreprise de bonne réputation et il va bien. Il rit quand il raconte cette histoire à d'autres, mais il a compris l'essence du message.

Peut-être est-ce l'héritage de mon grand-père – je n'en suis pas certain. Je comprends mal les gens qui n'essaient pas de faire quelque chose de la vie qui leur est donnée. Depuis des années, j'observe un ami qui souffre d'un grave handicap mental : il se lève chaque matin pour aller au travail, et bien qu'il gagne un salaire misérable, ses journées semblent toujours formidables. Quand on l'écoute raconter comment il aide les gens à porter leurs sacs d'épicerie et affirmer qu'il connaît le nom de tous ses clients et de leurs enfants, on pourrait croire qu'il est en train de changer le monde. Dans les faits, il *change* le monde. D'un autre côté, je vois énormément de gens qui ont beaucoup reçu et qui ne font presque rien. Trop souvent, il faut une crise ou une situation potentiellement mortelle pour que le type Indolent prenne subitement conscience que le temps passe et que la vie est beaucoup trop précieuse pour qu'on la gaspille.

BETSY NAGELSEN ET BILLIE JEAN KING

Betsy Nagelsen (dont nous avons parlé au chapitre 2) a rejoint les rangs des joueuses de tennis professionnelles à l'âge de dix-neuf

ans. C'était bien jeune à l'époque pour passer chez les professionnelles. Billie Jean King, la légende et l'idole du tennis, arrivait alors
au terme de son incroyable carrière. Dominant le sport depuis de
nombreuses années, elle était toujours première au classement.
On était en 1975 et Billie Jean avait invité Betsy à voyager avec
elle et à s'entraîner avec quelques-unes des meilleures joueuses
au monde.

Betsy était aux anges. Elle affrontait les meilleures aspirantes
au titre de championne – c'était l'opportunité de sa vie. Durant la
tournée, Billie est entrée un jour dans la chambre de Betsy et lui
a posé une question très directe : « Veux-tu être la meilleure ? »

Bien entendu, n'importe quel jeune répondrait oui à cette
question et c'est ce que Betsy a fait.

« Ouais, mais est-ce que tu veux *vraiment* gagner ? »

« Bien entendu. »

Billie a lancé d'un ton tonitruant : « *Et jusqu'à quel point le*
veux-tu ? »

« Vraiment fort », a répondu Betsy un peu faiblement.

« Est-ce que tu veux gagner *plus que tout* ? Est-ce que tu veux
réellement la victoire ? Est-ce que tu la veux plus que *n'importe quoi*
d'autre au monde ? Veux-tu la victoire plus que tout ce que tu peux
imaginer ? Es-tu prête à sacrifier *tout ce que tu as* pour gagner ? »

Betsy commençait à s'interroger : « Est-ce que je veux la victoire *à ce point* ? » Elle a répondu : « Oui, absolument », même si
dans son for intérieur, elle voyait la différence qui existait entre
Billie Jean et elle. Elle rit aujourd'hui en racontant que ce discours
d'encouragement l'a laissée plus qu'à moitié déprimée.

Ce jour-là, Betsy a été témoin d'un événement que peu de
gens ont l'occasion de voir. Elle a vu la passion à l'état pur. La victoire signifiait plus pour Billie Jean que pour n'importe qui d'autre
dans le monde du tennis féminin. À l'époque, Billie était indomp-
table. Personne n'arrivait à la battre. Elle semblait poussée au-delà
de ses capacités et pourtant, elle continuait de gagner. Elle était
une source d'inspiration pour les femmes de son milieu : elle leur
permettait de voir qu'elles possédaient elles aussi la capacité d'exceller dans le sport et qu'elles valaient plus que le poids qu'on

accordait à l'époque au sport féminin. Billie Jean était incandescente : le monde entier l'a admirée tandis qu'elle illuminait la scène mondiale du tennis.

En 1973, on estime que cinquante millions de téléspectateurs étaient agglutinés devant leur téléviseur en période de pointe, au moment où le fameux «combat des sexes» a tranché la vieille question : les femmes sont-elles assez bonnes pour jouer contre les hommes ? Peu de gens pensaient que Billie Jean avait une chance de remporter la victoire, y compris certains de ses amis les plus proches. Mais Bobby Riggs l'avait mise au défi et pour que les femmes soient un jour prises au sérieux, il *fallait* qu'elle gagne. Billie Jean King a battu Bobby Riggs en trois sets successifs.

Ce n'est que plusieurs années plus tard que Betsy comprit la puissance de la passion. Billie Jean ne se contenta pas de remporter des matchs. Elle fut l'inspiration de toute une nation de femmes et leur ouvrit la porte au monde du sport professionnel.

La vie est pleine de plaisirs quand l'amour de la compétition se combine à la joie de vivre simplement le moment présent. La passion et le dynamisme sont des traits de caractère imbattables. Si vous voulez atteindre les sommets, vous devez les posséder. La passion devrait être comme un feu intérieur : parfois, c'est juste une impression de chaleur que vous sentez présente. En d'autres occasions, ce feu rugira comme une fournaise qui vous pousse au-delà de vos capacités, dans « la zone » de votre objectif véritable, quel qu'il soit. La passion et le dynamisme sont probablement les deux plus importants facteurs de réussite qui soient.

N'oubliez pas : quand le feu d'une passion ne réchauffe pas votre cœur, le monde est un endroit bien froid.

N'ATTENDEZ PAS

Je serais négligent si je ne vous faisais pas part d'un autre élément mis en lumière par nos recherches. Passion et dynamisme sont des caractéristiques comportementales *apprises*. On peut insuffler aux enfants la passion et le dynamisme qui les encourageront à exceller. Par contre, il est extrêmement difficile de faire de même pour un adulte après l'âge d'environ trente ans.

Si vous avez déjà embauché du personnel, vous savez que certains arrivent prêts à s'engager, alors que d'autres peinent à accomplir la moindre chose. Je suis d'accord avec Lou Holtz, le grand entraîneur de football, à qui on demandait : «Coach, comment faites-vous pour avoir des joueurs si motivés?» Il a répondu : «Ce n'est pas difficile d'avoir une équipe vraiment motivée. Je renvoie seulement les joueurs qui ne le sont pas.»

Motivation, dynamisme, passion et désir de réussite se développent au cours des premières années du développement de l'enfant. On le constate sur le terrain quand un enfant joue au foot, ou quand il/elle procède à l'école à une expérience en laboratoire. On le voit clairement quand l'enfant pratique sa leçon de musique, peint ou pratique une activité qu'il aime beaucoup.

Chez l'enfant, la passion est une petite flamme qui peut être éteinte très tôt, mais qu'un être de vision peut aussi attiser – quelqu'un qui, au-delà de ce qui *est*, voit ce qui *pourrait être*.

NOUS AVONS TOUS BESOIN D'UNE MADAME FINNELL

J'ai eu beaucoup de difficultés durant ma sixième année scolaire : les maths étaient de plus en plus ardues et à moins de mesures draconiennes, je m'acheminais vers un échec. Selon moi, tricher n'était pas si terrible, en particulier parce que j'avais deux copains de mon avis. J'avais triché toute l'année.

Tous les deux ou trois jours, nous avions un devoir de maths à faire à la maison. Le jour où il fallait remettre le travail, madame Finnell nous demandait d'échanger nos copies et tandis qu'elle nous dictait les réponses, nous notions le devoir d'un camarade. Une fois les devoirs remis à leurs propriétaires, nous donnions notre note à madame Finnell pour qu'elle l'inscrive dans son registre de notes. Deux de mes amis avaient compris que si nous échangions nos devoirs, madame Finnell ne pourrait jamais se rendre compte que nous « trafiquions » nos notes. J'échangeais mon devoir contre celui de Bobby un jour et contre celui de Tommy la fois suivante. Nous n'inscrivions pas de réponses à la maison : chacun de nous notait sur le devoir qu'il « corrigeait », les réponses que madame Finnell donnait en classe. Bien entendu, comme il ne fallait pas que nos notes soient *trop bonnes*, nous faisions en sorte d'avoir de mauvaises réponses à l'occasion. Nous étions de petits futés et nous nous en étions tirés toute l'année.

Or un jour, le monde s'est arrêté.

Nous avions échangé nos devoirs et madame Finnell se préparait à nous donner les réponses quand elle a agi soudain autrement. Quittant sa chaise, elle s'est approchée de Bobby et lui a demandé le devoir qu'il avait en main. Ensuite, elle est allée voir Tommy et lui a demandé son devoir. Pour finir, elle s'est tournée vers moi et m'a demandé le mien. Puis, elle est retournée s'asseoir et elle a donné les réponses comme d'habitude. Nous sommes restés assis devant notre pupitre vide et nous avons attendu. Et attendu. Il ne faisait aucun doute que nous étions tous trois dans le pétrin. Nous allions probablement mourir.

Cet après-midi-là, dès la fin des cours, j'ai enfourché mon vélo et je suis retourné à toute vitesse à la maison pour me planter près du téléphone. Je savais que madame Finnell allait téléphoner pour tout raconter à ma mère et que je recevrais une correction. J'étais prêt. J'avais l'intention d'imiter la voix de mon père quand elle appellerait et de lui dire que je savais tout et que j'allais m'en occuper. Ensuite, je continuerais à vivre comme si rien ne s'était jamais produit parce que je serais toujours en vie.

J'ai attendu des heures, mais le téléphone n'a jamais sonné. Finalement, l'heure du souper est arrivée. Toujours pas de coup de fil. L'heure du coucher a sonné – *elle n'avait toujours pas téléphoné*. Je ne pourrais jamais répondre à son coup de fil si elle téléphonait après que je sois couché… Mais le téléphone est resté muet.

Le lendemain, il ne s'est rien produit à l'école. Personne ne nous a parlé de l'affaire et madame Finnell n'a rien dit. Encore une fois, je suis revenu en catastrophe à la maison et j'ai attendu son coup de fil, qui n'est jamais venu. Le surlendemain, même chose.

Le vendredi est arrivé et j'ai pensé que je réussirais à me tirer d'affaire. À la récréation, je lançais habituellement à la balle molle. Ce jour-là n'était pas différent des autres et pendant notre partie, madame Finnell s'est approchée du terrain. J'espérais qu'elle allait se joindre à nous. Je n'avais jamais vu une femme vêtue d'une robe glisser jusqu'au deuxième but en donnant une telle impression de naturel. Mais elle n'était pas venue pour jouer.

Elle s'est arrêtée près du marbre et m'a fait signe d'approcher. Tout en me dirigeant vers elle, j'ai cherché un endroit où je pourrais me cacher. Quand je suis arrivé à sa hauteur, elle m'a regardé et m'a dit : « Flip, tu sais que je t'ai observé toute l'année, n'est-ce pas ? »

Tout ce que j'ai réussi à émettre, c'est : « Oui, madame. »

« Je veux que tu saches une chose : je pense qu'un jour, tu seras un grand joueur de baseball », m'a-t-elle lancé avant de s'éloigner. Je suis resté sans bouger. J'étais tellement embarrassé et honteux de ce que j'avais fait. Je lui avais fait faux bond. J'avais trahi la femme qui pensait que j'allais devenir un grand joueur de baseball. J'avais l'impression d'être un voyou. En dépit de tout, madame Finnell avait vu en moi quelque chose qu'elle a mis en mouvement ce jour-là.

Des années plus tard, j'étais en réunion avec une partie de la direction de l'équipe de baseball des Rangers du Texas et j'ai ressenti le besoin de faire une pause. Nous avions étudié des données relativement denses sur les joueurs et après quelques heures à rester assis, je me suis levé et je suis sorti dans le hall. Quelques instants plus tard, Reid Nichols est sorti derrière moi. Alors chargé du développement de l'équipe, Reid est connu comme un entraîneur de baseball généreux et enthousiaste. Il m'a arrêté dans le hall pour me demander si j'allais bien. J'ai acquiescé.

Il m'a lancé un regard qui disait qu'il n'en croyait pas un mot. « Vous ressentez quelque chose. Qu'est-ce qui se passe ? »

« Reid, je pensais à l'endroit où nous sommes et à ce que nous y faisons. Et je pensais à madame Finnell. »

« *Qui* est madame Finnell ? »

« Mon professeur de sixième année. Reid, savez-vous où nous sommes ? »

« Bien entendu. C'est ici que je travaille. »

« Oui, en effet. Nous sommes debout dans le plus grand stade du Texas et nous étudions les données sur vos joueurs afin de découvrir ce que nous pouvons faire pour les préparer à passer au niveau suivant. Et madame Finnell savait que j'y serais. Reid, *elle m'avait vu ici.* »

J'ai raconté toute l'histoire à Reid. Je lui ai aussi laissé savoir que j'étais disponible pour jouer s'il trouvait à m'employer. En passant, je suis toujours disponible si quelqu'un parmi vous, lecteurs, a une ouverture pour un lanceur gaucher plutôt doué.

Je suis hautement recommandé par madame Finnell.

Êtes-vous du type Indolent ?

Parmi les énoncés suivants, cochez ceux qui vous ressemblent et faites le total.

☐   On me dit constamment que je suis nonchalant.

☐   Au travail, c'est plus facile si quelqu'un me supervise et m'aide à établir un échéancier.

☐   Je travaille mieux quand il y a de la pression et qu'il faut rendre un projet à terme. Je ne suis pas aussi intense au début.

☐   Je pense que les gens qui travaillent terriblement fort passent à côté du but de l'existence.

☐   Je ne suis pas souvent en liste pour une promotion.

☐   C'est très important de prendre le temps de vivre.

☐ On ne me décrirait pas comme une personne intense et très dynamique.

☐ Si on me le demande, je livre la marchandise, mais j'offre rarement mes services de mon propre chef.

☐ Je m'occupe beaucoup de mes affaires personnelles durant mes heures de travail.

☐ Je n'ai pas d'idée précise quant à ce que je peux faire ou à mes objectifs ultimes.

Quelles sont vos tendances ?

Indiquez le total obtenu ci-dessous.

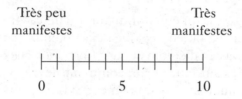

Très peu   Très
manifestes   manifestes

0   5   10

À l'aide ! Je suis du type Indolent !

Mark Twain disait : « Le secret du succès, c'est de faire de ta vocation tes vacances. »

Alors, que ferez-vous quand vous serez grand ? Indépendamment de votre âge, vous n'avez probablement pas encore pris une décision. Je ne suis pas certain de l'avoir fait non plus.

La recherche a démontré que certains naissent habités d'une intensité qui leur permet, du moins pour un temps, de s'attaquer à n'importe quelle tâche ou presque avec un sentiment d'urgence. Cependant, la plupart des gens ne sont pas comme cela et c'est le défi que je leur lance à tous : trouvez un emploi que vous aimez réellement – où vous sentez que vous avez ce qu'il faut pour réussir. Bien entendu, c'est plus facile à dire qu'à faire, mais il est impossible de faire fi de cette réalité. À la vérité, tous les emplois ont des aspects déplaisants, vous devez donc être réaliste. Néanmoins, déterminez la carrière où vous pourrez vraiment vous épanouir, en étudiant les aspects de votre travail qui, à la fin d'une journée exigeante, font naître un sourire sur votre visage.

Pour le type Indolent, c'est la perception qu'il donne qui cause le plus de problèmes. Imaginez une personne intense et centrée sur la tâche qui travaille en étroite collaboration avec un individu plus désinvolte et vous aurez tous les ingrédients d'un désastre. D'un côté, la personne centrée qui dit souvent des choses comme : « Allons-y ! Qu'est-ce qu'on fait maintenant ? Il faut terminer ça ! » ; de l'autre, l'individu nonchalant qui répond : « Détends-toi, veux-tu ? Je tiens à m'assurer que tout le monde a pu s'exprimer. Étudions d'abord cet argument. Ce n'est pas grave si nous ne terminons pas dans une heure. »

La vérité, c'est qu'en continuant à faire ce que vous faites, vous continuerez d'obtenir ce que vous obtenez. Par conséquent, si vous en avez assez d'éprouver de la frustration au contact de personnes centrées sur leur tâche, comment devrez-vous agir pour communiquer un sentiment d'urgence ? Si vous en avez assez de ne jamais être promu, qui vous fournira le *feed-back* qui vous permettra de comprendre pourquoi ? Vous ne respectez pas vos échéances… toujours pour une bonne raison ? Engagez-vous à terminer avant la date limite.

Voulez-vous savoir ce qui attire les gens et force vraiment leur respect ? La passion. Recherchez des tâches qui vous stimulent et sollicitez les commentaires quant à votre rendement. Par ailleurs, livrez la marchandise *avant* le temps.

Applications pratiques – étape par étape

Voici quelques exemples de comportements à adopter pour vous engager dès aujourd'hui dans le démantèlement de votre contrainte ! Si vous constatez, après avoir pris connaissance de

toutes les contraintes, que le type Indolent compte parmi les obstacles qui vous nuisent le plus, l'application de ces étapes fera
partie de votre plan proactif de dépassement, votre plan d'Action
(que nous établirons au chapitre 15).

• Pour acquérir plus de discipline, je vais cesser de me
« récompenser » avant d'avoir vraiment mérité de faire une pause.
Je vais dresser la liste de mes tâches et m'occuper d'abord de
celles qui sont prioritaires. Je vais me récompenser après chacune,
soit en faisant une pause de cinq minutes, soit en allant chercher
quelque chose à boire ou marcher un petit moment. (Fragmentez
les tâches plus imposantes en petites étapes.) Si possible, je vais
demander qu'on vérifie mes progrès plus souvent jusqu'à ce que
je sois en mesure de mieux gérer mon temps.

• Je vais m'habituer à être en avance plutôt qu'en retard. Je
vais éviter les excuses ; si je ne respecte pas une échéance, je vais
me faire un point d'honneur de dire : « Je suis désolé si je vous ai
donné l'impression que je n'avais pas pris la tâche au sérieux.
J'espère pouvoir faire mes preuves la prochaine fois. » Si je sens
que je risque de ne pas terminer à temps, je vais informer mon
équipe de l'état des choses et demander : « Quelqu'un aurait-il
une idée de ce que je pourrais faire pour accélérer le processus ? »

• Je vais m'efforcer de trouver ma passion, en étudiant réellement mon choix de carrière ou d'emploi afin de m'assurer que
j'en tire véritablement une satisfaction personnelle. J'ai beaucoup
plus de chances de réussir si mes valeurs s'accordent avec un
emploi pour lequel je me sens relativement passionné.

Comment gérer vos relations avec le type Indolent

Pour que les interactions avec une personne de ce type soient
efficaces, il est essentiel de toujours faire en sorte qu'elle se sente
validée. Même dans ses manifestations les plus extrêmes, cette
contrainte présente des aspects positifs ; assurez-vous donc d'en
faire mention. Voici certains points forts que vous pourrez souligner : détendu, facile à vivre.

• Pour motiver le type Indolent, divisez ses tâches en petits éléments mesurables, louangez ses réalisations et offrez-lui au besoin des récompenses pour le stimuler. Aidez-le à atteindre un sentiment de réussite ; avec un peu de chance, il voudra le ressentir plus souvent.

• Ayez des attentes réalistes face à l'esprit d'initiative du type Indolent. Il n'est pas conçu pour prendre l'initiative souvent, aussi vaut-il mieux lui assigner un poste exigeant moins dans ce domaine et avoir des attentes plus explicites. Fournissez-lui des lignes directrices quant à son rendement et soyez patient, tout en essayant d'attiser sa flamme.

11

Septième contrainte destructrice :
le type Bulldozer (trop dominateur)

Les personnes dominatrices ont tendance à diriger. Ce n'est pas un problème, à moins qu'elles le fassent au détriment de la contribution d'autrui.

J'avais engagé les membres du personnel d'une commission scolaire du Texas dans un processus visant à les aider à améliorer les notations d'épreuves de leurs étudiants (ainsi que le rendement de leurs enseignants). C'est ainsi que j'ai rencontré « Teresa », leur administratrice en chef.

Le soleil se couchait derrière les collines qui se coloraient d'orange et de bruns veloutés. Un terrain de golf parfaitement manucuré s'étalait devant nous. La rivière qui traversait notre lieu de retraite roulait des eaux étonnamment froides pour le Texas. L'ambiance était tout simplement idéale. Nous nous installions avant de commencer à discuter quand Teresa a lâché : « Je suis pressée et je ne veux pas perdre de temps en civilités ; qui a l'ordre du jour ? »

Intéressé, j'ai observé la scène en silence.

« Je sais ce que je veux et je sais comment il faut faire. Alors, laissons tomber la discussion quant à l'orientation que ce programme devra prendre. »

Un des membres de mon équipe a expliqué : « Nous devons absolument prendre connaissance de l'information ensemble. J'aimerais vous expliquer ce que nous avons fait dans plusieurs centaines de commissions scolaires pour atteindre des objectifs identiques aux vôtres. Comme nous avons une grande expérience avec les institutions d'enseignement comme la vôtre, nous pourrons vous faire économiser beaucoup d'argent et vous éviter bien des tracas – simplement en effectuant quelques petits changements. »

« Tout cela est très bien, mais je sais ce que je veux. Alors, sautons cette partie de la discussion », a répondu Teresa.

La réunion a duré à peu près vingt minutes : Teresa a décliné les points à son ordre du jour et posé plusieurs questions pointues à son personnel. On lui a fait part de certains points requérant son attention, mais elle les a écartés sans autre forme de procès. Personnalité axée sur les résultats, Teresa n'avait d'intérêt que pour son ordre du jour. Elle est partie aussitôt ses affaires réglées.

Nous avons continué à discuter de certaines questions qui avaient été soulevées. Il était clair que les employés de Teresa étaient mal à l'aise. Finalement, l'un d'eux s'est tourné vers moi : « Flip, je m'excuse de ce qui vient de se passer. Teresa vit beaucoup de pression et la suite repose en grande partie sur le travail que nous accomplirons avec votre équipe. » J'ai hoché la tête pour signifier que je comprenais. Mon équipe est fréquemment appelée à intervenir dans des situations de transition ou de grande pression.

Cependant, la pression n'excuse pas le manque d'égards.

Comme nous sommes des experts dans l'application de nos processus, nous savions mieux que Teresa comment l'aider à atteindre ses objectifs. Mais elle n'en saurait rien à moins de prendre le temps de nous écouter.

J'ai demandé à ses employés : « Ne serait-il pas raisonnable que vous nous laissiez vous guider à travers les étapes du processus ? De cette manière, vous ne gaspillerez pas votre argent au risque de vous retrouver avec une solution qui ne fait le bonheur de personne ? »

Nous avons été étonnés qu'ils acceptent, mais nous avons poursuivi nos discussions en ce sens. Le temps a passé à toute vitesse ; nous étions tous enchantés des économies qui seraient réalisées et surtout, des résultats qui assureraient la réussite d'un plus grand nombre d'étudiants.

Quelques jours plus tard, Teresa nous a téléphoné et nous a informés de ses plans et de leur stratégie de mise en œuvre. Je lui ai demandé si elle avait étudié les résultats du travail de son personnel, mais elle m'a répondu : « Non, je n'ai pas eu le temps. Je sais comment je veux que nous procédions, alors entendons-nous que c'est ainsi que nous allons poursuivre. » Je n'étais pas étonné, mais j'étais certainement déçu.

Des mois plus tard, en téléphonant à l'un des membres seniors du personnel de Teresa, j'ai découvert qu'il était en congé de maladie. Je l'ai appelé à la maison pour savoir si nous pouvions l'aider d'une façon ou d'une autre et pour lui dire que nous pensions tous à lui. « Quel est le problème ? » ai-je demandé poliment, ne voulant pas m'ingérer dans sa vie privée. « J'ai des ulcères hémorragiques et je souffre du syndrome du côlon irritable. On m'a ordonné de rester deux semaines au lit. » Encore une fois, je n'étais pas étonné. La source de la plus grande part du stress vécu par le personnel de Teresa était évidente et la situation n'était pas reluisante.

Quelques mois ont passé. Je suis allé rencontrer Teresa et son équipe pour étudier les données de croissance personnelle que nous avions recueillies sur chacun des principaux intervenants. L'objectif était de les aider à augmenter leur rendement, tant sur le plan professionnel que personnel. Chacun était excité de recevoir l'information le concernant, mais sitôt la distribution terminée, Teresa s'est levée. Elle a déclaré qu'elle avait un rendez-vous qu'elle ne voulait pas manquer et qu'elle serait de retour dans deux heures. Les autres participants ont commencé à étudier les données et à travailler en équipe avec enthousiasme. Teresa n'est jamais revenue.

Une semaine plus tard, je lui ai téléphoné et je lui ai offert de me rendre à son bureau (à trois heures de route de chez moi) pour la rencontrer et étudier avec elle les renseignements la concernant. C'est là qu'elle m'a confié son ordre du jour : « Je veux que mon personnel fasse le processus, mais je n'ai pas de temps pour la croissance personnelle. Je vous paie pour que vous les améliodiez, *eux*; voilà ce que je recherche. »

Rappelez-vous quand nous avons abordé plus haut le concept selon lequel aucune équipe ne peut s'élever au-delà des contraintes de son chef. Au cours des mois qui ont suivi, la plupart des membres de l'équipe de Teresa se sont mis énergiquement en quête d'un autre travail.

Et un an plus tard?

Eh bien! Disons simplement que Teresa a « pris sa retraite ». Elle est maintenant consultante pour d'autres commissions scolaires. Déplorable, mais vrai.

ATTENTION! POIDS LOURD

Les personnes dè type Bulldozer sont dures. Les côtoyer est dur, faire des affaires avec elles est dur. Le plus triste, c'est qu'elles pensent généralement qu'elles ont la réponse et le dernier mot en tout temps. Elles se disputent avec tout le monde et écrasent quiconque ne se plie pas à leurs diktats. Elles sont aussi dures à vivre dans un couple; seuls les forts ou les fous survivent à l'épreuve.

Le type Bulldozer a probablement raison presque tout le temps, mais il a absolument *tort* dans sa manière d'entrer en relation. Pour couronner le tout, le type Bulldozer est souvent une brute. Il perd facilement ses relations et ses employés parce qu'il est indifférent à ce qu'il leur fait subir.

Un bon leader se démarque par son sens équilibré du commandement. Il faut qu'il y ait des gens pour faire bouger les choses. Je le sais : je suis du genre à prendre les commandes. Je sais aussi ce qui se produit quand on devient trop dominateur. Heureusement, au fil des années, plusieurs m'ont confronté et m'ont fait comprendre que j'avais tort – pas nécessairement à propos d'un point en particulier, mais à coup sûr en refusant d'écouter et en me montrant impatient d'aller de l'avant. Les personnes dominatrices à l'extrême sont celles qui, dans la vie, foncent sans égard pour autrui.

LE BULLDOZER MANQUE D'HUMILITÉ ET DE PERSPECTIVE

Un soir, ma conjointe et moi étions en compagnie d'un petit groupe d'amis : il y avait là Mark et Betsy McCormack ; l'animatrice de télévision Paula Zahn et son conjoint, Richard ; Ray Cave (auparavant directeur de rédaction du magazine *Time*) ; Howard et Janet Katz (Howard a déjà été président de la chaîne ABC Sports et dirige maintenant la société NFL Films) ; et Nando Parrado, dont le succès de librairie *Miracle dans les Andes* raconte l'histoire poignante de sa survie dans les Andes enneigées. Inutile de dire que Susan et moi étions les deux personnes les moins connues dans le groupe, mais probablement les plus enchantées d'y être.

À sa façon simple et tranquille, Nando nous a raconté sa version personnelle du fameux écrasement d'avion survenu dans les Andes en 1972, qui a tué sa mère, sa sœur, ainsi que plusieurs membres de son équipe de rugby et leurs familles. Inconscient pendant trois jours, Nando a repris conscience pour découvrir qu'il était le seul, avec quinze de ses coéquipiers, à avoir survécu à la tragédie et que les aspects les plus horribles de son expérience restaient à venir. Après soixante-douze jours à affronter la faim, les avalanches et des températures inférieures à zéro, sans équipement ni soins médicaux, le groupe a finalement compris qu'il attendait un sauvetage qui ne viendrait jamais. Sans aucune idée quant à l'endroit où ils se trouvaient, les survivants ont décidé que Nando, alors âgé de vingt-trois ans, dirigerait une expédition de trois hommes qui franchiraient soixante-douze kilomètres de montagnes sauvages et glacées afin d'atteindre le Chili et de ramener du secours. Le récit des obstacles rencontrés durant son périple et sa détermination à revoir son père accablé de chagrin – ou à mourir dans la tentative – compte parmi les histoires de survie les plus dramatiques de notre époque.

Après que Nando eut terminé le récit de son incroyable odyssée, nous sommes passés à table. Réfléchissant au déroulement de ma journée, j'ai été frappé par le contraste évident entre le récit très humble que Nando nous avait fait d'une quête véritablement héroïque, et la rencontre que Betsy et moi avions eue plus tôt avec un homme d'affaires qui avait parlé de lui sans discontinuer pendant toute notre réunion. Étalant devant nous les détails de ses réalisations et de son importance, l'homme d'affaires avait monopolisé tout notre temps pour décrire une affaire qu'il était en train de mettre sur pied. Comme il n'avait pas pris le temps de s'informer sur les autres participants, il n'a jamais su qu'il était en présence de plusieurs individus dont les réalisations dépassaient de beaucoup les siennes. Cependant, tout le monde l'a écouté en silence vanter ses exploits sans jamais laisser à quiconque la possibilité de dire quoi que ce soit. Dans l'ensemble, la réunion s'est avérée longue et pénible.

J'ai réfléchi aux contrastes saisissants entre ces deux personnalités. La vie de Nando démontrait l'excellence discrète et l'engagement, alors que celle de l'homme d'affaires n'était qu'arrogance et suffisance. Aucun doute quant à savoir lequel des deux comprenait vraiment la nature du leadership.

Êtes-vous du type Bulldozer?

Parmi les énoncés suivants, cochez ceux qui vous ressemblent et faites le total.

☐ Je termine souvent les phrases des autres.

☐ Je ne vois pas d'inconvénient à interrompre mon interlocuteur pour corriger ses propos quand je suis en désaccord avec lui.

☐ Je n'ai pas de difficulté à diriger un groupe important : je prends activement la situation en main.

☐ Comme j'ai beaucoup de volonté, j'accomplis plus que quiconque.

☐ Les discussions enflammées ne me rebutent pas.

☐ Pendant que les autres s'expriment, je pense à ma réplique et je cherche comment je pourrais les gagner à ma façon de penser.

☐ Il m'arrive de me montrer arrogant et têtu, mais en général, j'ai raison.

☐ Quand c'est moi qui dirige, je n'aime pas qu'on marche sur mes plates-bandes – chacun devrait se cantonner à son rôle.

☐ On m'a déjà dit que j'étais entêté, mais en fait, j'ai des convictions fermes.

☐ On ne devrait pas confier de responsabilités aux gens faibles.

Quelles sont vos tendances ?

Indiquez le total obtenu ci-dessous.

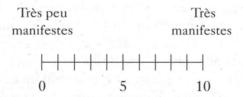

À *l'aide ! Je suis du type Bulldozer !*

Peut-être pensez-vous que ce n'est pas vraiment une contrainte si terrible ? Qu'y a-t-il de mal à ce que ce soit moi, le responsable – il faut bien que quelqu'un le fasse ? Et si les gens m'aiment tel que je suis, y compris parce que je m'affirme plus que les autres ? Serait-il possible que je sois simplement un meneur remarquable ? Si je recueillais l'opinion de tout le monde, je perdrais un temps précieux! Ai-je vraiment besoin d'obtenir l'approbation de chacun si je sais déjà quelle est la meilleure option?

Avez-vous remarqué la constante dans toutes les questions qui précèdent? Elles ne portent que sur vous. Dans le cas de cette contrainte, c'est la leçon la plus importante à étudier : *il ne s'agit pas que de vous.*

La réalité, c'est que les gens n'expriment généralement pas haut et fort que vous les écrasez. Ils s'exprimeront en acceptant une autre opportunité et partiront sans jamais avoir avoué leurs blessures. J'irais jusqu'à dire que la plupart des gens avec qui vous avez eu des discussions houleuses ou que vous avez jugés arrogants présentent tous un caractère commun : ils vous ressemblent!

Néanmoins, souvenons-nous que le but n'est pas de devenir passif! Il s'agit plutôt de capitaliser sur les points forts de votre volonté, tout en en minimisant les dommages. Plutôt que d'être un leader qui forme des disciples, soyez un leader qui forme d'autres leaders!

Applications pratiques – étape par étape

Voici quelques exemples de comportements à adopter pour vous engager dès aujourd'hui dans le démantèlement de votre contrainte! Si vous constatez, après avoir pris connaissance de toutes les contraintes, que le type Bulldozer compte parmi les obstacles qui vous nuisent le plus, l'application de ces étapes fera partie de votre plan proactif de dépassement, votre plan d'Action (que nous établirons au chapitre 15).

• Je vais m'habituer à prendre du recul dans les interactions de groupe. Quand j'ai une opinion, je vais commencer par tenir ma langue pour voir si quelqu'un d'autre s'avance et exprime un point de vue similaire. Plutôt que de clarifier ma position, je vais m'efforcer de demander aux personnes plus réservées de s'exprimer, en disant des choses comme : «Non! Allez-y, j'insiste.» Je vais éviter d'interrompre les gens et de terminer leurs phrases. (Désignez une personne qui aura la charge de vous surveiller quelques fois afin de vous responsabiliser.)

• Quand je converse, je vais m'habituer à vérifier mes interventions en posant des questions comme : « Est-ce que je réponds à votre question ? », « Est-ce que je vous donne le sentiment que je vous écoute réellement ? » ou « Est-ce que cela vous tient à cœur ? Dites-m'en davantage. » La communication est bien plus qu'un échange du tac au tac ; je vais donc m'efforcer d'établir un meilleur contact avec mes interlocuteurs.

• Je vais commencer à rechercher l'approbation de mon entourage. Pour éviter d'être perçu comme une personne arrogante, je vais m'efforcer de prendre conscience de ma tendance à assumer le commandement. Je vais délibérément prendre du recul et observer davantage. Je vais cesser de considérer les décisions selon un point de vue noir ou blanc. Par ailleurs, plutôt que de me cantonner aux faits, je vais m'efforcer de mieux comprendre les sentiments d'autrui face aux décisions qui sont prises.

• Je vais rechercher davantage de *feed-back* quant à la perception qu'on a de moi. Par exemple, à la fin d'une réunion, je demanderai à l'un des participants : « Est-ce que j'ai écouté et participé sans m'imposer ? » Ou je demanderai à la personne avec qui je travaille en étroite collaboration : « Me trouvez-vous parfois trop contrôlant ? Est-ce qu'il m'arrive de vous imposer une gestion étriquée ? » (Faites en sorte qu'une fois par semaine, quelqu'un vous donne son point de vue sur une question aussi précise que les exemples ci-dessus.)

Comment gérer vos relations avec le type Bulldozer

Pour que les interactions avec une personne de ce type soient efficaces, il est essentiel de toujours faire en sorte qu'elle se sente validée. Même dans ses manifestations les plus extrêmes, cette contrainte présente des aspects positifs ; assurez-vous donc d'en faire mention. Voici certains points forts que vous pourrez souligner : esprit de décision, forte volonté, assurance, leadership.

• Faites en sorte de questionner le type Bulldozer sur ce qu'il pense et ce qu'il ressent. Dites quelque chose comme : « J'attache beaucoup d'importance à votre point de vue – dites-m'en plus », afin de souligner que vous accordez du prix à sa vision. Si vous vous sentez bousculé ou écrasé, il est tout à fait acceptable de dire que vous avez le sentiment de ne pas être entendu. Faites comprendre au type Bulldozer que vous voulez entendre ce qu'il a à dire, mais que vous voulez qu'il fasse preuve de la même courtoisie à votre égard.

• Au besoin, fournissez-lui des directives précises en matière d'interaction. Par exemple, informez-le du déroulement d'une réunion avant de commencer : « Nous avons une heure et voici les sujets que nous devons absolument aborder… » De cette manière, vous lui ferez clairement comprendre qui dirige la réunion et vous l'aiderez à accepter que le cas échéant, c'est vous qui prendrez la situation en main.

12

Huitième contrainte destructrice :
le type Tortue (réfractaire au changement)

L'HISTOIRE DES DEUX ÉPOUSES

Je connais deux couples qui ont fait des choix de vie différents. Mike et Valerie Smith ont élevé trois enfants brillants et très doués sur le plan artistique. Mon épouse et moi les avons fréquentés ces dernières années, alors qu'ils se préparaient à affronter une période exigeante de leur vie. En effet, Mike et Valerie avaient décidé d'abandonner leur existence confortable pour participer à un programme d'assistance à l'étranger.

Après en avoir discuté avec le reste de la famille, et en dépit de leurs nombreuses questions et incertitudes, ils ont finalement pris la décision de partir. La famille a empaqueté ses modestes possessions pour déménager à huit mille kilomètres de son clan et de ses amis, et entamer une nouvelle vie dans un pays à la langue et aux coutumes étrangères. Nous sommes restés en contact avec nos amis, parce que Susan et moi étions très curieux de leur travail et des autres intervenants du projet.

La première fois que nous leur avons rendu visite outre-mer, nous avons remarqué que Valerie ne quittait jamais la maison. Nous avons aussi remarqué qu'elle ne conduisait pas ; par conséquent, elle sortait pour faire les courses seulement quand Mike lui servait de chauffeur. L'existence de Valerie tournait autour de sa famille ; bien entendu, c'est une bonne chose, en autant que cela ne nuise pas aux autres aspects qui exigent de l'attention. Quand nous avons abordé le sujet, nous avons constaté sans équivoque

que Valerie était à l'aise avec le fait de concentrer toutes ses énergies sur sa famille et son foyer.

Malheureusement, Mike ne pouvait œuvrer efficacement dans la collectivité à moins que Valerie ne devienne plus sociable. Le travail de Mike exigeait de Valerie qu'elle y prenne une part plus active. Pourtant, quand il en a été question, nous avons bien vu que Valerie résistait à l'idée. Ce n'était pas qu'elle ne soutenait pas Mike dans son mandat, ni qu'elle n'aimait pas les gens ou qu'elle ne voyait pas la nécessité de s'intégrer à la communauté. Dans les faits, elle souhaitait se consacrer à cette forme de service depuis l'enfance et elle avait déjà travaillé avec Mike dans d'autres pays.

La situation se résumait à un seul problème : une contrainte personnelle. Valerie n'aimait pas le changement. L'idée de faire de nouvelles connaissances, de recevoir des gens chez elle et d'essayer d'échanger des civilités dans une autre langue dépassait le cadre de ce qu'elle était prête à assumer. C'était plus facile de rester à la maison et d'apprendre à cuisiner comme un chef – ce qu'elle faisait d'ailleurs très bien. Mais dans le cas de Mike, l'attitude de Valerie ne lui était d'aucune utilité pour son travail, alors que c'était l'engagement qu'elle avait pris avant leur départ des États-Unis. Au fil de ses rencontres de plus en plus nombreuses, la vie de Mike s'ouvrait davantage. Pendant ce temps, Valerie poursuivait son existence étriquée, centrée sur la cuisine et les enfants.

Il était clair que Valerie était réfractaire au changement et qu'elle avait peur de faire des erreurs en public, en n'utilisant pas les bons termes dans une langue qui ne lui était pas familière ou en commettant un impair sur le plan des us et coutumes. Valerie n'était ni égoïste, ni distante – elle aimait beaucoup les gens. Elle avait simplement peur de commettre des erreurs et il était beaucoup plus facile de rester à la maison et de s'occuper de ce qu'elle savait faire, plutôt que de s'aventurer en territoire inconnu.

Son attitude de Tortue se manifestait dans d'autres aspects de son quotidien. Elle ne faisait rien pour apprendre à conduire la voiture à transmission manuelle, ni pour se familiariser avec la région. Elle avait rencontré très peu de gens dans la communauté. Elle n'invitait pas de nouvelles connaissances chez elle et sortait rarement de la maison. Or, pour vivre avec Mike l'existence qu'ils avaient convenu de créer, il lui faudrait s'y résoudre.

DOUG ET SANDY

L'autre couple de cette histoire concerne deux amis qui se sont mariés alors qu'ils étaient encore à l'université. Doug et Sandy avaient l'intention de devenir enseignants, du moins, dans le cas de Sandy, jusqu'à ce qu'ils aient des enfants. Sandy avait grandi dans une famille très unie et Doug avait vécu dans une petite municipalité jusqu'à son départ pour l'université. Ils étaient faits l'un pour l'autre.

Quand ils envisageaient leur avenir, Doug et Sandy voulaient les mêmes choses : Sandy voulait une famille et Doug, un emploi qui ait un sens. Ils voulaient être ensemble et agir de façon à faire une différence. À la fin de ses études, Doug s'est mis en quête d'un emploi dans l'enseignement, mais il s'est avéré qu'il n'y en avait pas dans la région. Comme il avait besoin de travail pour subvenir aux besoins de sa jeune famille, il s'est tourné vers d'autres domaines. Un ami lui a parlé d'un poste vacant dans le domaine de la vente ; même s'il n'avait aucune expérience, Doug a accepté l'emploi parce qu'il avait besoin de travailler.

Après un an, Doug s'est rendu compte qu'il avait de réelles aptitudes pour la profession. Il aimait le contact avec les clients et il excellait comme vendeur. L'année suivante, le succès de Doug s'est confirmé, ce qui lui a permis de prendre de vraies vacances en famille. L'avenir s'annonçait bien. Sandy s'inquiétait bien un peu des nombreuses heures que Doug consacrait à son travail, mais elle était occupée à élever les enfants. Chaque fois que c'était possible, Doug assistait aux répétitions de spectacles et aux joutes sportives : il pouvait chanter les louanges de sa femme et de ses enfants pendant des heures. L'intensité de l'amour que Doug et Sandy se portaient ne faisait aucun doute.

Le succès engendre les opportunités : c'est ce qui s'est produit dans le cas de Doug et Sandy. Doug s'est vu offrir une promotion qu'il a acceptée après en avoir longuement discuté avec Sandy. Ils savaient tous deux que ce nouvel emploi exigerait plus de travail et un certain nombre de déplacements, mais ils étaient certains de pouvoir s'adapter à la situation. Il fallait aussi qu'ils déménagent dans une plus grande ville. Sandy n'aimait pas l'idée de partir, mais elle était consciente que les opportunités restent limitées dans une petite agglomération. Doug parlait même d'essayer de dénicher un emploi dans l'enseignement, dans la mesure où ils sentiraient tous deux que c'était la bonne décision. Toutefois, une décision en ce sens les empêcherait de concrétiser les projets qu'ils avaient pour leurs enfants et Doug était réellement doué pour son travail. C'était le meilleur vendeur de sa société et de brillantes perspectives s'ouvraient pour lui dans cette entreprise de taille moyenne.

Au fil des ans cependant, les responsabilités additionnelles de Doug et la réaction de Sandy ont fait naître des problèmes dans leur relation. Sandy avait de la difficulté à s'adapter au changement. Doug n'avait pas un travail de bureau ordinaire, qui n'aurait pas convenu de toute façon à son élan passionné pour la vie. De bien des manières, il était en voie de dépasser Sandy. Le monde de Doug devenait de plus en plus vaste, alors que celui de Sandy rapetissait. Elle se consacrait tellement à ses enfants qu'elle n'avait aucune autre activité extérieure. L'expression même de son visage reflétait son insatisfaction face à sa vie.

Leurs revenus dépassaient leurs espérances les plus folles et Sandy s'en accommodait bien… mais, elle n'était pas heureuse.

Une nouvelle opportunité s'est présentée : on a offert à Doug de se joindre à une autre firme pour occuper un poste exigeant des déplacements à l'étranger. Sandy n'aimait pas du tout ce qui était en train de se produire. À ses yeux, chaque nouvelle opportunité signifiait seulement qu'il lui faudrait « changer encore et sacrifier davantage ».

Un jour, Doug a finalement demandé à Sandy : « Es-tu heureuse pour moi et contente de ce que je fais, ou vas-tu m'en vouloir le reste de ma vie ? » Sandy lui a répondu par une autre question : « Je ne t'ai pas épousé pour que tu voyages à travers le monde. Je pensais que j'épousais un enseignant qui ne quitterait jamais la ville. Pourquoi est-ce que tu ne te contentes pas de ce que tu as ? »

Le conflit prenait tout son sens : Sandy affrontait la même problématique que Valerie avait dû résoudre, à savoir le changement. La vie ne se déroule pas comme nous l'avons imaginée : elle est ce qu'elle devient, en partie en raison de nos choix. Cependant, les tournants de l'existence sont simplement des aventures qui se déploient devant nous : le choix de les rejeter ou de nous y adapter nous revient. Que cela nous plaise ou non, nous sommes touchés et influencés par les autres et par ce qui leur arrive. C'est en grande partie le sens du mariage.

La question est la suivante : accepterons-nous de changer pour accommoder ce qui se présente dans notre vie ? Bien entendu, nous avons notre mot à dire quant à ce qui se produit dans notre mariage, et dans toutes nos relations, d'ailleurs. Néanmoins, nous ouvrirons-nous aux opportunités qui se présentent, même si elles ne font pas partie du « plan » que nous avions décidé de mettre en œuvre à l'origine ?

Quels auraient été les sentiments de Sandy si Doug était devenu enseignant dans une petite ville (ce qui, selon moi, peut s'avérer formidable) et avait pris conscience qu'il était incroyablement malheureux dans ce rôle ? Indépendamment de la direction choisie, toute décision comporte une alternative, avec du pour et du contre. Je pense que le but est de se montrer capable de faire face aux événements et d'y répondre en adoptant la meilleure attitude qu'on peut imaginer.

Les deux couples ont géré la situation chacun à sa façon. À l'étranger, Valerie a fait un choix. Une amie intime l'a mise au défi de réfléchir à ce qu'elle *ne faisait pas* pour faire avancer le travail dans lequel Mike et elle s'étaient engagés. Valerie est une sorte de « processeur » : elle examine l'information qu'on lui fournit et y réfléchit longuement. Les paroles de son amie ont donc fait leur chemin et elle a pris une décision. Un matin au réveil, elle a dit à Mike : « Apprends-moi à conduire la voiture ; comme ça, tu n'auras plus à me conduire partout où je veux aller. » Au bout du compte, même si la perspective l'effrayait, Valerie a choisi de changer. Et elle continue de changer. Nous sommes retournés rendre visite à Valerie et Mike récemment et nous nous sommes amusés comme des fous. Valerie est toujours la meilleure cuisinière qui soit, mais elle a aussi appris la langue du pays, elle est devenue très active dans la collectivité et elle expose même sa production artistique dans le cadre des activités communautaires. Elle a vécu une très belle transformation et il faut voir la fierté sur le visage de

Mike quand il parle des dernières réunions de Valerie et de ses plus récents exploits. En cours de route, elle est devenue une inspiration formidable pour son entourage et sa joie de vivre est contagieuse. Valerie et Mike forment maintenant une équipe sensationnelle.

De son côté, Sandy éprouve toujours des difficultés, même si Doug lui a fait comprendre qu'il ferait tout son possible pour l'aider à se sentir plus complète. Leurs enfants étant presque adultes, Sandy a déclaré récemment : « Je n'ai pas à lâcher prise sur mes sentiments. Ce n'est pas pour vivre cette situation que je me suis mariée et je n'ai pas à l'aimer. » C'est vrai, bien sûr. Mais les gens grandissent, ils changent et en général, quand leur entourage n'accepte pas le changement ou n'essaie pas de s'y adapter, quelque chose se brise.

Comment Sandy pourrait-elle améliorer sa situation ? D'abord, elle pourrait aider Doug à limiter ses heures de travail. Ils pourraient déterminer ensemble ce qui doit rester « sacré » et non négociable face à une requête de l'extérieur. Sandy pourrait accompagner Doug dans certains de ses déplacements, de manière qu'ils puissent être ensemble au moins une partie du voyage, même si ce n'est pas tout le temps. Par ailleurs, Sandy doit se bâtir une existence qui la rendra heureuse. Elle pourrait prendre quelques décisions très simples – consacrer plus de temps à ses amies, trouver des activités significatives. En bout de ligne, elle est responsable de ses actes, ce qui inclut de faire en sorte que sa vie soit plus acceptable. Encore une fois, une grande part de sa problématique concerne la nécessité de changer d'attitude et de procéder aux changements qui donneront plus de sens à sa vie, surtout maintenant que ses enfants s'apprêtent à quitter le giron familial.

RÉUSSIR À RECULONS

Si Dick Fosbury avait écouté ce que tout le monde lui disait – y compris lui-même, parfois –, il ne se serait jamais tenu sous le soleil de Mexico, le 20 octobre 1968, devant un sautoir perché à 2,24 mètres au-dessus du sol.

De tous les concurrents aux Jeux olympiques de Mexico, Fosbury était sans doute le moins athlétique, toutes disciplines confondues. Physique de gringalet, vitesse moyenne, saut vertical passable. Son seul avantage face à ses concurrents était son style original : il sautait en effectuant un rouleau dorsal assez disgracieux qui laissait chaque fois présager qu'il se briserait la nuque. Comme tous les sauteurs effectuaient un rouleau ventral, la nouvelle approche de Fosbury enrageait les puristes et horrifiait les mères des sauteurs en hauteur de partout sur la planète.

Dans le milieu de l'athlétisme, tout le monde ou presque en voulait à Fosbury de sa réussite. On le considérait comme une aberration et son succès comme la manifestation d'une chance passagère. Tous les entraîneurs avec qui Fosbury travaillait le poussaient à abandonner cette technique étrange qui se moquait de la sage tradition de leur discipline. Bien qu'au niveau secondaire Fosbury ait remporté le championnat national grâce à sa méthode, son entraîneur à l'université d'État de l'Oregon insista pour qu'il apprenne à maîtriser le rouleau ventral. Fosbury obtempéra.

Fosbury poursuivit tout de même ses expériences avec son rouleau dorsal dans le cadre de ses pratiques. Il était à mi-chemin de ses études universitaires quand son entraîneur a décidé de le filmer en action – pour lui démontrer l'infériorité de sa méthode, preuve à l'appui. Or, les images montrèrent que Fosbury passait à « une quinzaine de centimètres au moins » de la barre placée à 1,98 mètres du sol. Il était clair que la technique de Fosbury était tout sauf une aberration. Pourquoi l'entraîneur n'avait-il pas admis *avant* la supériorité du rouleau dorsal par rapport au ventral ? Peut-être qu'il ne l'a tout simplement pas *vue* parce que ses contraintes personnelles lui affirmaient que c'était impossible… À son crédit, il faut ajouter qu'il a fini par comprendre. Le « club du Fosbury-Flop » comptait maintenant deux membres : un sauteur et son entraîneur.

Vint le jour où le rouleau dorsal fit ses débuts dans le monde. Le 20 octobre 1968, tandis que quatre-vingt mille spectateurs faisaient silence et que les téléspectateurs du monde entier retenaient leur souffle, Fosbury s'est balancé d'avant en arrière plusieurs fois avant de s'élancer vers la barre. Quand les gens ont repris leur souffle, Dick Fosbury était non seulement médaillé d'or des Jeux olympiques, mais aussi détenteur des records américain et olympique. Dès lors, le « Fosbury-Flop » fut intégré au vocabulaire sportif.

Bien entendu, les Tortues du saut en hauteur allaient enfin admettre que Fosbury avait raison et adopter le rouleau dorsal à l'exclusion de toute autre technique, n'est-ce pas ? Eh bien !... non.

La conviction quasi-religieuse que les « vrais » sauteurs ne pratiquaient pas le rouleau dorsal est restée profondément ancrée dans l'esprit de la majorité des entraîneurs et des athlètes. Quand l'étoile de Fosbury a commencé à pâlir (il n'a jamais battu son record olympique et il n'a même pas été choisi pour faire partie de l'équipe américaine des Jeux de 1972), le rouleau dorsal a suivi. Ignorant sans doute que les perchistes tombaient de bien plus haut sur le cou et les épaules, les entraîneurs et les parents ont exigé que le « Fosbury-Flop » soit banni en raison du danger qu'il présentait.

Fosbury a plus tard émis l'hypothèse que « les entraîneurs et les sauteurs d'élite avaient déjà investi trop d'années de travail dans le rouleau ventral ; ils étaient incapables d'en changer ». Mais devant leur téléviseur, des milliers d'écoliers du primaire et d'étudiants du secondaire ont assisté au moment de gloire de Fosbury et « ils n'avaient pas d'entraîneur pour leur dire de ne pas faire ce que je faisais. »

Aux Jeux olympiques de 1976, les trois médaillés du saut en hauteur gagnèrent grâce à un rouleau dorsal. En 1980, treize des seize finalistes exécutèrent un saut en rouleau dorsal. Pourquoi les trois autres finalistes ne tirèrent-ils pas parti de cette percée dans leur discipline ? Parce que les contraintes – comme être réfractaire au changement – prennent plus de temps à disparaître chez certains.

La résistance au changement est un point que beaucoup de gens ont en commun. Le type Tortue n'aime pas repenser et réorganiser ses routines familières et confortables. L'histoire de Fosbury illustre de façon frappante comment le fait d'ouvrir son esprit à de nouveaux comportements et à de nouvelles opportunités mène parfois à de plus verts pâturages – ou à des sommets inégalés. Quand on s'entête à répéter les mêmes choses, on continue d'obtenir les mêmes résultats. Êtes-vous prêt à investir votre courage et votre énergie dans l'exploration de votre univers intérieur afin de découvrir ce qui vous empêche d'atteindre l'équivalent d'un saut de 2,13 mètres ?

LA TORTUE ET LE VISITEUR DE MINUIT

Lee Bason est l'un de mes deux associés dans le Groupe Flippen ; c'est l'homme le plus réfractaire au changement que je connaisse. C'est aussi le meilleur ami que je pourrais souhaiter et nous avons bâti beaucoup de choses ensemble.

Lee a toujours détesté le changement.

Il y a quelques années, j'ai pensé que je pourrais m'amuser un peu aux dépens de sa contrainte. Il faut d'abord que vous sachiez de quoi son bureau a l'air. Chaque soir avant de partir, Lee replace tous les objets exactement à la même place. Son bureau est toujours impeccable et parfaitement ordonné.

Un soir, une fois tout le monde sorti de l'immeuble, je suis entré dans le bureau de Lee. Prenant son stylo sur le bureau, je l'ai replacé de telle sorte qu'il pointe dans la direction opposée. C'est tout. Je n'ai touché à rien d'autre.

Le lendemain, Lee est entré dans mon bureau quelques minutes après avoir pénétré dans le sien. « Est-ce que quelqu'un s'est servi de mon bureau, hier soir ? »

« Non, pas que je sache. J'ai été le dernier à quitter l'immeuble. Est-ce qu'il y a un problème ? » ai-je répondu, désinvolte.

« Non, je me posais la question, c'est tout. » Il a hésité avant de tourner les talons et de s'éloigner.

Le soir même, j'ai déplacé sa brocheuse de quelques centimètres sur la gauche. Le lendemain, Lee est revenu me voir.

« Flip, quelqu'un utilise mon bureau le soir. »

J'ai rétorqué : « Lee, dis-moi pourquoi quelqu'un entrerait ici par effraction pour s'asseoir à ton bureau ? Il faut que tu te détendes un peu ! »

J'ai continué mon petit jeu au cours des jours qui ont suivi, puis j'ai frappé un grand coup. Lee démontrait des signes évidents de frustration : il n'arrivait pas à comprendre ce qui se passait. Ce soir-là, j'ai pris son téléphone, je l'ai tourné en sens inverse et j'ai replacé le récepteur dans la « mauvaise » position. C'était le bouquet. Lee a disjoncté : quand il est entré dans mon bureau pour me raconter ce qui s'était passé, je n'ai pas pu me contenir plus longtemps. Tout le monde a beaucoup ri parce qu'il se montrait parfois tellement obsédé !

Il vivait de la frustration si nous étions forcés de changer son horaire. Sa journée était totalement bouleversée si la compagnie aérienne accusait du retard. Il s'irritait quand on n'était pas d'une ponctualité d'horloge. Tout devait être parfait, sinon Lee ne prenait pas très bien les choses.

Sous quelque forme que ce soit, le changement représentait un problème. Or, c'est la vie, non ? Les choses changent. Les entreprises changent, les horaires changent, les objectifs changent, le monde change. Et nous devons être capables de nous adapter. Or, la Tortue préfère fuir l'idée même du changement.

Que serait-il arrivé si vous aviez vécu à l'époque des *boggies* tirés par des chevaux ? Imaginez que vous ayez été le plus grand fabricant de fouets de la région ? Où sont les fabricants de fouets aujourd'hui ? Peu importe la supériorité de leur modèle haut de gamme, le monde a changé et autant les *boggies* que les fouets sont tombés en désuétude. Si vous êtes incapable de changer, vous ne survivrez pas dans le monde d'aujourd'hui. C'est aussi simple que cela.

Nous enseignons le changement et nous guidons les sociétés et les institutions d'enseignement à travers des processus de changement : Lee savait donc tout cela aussi bien que n'importe qui. Il a commencé à prendre conscience qu'en s'ouvrant au changement, il se faciliterait la vie et il deviendrait un meilleur modèle pour son entourage. De façon pratique, il lui faudrait faire face à certains comportements spécifiques – par exemple, résister aux suggestions ou aux demandes de changement de programmes, d'horaires, d'habitudes et de processus.

Durant l'année qui a suivi, Lee a grandi de façon incroyable. Au fil des quinze dernières années, il a grandi autant que n'importe qui d'autre que j'ai connu. Aujourd'hui, c'est en grande partie ce qui fait de Lee un partenaire si précieux.

Les gens résistent au changement pour diverses raisons, y compris parce qu'ils ont peur de l'inconnu ou de l'échec, à cause de l'anxiété qui accompagne les courbes d'apprentissage et l'essai de nouveautés, ou parce qu'ils ont tout intérêt à ce que les choses demeurent telles qu'elles sont.

J'ai une philosophie d'affaires que j'applique également à ma vie privée. « Quel que soit le paradigme que vous appliquez aujourd'hui, *il ne fonctionnera plus demain.* » L'idée ne nous plaît peut-être pas, mais cela ne change en rien la réalité. Le changement est la seule constante. La vie continue et si vous ne suivez pas le mouvement, on vous dépassera et on vous écartera au profit de ceux qui sont capables de s'adapter aux besoins changeants de notre culture.

Il y a plusieurs années, le célèbre joueur de hockey Wayne Gretzky a fait une déclaration que j'ai bien aimée. Un journaliste lui ayant demandé comment il était parvenu à briser tous les principaux records de sa discipline, il a répondu : « Je patine simplement là où se dirige la rondelle. »

C'est le secret.

Avancez dans la direction des événements et anticipez-les de manière à être prêt à les recevoir quand ils se produisent. Aucun joueur n'a jamais gagné une partie de hockey en se précipitant à l'endroit où la rondelle *se trouvait la seconde d'avant.* Dans la vie, les seules constantes auxquelles je tiens sont ma moralité, mes principes et mes relations. Tout le reste est sujet à changement.

Alors, pourquoi est-ce que je dis de la personne réfractaire au changement que c'est une *Tortue*?

C'est que les tortues prennent peur en essayant de traverser la route. Un objet file à toute vitesse devant elles, alors elles rentrent la tête dans leur carapace en attendant que les choses se tassent. Vous connaissez la fin de l'histoire… La morale est la suivante : *pour franchir la rivière, il faut sauter à l'eau et nager.*

Êtes-vous du type Tortue ?

Parmi les énoncés suivants, cochez ceux qui vous ressemblent et faites le total.

☐ Le changement et l'incertitude me rendent nerveux.

☐ Je me souviens de certaines occasions où j'ai résisté à ce qui m'est plus tard apparu comme une excellente solution.

☐ La meilleure voie est celle qui a fait ses preuves. Pourquoi courir des risques inutiles ?

☐ Une place pour chaque chose et chaque chose à sa place. Je n'aime pas qu'on se montre négligent.

☐ Quand je trouve une façon de faire qui fonctionne bien, j'ai tendance à m'y cantonner.

☐ S'il faut que je change de direction, j'ai besoin de temps pour retrouver mes marques.

☐ Quand on me propose de nouvelles idées, ma première réaction consiste à penser aux facteurs qui les rendent inapplicables.

☐ Il m'est arrivé d'être perçu comme une personne entêtée, parce que j'étais réticent à foncer sans discuter dans la nouvelle direction qu'on me proposait.

☐ J'aime beaucoup les routines immuables.

☐ J'aime planifier mes journées, mes projets et même mes vacances. Je n'aime pas qu'on modifie mes plans.

Quelles sont vos tendances ?

Indiquez le total obtenu ci-dessous.

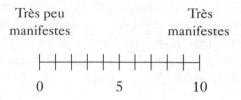

À *l'aide ! Je suis du type Tortue !*

Afin d'illustrer tout ce qui précède, je vous parlerai d'une expérience qui a véritablement eu lieu. On a enfermé quatre singes dans une pièce. Ensuite, on a placé une échelle au milieu de la pièce et un régime de bananes tout en haut de l'échelle. Quand l'un des singes s'est décidé à grimper, on les a tous arrosés d'eau.

La fois suivante, quand l'un des singes a tenté de grimper dans l'échelle, les autres l'en ont empêché. Au bout du compte, ils n'ont plus fait aucune tentative pour obtenir une banane. On a alors fait sortir un singe pour le remplacer par un autre. Quand le nouvel arrivant a tenté de prendre une banane, les autres se sont agrippés à lui pour le faire descendre de l'échelle.

On a remplacé un autre singe. À l'instar du précédent, il a fini par se diriger vers les bananes, mais les autres lui ont fait obstacle : même celui qui n'avait jamais été arrosé s'est efforcé de le restreindre !

Le plus intéressant, c'est que même après qu'on eut remplacé tous les singes, en dépit du fait qu'ils n'aient *jamais* été arrosés, ils restèrent tous à l'écart de l'échelle parce que c'est ce qu'ils avaient appris. Quel dommage qu'ils aient été ainsi prisonniers de leurs perceptions !

Je ne vous compare pas à un singe, mais je pense que la leçon est évidente. Vos bananes vous attendent : allons nous en emparer !

Applications pratiques – étape par étape

Voici quelques exemples de comportements à adopter pour vous engager dès aujourd'hui dans le démantèlement de votre contrainte ! Si vous constatez, après avoir pris connaissance de toutes les contraintes, que le type Tortue compte parmi les obstacles qui vous nuisent le plus, l'application de ces étapes fera partie de votre plan proactif de dépassement, votre plan d'Action (que nous établirons au chapitre 15).

• Je vais me montrer plus ouvert aux nouvelles idées. Même si je résiste, ma première réaction sera positive et enthousiaste : « Formidable ! Ce que j'aime à propos de votre orientation, c'est… » Ainsi, je démontrerai que je réfléchis vraiment à ce qu'on me propose. Je vais aussi m'exprimer plus souvent dans le sens de l'ouverture en disant, par exemple : « Je sais qu'*a priori* j'ai tendance à résister à la nouveauté, mais ce n'est pas ce que j'essaie de faire ici. Ma seule inquiétude est que… » Si je n'arrive toujours pas à accepter ce qu'on me propose, je faciliterai un peu les choses en posant une question comme : « Me permettez-vous d'y réfléchir un moment ou faut-il prendre une décision immédiatement ? »

• Je vais commencer à faire de nouveaux choix et à dire « essayons » plus souvent. Je préfère les choix axés sur la stabilité et les méthodes éprouvées, mais il peut y avoir une autre option dont je ne tire pas profit. (Adoptez une habitude ou une routine sur laquelle vous pourrez vous concentrer et essayez quelque chose de substantiellement différent. Demandez à quelqu'un qui vous connaît bien de vous aider à dénicher de nouvelles activités amusantes que vous pourrez essayer.)

• Je vais m'ouvrir davantage aux approches nouvelles et aux personnes différentes de moi. En général, je n'aime pas les idées moins conventionnelles, mais comme une partie de ce qu'on me propose pourrait être valable, j'ai intérêt à accepter avec plus de souplesse les idées « qui sortent du cadre » ainsi que ceux qui en sont les auteurs.

Comment gérer vos relations avec le type Tortue

Pour que les interactions avec une personne de ce type soient efficaces, il est essentiel de toujours faire en sorte qu'elle se sente validée. Même dans ses manifestations les plus extrêmes, cette contrainte présente des aspects positifs ; assurez-vous donc d'en faire mention. Voici certains points forts que vous pourrez souligner : aime la continuité, s'accommode bien de la stabilité.

• Il faut comprendre que le type Tortue a un grand besoin de stabilité ; par conséquent, si vous voulez le faire changer de direction, commencez la discussion en disant : « Nous ne sommes pas obligés de prendre une décision immédiatement, mais je veux semer une idée et que vous y réfléchissiez. » Même s'il ne dispose que de quelques heures pour évaluer un retournement imprévu, ce délai pourra suffire à le rendre plus réceptif.

• Dans une interaction avec un type Tortue qui exprime de la résistance face à un élément nouveau, on envenime parfois la situation en poursuivant la discussion. Soyez disposé à laisser tomber et à reprendre la discussion plus tard. Le type Tortue a généralement besoin de plus de temps de réflexion que les autres.

13

Neuvième contrainte destructrice :
le type Volcan (agressif, colérique)

Une chose éveille ma curiosité. Le boxeur Mike Tyson a probablement subi plus de tests psychologiques que n'importe quel athlète de niveau international dans toute l'histoire du monde : qu'est-ce que ses intervieweurs s'attendaient à découvrir ?

La source de son agressivité ?

Pourquoi a-t-il confié à l'un d'eux que sa pulsion fondamentale était d'enfoncer l'os du nez de son opposant très loin au fond de son cerveau ?

Pourquoi a-t-il déclaré qu'il était « une bête dans le ring », après avoir arraché avec ses dents une bonne portion de l'oreille d'Evander Holyfield ?

En soi, l'agressivité n'est pas une contrainte pour un boxeur de niveau international. C'est la combinaison de ses contraintes, en particulier son manque flagrant de maîtrise de soi, qui fait de Mike un danger pour lui-même et pour la société.

Les contraintes de Mike Tyson viennent de son éducation laissée au hasard et ont été renforcées par ses années de formation. En fait, en examinant attentivement l'enfance de Mike, on comprend mieux son comportement sauvage et parfois étrange.

À l'âge de neuf ans, Mike était déjà un incorrigible kleptomane. Il avait très peu d'influences parentales dans sa vie : son père avait disparu très tôt et sa mère était morte sept ans plus tard. Ses modèles masculins devinrent une suite de revendeurs de drogues, de voleurs et d'arnaqueurs.

Avide de compagnie, le jeune Mike est entré dans un gang de rue ; les membres plus âgés se sont mis à surnommer la nouvelle recrue le « petit pédé », en raison de son zézaiement et de sa voix glapissante et haut perchée. Mike s'est violemment rebellé : dans le quartier, il a acquis la réputation d'un type à la mèche courte, ce qui lui a valu du respect et deux dents en or pour remplacer ses incisives brisées lors d'une bataille. Quand il ne se battait pas pour défendre sa peau, l'écolier de cinquième année s'en prenait aux femmes sans défense. Sa tactique favorite consistait à offrir de l'aide aux femmes âgées pour porter leurs emplettes. Une fois engagé dans la cage d'escalier de leur édifice à logements, Mike frappait les femmes terrifiées à la mâchoire et s'enfuyait avec leur porte-monnaie.

À l'âge de douze ans, Mike a été menotté et expédié à la maison de correction Tyron, un centre de détention pour délinquants juvéniles situé dans le nord de l'État de New York. Le jeune Mike était bâti comme un remorqueur de Staten Island – il mesurait 1,73 mètres et pesait 95 kilos. Il était alors en sixième année, mais avait les capacités de lecture d'un écolier de troisième ; par ailleurs, son attitude renfrognée et son inaptitude à communiquer donnaient à penser qu'il souffrait d'arriération mentale. Loin du seul foyer qu'il ait jamais connu, largué dans un centre correctionnel pour délinquants juvéniles chroniques, Mike s'est refermé et a défendu son territoire avec les seules armes sur lesquelles il pouvait compter : ses poings.

Bobby Stewart, un des travailleurs sociaux, dirigeait le programme de boxe de l'établissement. Autrefois vainqueur des *Golden Gloves*, Bobby savait reconnaître des poings et de la rage quand il en voyait. Or, ce jeune garçon issu de Brownsville dans Brooklyn se montrait absolument sans peur chaque fois qu'il s'entraînait dans le ring ou qu'il se battait dans la cour d'école. Bobby était également conscient que le jeune Tyson avait fort peu de chances de devenir un membre productif de la société, en raison de ses antécédents, de son agressivité et de son manque d'instruction.

Bobby Stewart a donc téléphoné à Cus D'Amato, entraîneur légendaire qui dirigeait une écurie de jeunes boxeurs dans son centre d'entraînement situé dans les monts Catskill. Bobby parla à Cus d'un jeune boxeur exceptionnel inscrit à son programme, qui battait tous les nouveaux arrivants de la maison. Après avoir assisté à un match d'entraînement, Cus a déclaré que Mike Tyson était le futur champion mondial des poids lourds. L'adolescent n'avait que treize ans.

Les autorités new-yorkaises n'ont pas protesté quand le réputé entraîneur leur a offert de les débarrasser de Tyson. Mike se vit offrir une chambre dans la maison de Cus et pour la première fois de sa vie, il eut à ses côtés quelqu'un qui voulait l'aider à orienter sa vie.

En entrevue, D'Amato a déclaré : « Je suis un créateur. Je révèle et je découvre, je prends l'étincelle et je l'attise. Quand elle devient une flamme, je la nourris jusqu'à en faire un brasier rugissant. Quand j'ai un brasier rugissant, je l'alimente avec de grosses bûches. Et là, vous avez vraiment tout un incendie. »

Le terme « volcan » aurait probablement été plus juste.

Mike Tyson s'est élevé au sommet du classement professionnel de sa discipline, se méritant sa première ceinture de champion poids lourd à vingt ans, en mettant Trevor Berbick K.-O. Mais la recherche démontre qu'à ses débuts, *Iron Mike* était toujours un enfant sur le plan émotionnel. On dit qu'il s'effondrait en larmes avant ses combats importants et que son combat contre le trac avant de monter dans le ring durait plus longtemps que son combat contre ses adversaires, même s'ils ont été presque tous mis K.-O. au tapis, au cours du premier round. Comme Mike s'est lancé dans la boxe à corps perdu, il a défendu son titre de champion poids lourd dix fois, jusqu'à ce qu'il le perde inexplicablement au profit de Buster Douglas en 1991.

FUREUR EN DEHORS DU RING

Une fois tombé de son perchoir, *Iron Mike* a vite perdu le contrôle de sa vie : c'est à partir de ce moment que j'ai commencé à m'intéresser à lui et à son histoire. Je ne suis pas vraiment amateur de boxe, mais quand Tyson a été arrêté en 1991 parce qu'on le soupçonnait d'avoir violé Desiree Washington, *Miss Black America*, mon intérêt s'est éveillé. Comme j'ai travaillé avec des garçons en difficulté la majeure partie de ma vie, je comprenais pourquoi un enfant qui ne s'était jamais senti aimé ignorait comment exprimer ses émotions, sauf en se mettant en colère et en cognant.

J'étais fasciné par les contraintes qui affectaient la vie de Tyson. Il est clair que dans certaines disciplines sportives – en particulier, la boxe –, il faut absolument une certaine agressivité pour réussir. Mais il est évident que le boxeur qui provoque une bagarre à la pesée, le matin d'un combat important, ou qui frappe son adversaire en conférence de presse, pousse le bouchon un peu loin. On s'attend à ce que chacun se contienne, qu'il suive les principes établis du comportement en public, comme on s'attend à ce que les boxeurs ne commencent pas le combat avant le son de la cloche.

Il y a un autre facteur qu'il ne faut pas écarter, puisqu'il est présent chez plusieurs individus parmi ceux qui atteignent un certain niveau de réussite financière. Depuis ses débuts au milieu des années quatre-vingt-dix, Mike avait gagné l'incroyable somme de cent douze millions de dollars ; malheureusement, selon le compte rendu d'audience, il en avait dépensé cent quinze. On n'a qu'à penser à l'argent qu'il a gaspillé en voitures, où ses achats impulsifs se sont révélés les plus importants. L'estimation comptable de ses biens a démontré que Mike avait dépensé 4,4 millions de dollars en automobiles et en motocyclettes en quelques années seulement. Il a affirmé que c'était une dépense nécessaire, parce que les belles voitures le rendaient attirant aux yeux des belles femmes.

Aujourd'hui, *Iron Mike* a besoin d'argent ; c'est pourquoi on peut s'attendre à ce qu'il continue à faire la seule chose qu'il sache faire : monter dans le ring et frapper ses adversaires à coups de poing. Évidemment, en cette ère où prolifèrent les émissions de téléréalité et les mariages des célébrités du monde du sport, impossible de prévoir de quoi son prochain combat aura l'air.

Je ne peux m'empêcher de songer à la tristesse de sa situation. Mike Tyson est un athlète doté d'un talent incroyable, dont la vie est incroyablement brisée. Sans qu'il en soit responsable, il a grandi dans un cadre extrêmement dysfonctionnel ; en dehors de quelques relations, peut-être deux, il est seul. Pour survivre, il doit combattre autant au sens littéral que figuré. Tragique : c'est le seul mot qui me vient à l'esprit.

Faut-il s'étonner qu'il soit en colère? Faut-il se surprendre qu'un enfant qui a dû faire face à une telle existence soit devenu violent? Malheureusement, le cas de Mike n'est pas unique : j'ai vu le même scénario rejouer en boucle dans le cas d'autres individus aussi seuls et brisés, aux prises avec les mêmes contraintes.

Le type Volcan est ce qu'il est : volcanique. Il explose sans avertir. L'été dernier, j'étais au pied du Vésuve, à l'extérieur de Rome. Le Vésuve a fait éruption en 79 avant notre ère, il a détruit Pompéi et tué tous ses habitants. Mais laissez-moi vous dire ceci : il y a eu plusieurs signes avant-coureurs. Quelques jours seulement avant l'éruption, la terre a tremblé plusieurs fois. Dix-sept années auparavant, en 62 avant notre ère, la région avait été secouée par une série de graves tremblements de terre qui avaient détruit de nombreux édifices. Et un matin, tout a explosé.

Le type Volcan agit souvent ainsi. D'abord, il gronde. Puis, il se met en colère et il enrage. Il continue de bouillir intérieurement jusqu'à ce qu'il explose subitement et laisse derrière lui son lot de victimes.

FUMÉE SECONDAIRE

Katie avait un peu plus de quarante ans quand elle a épousé Antonio, de sept ans son cadet, « beau, grand, les cheveux noirs ». C'était comme un conte de fées. Comme elle était célibataire depuis longtemps, Katie était excitée d'avoir un partenaire et un ami pour traverser les hauts et les bas de la vie qui les attendait.

Après une idylle étourdissante, Katie et Antonio se sont mariés et se sont engagés à harmoniser leurs cœurs, leurs rêves et leurs ameublements de salon. Katie savait que son nouvel univers n'était pas idyllique : Antonio avait déjà été marié une fois et il avait décrit son union de cinq ans comme une série tumultueuse de ruptures et d'effondrements qui s'étaient plusieurs fois soldés par son départ, jusqu'au jour où il était parti pour de bon. Katie avait bien réfléchi à la question et décidé que malgré tout, Antonio en valait la peine.

Katie venait d'un foyer marqué par l'abandon et la violence physique. Elle avait mis des années à dépasser sa méfiance à l'égard des hommes. Elle n'avait jamais imaginé qu'à quarante-trois ans, elle ferait face aux mêmes peurs qu'elle avait vécues quand elle avait dix ans. C'est pourtant ce qui lui est arrivé.

Il n'y avait qu'une seule différence : ce volcan-ci explosait quand elle s'y attendait le moins. Les crises de rage de son père étaient au moins précédées de plusieurs avertissements : il faisait le tour de la maison en tempêtant, en hurlant et en claquant les portes. Il arrivait même qu'elle ait le temps de se cacher en attendant qu'il se calme.

Mais ce volcan-ci était différent. Moins d'un an après leur mariage, la première éruption s'est produite et Katie a pris conscience qu'à l'instar de la fumée secondaire, la contrainte d'Antonio était aussi destructrice pour lui que pour son entourage.

FAIRE MONTER LA PRESSION

Antonio et Katie occupaient tous deux un emploi qui exigeait de fréquents déplacements. L'un de leurs voyages les ayant réunis dans la même ville, ils ont décidé de rentrer à la maison par le même avion. Comme ils n'avaient pas de sièges contigus, Antonio a décidé d'essayer d'échanger le siège de Katie pour qu'elle puisse s'asseoir à côté de lui, étant donné qu'il était assis à l'avant, côté couloir, où il y avait plus d'espace pour être à l'aise. Ayant constaté que son billet correspondait à une place du milieu, quelque part au fond de la section « sibérienne » de l'appareil, Katie a suggéré à Antonio que ce soit lui qui échange sa place avec la personne qui serait assez gentille pour les accommoder, de manière qu'elle ne perde pas au change.

Antonio n'aimait pas l'idée. Il a insisté pour rester à sa place. Pendant ce temps, les passagers avaient commencé à monter dans l'avion et celui à qui la place revenait « de droit » est arrivé. Antonio lui a demandé : « Vous n'auriez pas d'objection à laisser votre place à ma femme et à prendre la sienne pour que nous puissions nous asseoir ensemble, n'est-ce pas ? » L'homme a hésité un moment avant de répondre avec affabilité : « Non, bien entendu. » Prenant le billet de Katie, il a fait le tour des rangées du regard et pris conscience – trop tard – qu'il avait accepté un bien mauvais échange. Se contentant de grimacer, il s'est éloigné vers l'arrière de l'appareil. Embarrassée, Katie a supplié Antonio de lui redonner sa place et de s'asseoir avec elle dans la section arrière.

Élevant la voix, Antonio a déclaré que l'homme était tout à fait satisfait de l'échange. Il s'est levé d'un bond et après avoir franchi la moitié de la distance qui les séparait, il lui a crié : « Ma femme pense que vous n'êtes pas satisfait de votre place. Mais vous êtes content, n'est-ce pas ? »

L'homme a répliqué : « À vrai dire, j'aimerais mieux ma place côté couloir, mais ça va. »

Antonio s'est tourné vers Katie : « Tu vois ? Je t'avais bien dit que ça lui convenait ! » Il a continué à tempêter et à incommoder les autres passagers, déjà irrités par ses cris et l'incident. Katie s'est tassée sur son siège, espérant qu'on ne leur demanderait pas de descendre avant le décollage. Après avoir terminé sa tirade, Antonio s'est muré dans un silence renfrogné qui a duré tout le long de leur vol de trois heures jusqu'à leur arrivée à la maison.

Une fois à la maison, ils sont revenus en détail sur l'incident. Après une heure de discussion, Antonio s'est excusé, a serré son épouse dans ses bras et a posé sa tête sur son épaule. Katie l'a enlacé et lui a caressé les cheveux tandis qu'ils sont restés assis en silence pendant environ une demi-heure, contents que leur querelle soit terminée.

Bien qu'Antonio restreigne généralement sa violence à son mariage et à son foyer, Katie m'a parlé d'un banquet organisé récemment par la société pour laquelle il travaille, où il s'est illustré par une nouvelle explosion de rage. Il n'avait pas remarqué que le président de la société se tenait derrière lui tandis que tourné vers Katie, il vomissait un torrent d'obscénités au sujet d'un incident sans importance. Bien que le président n'ait pas dit grand-chose,

Antonio continue de creuser sa propre tombe avec chacune de ses bêtises. À moins qu'il ne décide de changer, ce n'est qu'une question de temps avant l'éruption qui ensevelira à jamais ses rêves et ses projets.

Même si les caractéristiques physiques font parfois en sorte que les tendances volcaniques soient plus dangereuses chez les hommes que chez les femmes, la contrainte est tout aussi dévastatrice pour les relations – surtout avec enfants et conjoint – quand c'est une femme qui la manifeste. Les frustrations quotidiennes, parfois mineures, qu'on laisse fermenter sans recourir à un moyen profitable de les étudier et de les résoudre, prennent de l'ampleur et créent une atmosphère volatile et stressante, malsaine pour tout le monde.

N'oubliez pas que ce n'est pas une question de sexe. Il s'agit d'une contrainte personnelle. Prenez également note que peu de gens ont envie de vivre à proximité d'un volcan.

Êtes-vous du type Volcan ?

Parmi les énoncés suivants, cochez ceux qui vous ressemblent et faites le total.

☐ Quand je vis du stress et que je me sens sous pression, ma frustration devient évidente.

☐ La force et la puissance sont des moyens efficaces pour faire bouger les gens.

☐ J'ai une volonté de fer pour ce qui est de gagner ; je ne joue jamais dans l'intention de perdre.

☐ Quand on me pousse à bout, je peux me mettre vraiment en colère.

☐ J'ai de la difficulté à faire des excuses ; je n'aime pas du tout me sentir obligé de dire quoi que ce soit.

☐ J'exprime le fond de ma pensée directement et ouvertement. Ce que les gens en pensent les regarde.

☐ Si quelqu'un me pousse, il peut être certain que je vais le
repousser aussi sec.

☐ Je deviens très sérieux quand je vis une situation compé-
titive.

☐ Si vous ne faites pas votre part d'efforts, vous devriez vous
désister de l'équipe.

☐ Il y a certaines choses qu'on fait tout simplement mieux
de ne pas me dire.

Quelles sont vos tendances?

Indiquez le total obtenu ci-dessous.

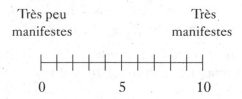

À *l'aide! Je suis du type Volcan!*

Qu'y a-t-il de si terrible à se montrer compétitif à l'occasion?
Ou même colérique de temps à autre? Rien, tant que vous *choisissez* d'être compétitif ou en colère. Si vous constatez en discutant avec quelqu'un que votre cœur bat la chamade et que vous
élevez le ton parce que vous avez un différend, c'est peut-être que
vous *ne choisissez pas* de vous montrer simplement compétitif.

En fait, je suis moi-même compétitif. Je l'ai toujours été, du plus loin que je me souvienne. Donc, comme je le suis toujours, vous pourrez vous demander comment il se fait que je me permette de rédiger cette « ordonnance » ? Eh bien ! Tout dépend du but que l'on poursuit. Si mon but consiste à éradiquer ce trait de caractère, il est évident que je ne l'ai pas atteint. Néanmoins, mon objectif est simplement de chercher des solutions profitables pour toutes les parties concernées.

Une très vieille parabole illustrera parfaitement mon propos.

Un sage Cherokee à la chevelure argentée s'assied pour penser à la vie. Son petit-fils s'approche et s'assied à ses côtés. L'enfant est déçu parce qu'il jouait à un jeu et qu'il a perdu. Son grand-père étire les lèvres en un léger sourire et lui dit : « Il y a en chacun de nous un combat permanent. C'est un combat terrible entre deux loups. L'un représente la colère, le ressentiment, l'arrogance, l'égoïsme et la volonté de gagner à tout prix. L'autre représente la compassion, l'humilité, le respect, la générosité et l'empathie. »

L'enfant réfléchit à ces paroles un moment avant de demander : « Grand-père, lequel des deux va l'emporter ? »

Le grand-père fait une pause. Puis, il respire profondément et répond : « Celui que tu nourriras. »

Laissez-moi vous rappeler (et me rappeler) qu'il n'y a pas de mal à vouloir gagner, mais qu'il faut tout de même nourrir ses deux loups. Sinon on gagne, mais on n'a personne avec qui s'amuser…

Applications pratiques – étape par étape

Voici quelques exemples de comportements à adopter pour vous engager dès aujourd'hui dans le démantèlement de votre contrainte ! Si vous constatez, après avoir pris connaissance de toutes les contraintes, que le type Volcan compte parmi les obstacles qui vous nuisent le plus, l'application de ces étapes fera partie de votre plan proactif de dépassement, votre plan d'Action (que nous établirons au chapitre 15).

- Je vais transformer ma conversation gagnant-perdant. Plutôt que de dire : « Encore une fois… », « Mais… », « Comme je l'ai déjà dit… » et « Non, ce que vous avez dit, c'est… », je vais exprimer des réponses qui profitent à tout le monde, par exemple : « Je comprends ton point de vue, mais que faisons-nous à partir de là ? » et « Ma mémoire me trahit aussi, je suis juste en train de m'assurer que je comprends le point de vue de tout le monde. »

- Je vais faire en sorte de ne plus avoir de discussions qui s'enveniment et créent de la tension en m'engageant à reconnaître que si je suis sur la défensive, c'est *ma* faute, non celle de quelqu'un d'autre. Si j'arrive à m'exprimer uniquement quand j'élève la voix, il est évident que je communique mal. Chaque fois que je serai en désaccord avec mon interlocuteur, j'attendrai quelques secondes avant de lui répondre.

- Je vais cesser de vouloir avoir le dernier mot à tout prix dans un différend, en me montrant disposé à être celui qui dit simplement : « Je pense que tu as raison », « J'ai eu tort de… » ou « Je suis vraiment désolé. » Pour que je gagne, il faut que quelqu'un perde ; or, ce n'est pas la meilleure façon de conclure une discussion.

- Quand je conduis, je vais cesser de m'irriter contre le comportement des autres automobilistes, car ma frustration met les nerfs de mes passagers en boule. Pendant une journée entière, je vais rouler à une vitesse inférieure de dix kilomètres/heure à la limite permise ; chaque fois qu'une voiture doublera la mienne, j'enverrai gentiment la main à son conducteur, en réfléchissant à ce que mes passagers et les autres automobilistes auraient pensé de moi en temps « normal ».

Comment gérer vos relations avec le type Volcan

Pour que les interactions avec une personne de ce type soient efficaces, il est essentiel de toujours faire en sorte qu'elle se sente validée. Même dans ses manifestations les plus extrêmes, cette contrainte présente des aspects positifs ; assurez-vous donc d'en faire mention. Voici certains points forts que vous pourrez souligner : compétitif, combatif.

• Quand vous parlez au type Volcan, veillez surtout à ne pas utiliser les « déclencheurs » qui le mettent en colère. Observez les changements dans son ton et son langage corporel et excusez-vous pour les paroles qui n'ont pas fait bonne impression.

• Si vous sentez qu'il commence à bouillir, cherchez des moyens de désamorcer la situation. Gardez contenance et efforcez-vous d'aider le type Volcan à garder son calme. Évitez les phrases qui pourraient lui donner l'impression d'être « acculé au pied du mur » : ses émotions sont probablement intenses et volatiles.

14

Dixième contrainte destructrice :
le type Impulsif (indiscipliné, spontané)

Même si Arnie est assez discipliné pour consacrer des heures à un projet, il s'ennuie sitôt qu'il prend un peu trop de temps à le mettre en œuvre. Quand il s'ennuie, Arnie se met en quête d'une nouvelle affaire, parce que dans sa tête, la *prochaine* occasion sera à coup sûr la meilleure. Mais ce n'est jamais le cas. Au fil des ans, il a empoché un peu d'argent ici et là, mais quand je l'ai rencontré, il m'a dit qu'il travaillait à concrétiser la « meilleure idée qu'il ait jamais eue », une affaire gagnante pour les investisseurs. À la lumière de ses résultats toutefois, c'était peu probable.

Arnie a construit des immeubles, il a été promoteur immobilier, il a vendu des droits d'eau embouteillée, il a pratiqué la vente en réseau par cooptation et possédé une société de gestion, mais il n'a jamais persévéré assez longtemps dans aucune de ses entreprises pour en tirer une réussite appréciable. S'il ne change pas son comportement de façon significative, Arnie poursuivra toujours des chimères. Dans son cas, ses pires contraintes sont son manque de maîtrise de soi et sa soif de changement. Quel que soit l'angle sous lequel on envisage la question, Arnie est un danger ambulant avec l'argent des autres. Et il est toujours en mouvement.

Comment peut-il agir pour dépasser sa contrainte personnelle ? D'abord, il doit prendre conscience de sa contrainte, c'est-à-dire faire son autoévaluation, comme nous appelons cet exercice (n'oubliez pas que c'est difficile à faire en solo). Il y avait des années qu'Arnie ignorait son problème. Quand je l'ai guidé à travers les étapes du processus, il a commencé à comprendre comment ses

contraintes affectaient sa réussite. Comme je le lui ai expliqué :
«Votre principale contrainte, c'est votre tendance à prendre des
décisions impulsives. Vous ne persévérez jamais longtemps dans
quoi que ce soit. » Bien qu'on lui ait déjà dit auparavant, il a fallu
des «données très précises » pour qu'il consente enfin à admettre
son problème. Il était conscient d'avoir réussi plusieurs de ses
entreprises, mais comme l'ennui le gagnait vite, il passait constamment à autre chose. Il devait accepter de prendre le mal par la
racine et maîtriser son comportement changeant. C'est alors qu'il
m'a posé la question que j'espère toujours entendre.

« Alors, qu'est-ce qu'il faut que je fasse ? »

S'ENGAGER DANS LE PROCESSUS

J'ai proposé à Arnie d'élaborer un plan de responsabilisation :
il devrait rendre des comptes à une personne qui aurait pour tâche,
s'il tentait de se défiler, de l'obliger à s'en tenir à ce qui avait été
convenu. J'ai suggéré à Arnie de demander à son banquier. Il a
suivi mon conseil, mais à reculons. Après avoir beaucoup discuté
– y compris avec sa conjointe qui lui a rappelé qu'elle savait que
c'était un de ses problèmes depuis toujours –, Arnie a accepté
les «conditions» de notre entente. Il s'est entendu avec son banquier pour mener un seul projet à terme et attendre au moins six
mois avant de passer au suivant. Comme vous pouvez l'imaginer,
l'idée rendait Arnie complètement fou. C'était le type classique
de l'Impulsif ; l'idée de rendre des comptes à son banquier et à sa
femme ne lui plaisait pas du tout.

Théoriquement, nous avions maintenant maîtrisé la question
de la trop grande impulsivité d'Arnie – en travaillant sur sa capacité à mener un projet à terme. Nous avions une emprise sur le
problème et une certaine forme de responsabilisation. Il fallait ensuite passer à l'étape suivante, ce que j'appelle l'autogestion. Arnie
s'est jeté à corps perdu dans son projet suivant et il a bien réussi,
même s'il y a eu des moments, à mesure que le projet approchait
de sa réalisation, où il a songé à passer à autre chose. Néanmoins,
il a persévéré. En fait, quand la tentation est devenue trop forte,

il m'a téléphoné et nous avons discuté de ce qu'il voulait faire de sa vie, ce qui l'a aidé à remettre la situation en perspective.

C'est la clé pour dépasser cette contrainte : garder son objectif à l'esprit et rester concentré sur son but ultime. Arnie n'arrêtait pas de changer d'avis et de jongler avec de nouvelles idées. Une fois le problème réglé, il est devenu extrêmement prospère et il s'amuse aujourd'hui comme un fou.

Récemment, il m'a confié que l'excitation qui venait avec le changement de travail tous les deux ou trois ans lui manquait. Il a néanmoins ajouté que l'effort en avait valu la peine, puisqu'il réussissait maintenant fort bien et subvenait aux besoins de sa famille sans le stress et la pression d'avant. En tout cas, son épouse était heureuse de cette nouvelle stabilité favorisant l'harmonie dans leur couple.

Ce qui me fait me questionner sur le nombre d'individus qui ont eu une idée formidable et qui n'ont pas réussi à la concrétiser *uniquement* parce qu'ils n'ont pas fait preuve d'une persévérance suffisante. Leur manque de discipline leur a été nuisible ; c'est cette contrainte personnelle qui a fait obstacle à leur capacité de concrétiser ce qui aurait pu non seulement changer leur vie, mais aussi celle d'autrui.

IMPULSIFS EN TOUS GENRES

Pour la majorité, « recommencer » sa vie n'est pas une option. J'aime beaucoup le film *Le jour de la marmotte* qui met en vedette Bill Murray. Pour Bill, chaque matin est l'occasion de « recommencer », jusqu'à ce qu'il comprenne. Si seulement j'avais eu quelques-unes de ces journées ! Quand j'étais enfant, je faisais partie d'une équipe de baseball. Or, le jour d'une partie importante où je devais être lanceur, j'ai été puni et cloué à la maison. La vie est injuste. Il y a bien une fée des dents, mais où est la fée du baseball ? Vous savez, celle qui surgit et arrange la situation quand les méchants (les parents) ruinent le moment le plus important de votre vie. J'étais cloué à la maison. Comment en étais-je arrivé là ? J'avais douze ans et ma vie, c'était le baseball. Qu'est-ce que le fait d'être puni a à voir avec la vie ou avec mon avenir ? C'est tout simple : j'avais une contrainte. À l'époque, je ne savais pas que c'était une contrainte, mais je savais que j'avais un problème : je n'aimais pas faire mes devoirs. Je n'étudiais pas parce que le baseball était trop important, il « exigeait » trop d'attention. La vérité, c'est que beaucoup de choses attiraient mon attention, mais les devoirs n'en faisaient pas partie parce que j'éprouvais des difficultés à l'école. Par conséquent, je repoussais le moment de faire mes devoirs et je me tournais plutôt vers ce qui avait plus d'importance (et où je réussissais mieux), c'est-à-dire le baseball.

En réalité, les devoirs n'étaient que le symptôme. Le véritable problème, c'était mon indiscipline et mon manque de concentration. Je n'étais pas capable de me dire : « Fais tes devoirs. » Les punitions n'y faisaient pas grand-chose et l'échec non plus.

Bien entendu, j'ai réussi à entrer à l'université et à obtenir les diplômes indispensables à la pratique de la psychothérapie. Je possède et dirige aujourd'hui une entreprise prospère, mais le fait de ne pas avoir fait mes devoirs a tout de même eu de profondes répercussions sur ma vie. Je n'ai pas obtenu de très bonnes notes, ce qui fait que je n'ai pas pu faire partie de l'équipe de baseball au secondaire, ni à l'université. Je n'ai pas réussi à me faire admettre dans une institution où il y avait une équipe de baseball, ce qui fait que je n'ai pas pu jouer non plus. Ma réticence à étudier a affecté mes résultats à l'université et sans le concours de quelques professeurs exceptionnels, je n'aurais pu poursuivre de hautes études par la suite. Bien que j'aie quand même obtenu un succès appréciable, je sais que j'aurais certainement été plus loin si j'avais compris plus tôt les lourdes conséquences de mes contraintes.

C'est seulement une fois dans la vingtaine que j'ai entrepris d'affronter mon manque de discipline. Je me consacrais entièrement à ce qui m'intéressait et remettais à demain ce qui ne m'intéressait pas. Encore aujourd'hui, je dois faire des efforts pour maîtriser cette forme de discipline personnelle et ce sera probablement le cas jusqu'à mon dernier jour. Il m'arrive encore d'être trop impulsif. Je suis parfois trop pressé de changer ce qui fonctionne bien, simplement parce que je ne prends pas le temps de réfléchir aux conséquences de mes décisions sur le reste de l'entreprise. L'impulsivité peut avoir un impact important sur la prise de décision et la gestion financière.

LE TYPE IMPULSIF ET L'ARGENT

La journée tirait à sa fin. Je m'étais arrêté dans la matinée à l'hôpital psychiatrique de Greenleaf et j'avais reçu des patients le reste de la journée. Ma dernière patiente me consultant pour la première fois, je ne savais pas quel problème me serait présenté. Jolie et bien habillée, Angie Roberts était dans la jeune vingtaine. On ne pouvait manquer de remarquer son élégance, son style et son sens de la mode. Quand elle est entrée dans mon bureau, sa tenue était irréprochable.

La consultation a commencé comme d'habitude : nous avons révisé les formulaires qu'Angie avait remplis et discuté des renseignements concernant sa famille et son nouvel emploi. Angie était célibataire et c'était, disait-elle, l'un des points dont elle voulait discuter avec moi. Après en avoir terminé avec les questionnaires, je lui ai demandé quel sujet elle voulait aborder en premier. « Pourquoi êtes-vous venue me consulter et comment puis-je vous aider ? »

Angie s'est penchée vers moi pour me parler de son petit ami et de leur relation. Ils étaient ensemble depuis plus de deux ans et Angie s'inquiétait de l'avenir. Son petit ami n'avait pas l'air aussi intéressé qu'elle l'aurait souhaité et elle ne savait pas comment faire avancer les choses. Ce n'était pas tant qu'ils avaient des problèmes comme le fait qu'il ne lui posait pas la bonne question : « Veux-tu m'épouser ? »

Angie ne savait pas comment faire face au stress qu'elle ressentait. Elle s'entendait bien avec son ami et ils s'amusaient beaucoup ensemble. Ils avaient rencontré leurs parents respectifs et leur avaient maintes fois rendu visite. Tout semblait parfait – alors où était le problème ? Pourquoi ne lui posait-il pas LA question ?

Plus le temps passait, plus le petit ami d'Angie semblait éviter le sujet. Il était évident qu'Angie trouvait la situation pesante : ou bien elle apprenait à s'en accommoder, ou elle trouvait un moyen pour qu'il amène le sujet sur le tapis. La dernière chose qu'elle voulait, c'était *lui* demander de *la* demander en mariage.

C'est donc devenu notre objectif thérapeutique : *que faire d'une relation à long terme qui se révèle satisfaisante, mais qui semble aller nulle part ?* Je me posais la même question. Pourquoi le jeune homme ne lui demandait-il pas de l'épouser ? Qu'est-ce qui le retenait dans la relation ou dans son esprit ? J'ai rencontré plus de jeunes hommes qu'il n'en faut qui ont de la difficulté à s'engager durablement. En général, ils ont leurs raisons et même si je ne suis pas d'accord, elles sont quand même suffisantes pour qu'ils refusent de se marier. Alors, quelle était-elle cette fois ?

Lors de notre rencontre subséquente, nous avons creusé la question pour découvrir les problèmes qui pourraient exister, mais Angie n'arrivait franchement pas à comprendre pourquoi son petit ami ne lui demandait pas de l'épouser. Le moins qu'on puisse dire, c'est que la situation était frustrante. Elle en était là : bloquée et pas de demande en mariage en vue. Elle avait été invitée à plusieurs mariages au cours de l'année, mais aucun n'était le sien.

J'ai posé une question à Angie : « Que dirait votre petit ami si je lui demandais pourquoi il ne vous demande pas de l'épouser ? » Sa première réaction a été de me répondre : « Je n'en ai aucune idée. Peut-être devriez-vous le faire ! » Mais après y avoir réfléchi un moment, elle a ajouté : « Il dirait peut-être que c'est qu'il n'a pas assez d'argent ou qu'il attend de se sentir en meilleure posture sur le plan financier. J'ai le sentiment qu'il s'inquiète beaucoup à propos de l'argent. »

J'ai demandé à Angie quelle profession exerçait son ami ; elle m'a appris qu'il occupait une bonne position dans une entreprise d'aménagement foncier. Titulaire d'un MBA, il travaillait depuis deux ans. Angie ajouta qu'il n'avait pas de dettes d'études : ses parents étant des gens à l'aise, ils avaient payé toute sa scolarité, y compris sa maîtrise. Il avait une voiture qu'il avait payée comptant et il ne semblait pas vivre au-dessus de ses moyens. Dans l'ensemble, il avait l'air plutôt responsable sur le plan financier; le problème n'était donc pas là. Hum… *à moins que…*

J'ai questionné ma cliente : « Angie, comment vous débrouillez-vous sur le plan financier ? Avez-vous des dettes ou est-ce que vous payez ce que vous achetez au fur et à mesure ? »

Détournant le regard, elle m'a répondu qu'elle avait quelques dettes, qu'elle pouvait assumer, et que ce n'était pas un problème. Cependant, sa réponse exigeant des précisions, j'ai insisté : « Avez-vous des dettes ? » Après une minute, elle m'a regardé et m'a avoué qu'elle pensait devoir environ sept mille dollars sur sa carte de crédit. « Quelle carte de crédit ? » Angie a avoué à voix basse : « J'ai environ sept mille dollars sur ma MasterCard et peut-être autant sur ma Visa. »

Ah. Nous tenions *enfin* un indice.

« Avez-vous d'autres cartes de crédit ou des factures pour lesquelles vous recevez des états de compte ? »

« Je reçois des factures de certains magasins à rayon pour des achats que je ne paie pas par carte de crédit, mais je les paie toujours sur réception. »

« Les payez-vous en entier ou faites-vous seulement le paiement minimal mensuel ? »

« Chaque mois, j'essaie de donner un montant sur chacune, mais certains mois, j'en suis incapable. Je dois payer d'autres factures qui autrement seront remises à des agences de recouvrement. »

« Angie, vous est-il déjà arrivé de mentir à propos de votre situation financière quand on vous demandait combien vous deviez ou comment vous vous débrouillez avec l'argent ? » Ma cliente m'a assuré que non. Je lui ai alors demandé : « M'avez-vous tout dit au sujet de vos dettes ou avez-vous passé certaines choses sous silence ? » En entendant ma question, Angie s'est mise à pleurer. Elle m'a avoué qu'elle ne m'avait pas tout dit, en effet. « Je pense que j'ai passablement menti en prétendant que je vous avais tout avoué, n'est-ce pas ? »

« Hum… oui. Maintenant, expliquez-moi pourquoi vous m'avez menti à propos de vos finances quand vous savez que je ne vais pas vous juger, ni faire quoi que ce soit qui pourrait vous blesser.

Pourquoi ne voulez-vous pas vous confier, alors que vous me consultez pour que je vous aide à régler ce que nous devons affronter ensemble ? » Les larmes continuaient de rouler sur les joues de ma cliente tandis qu'elle me confiait entre deux sanglots : « Je ne voulais pas que vous ayez une mauvaise opinion de moi. Je ne voulais pas vous dire que je ne suis pas douée avec l'argent et que j'ai beaucoup de dettes de cartes de crédit. » Quand elle s'est enfin décidée à me raconter toute l'histoire, il s'est avéré qu'Angie devait plus de soixante mille dollars sur ses cartes de crédit. Elle n'avait que vingt-cinq ans.

Tandis que nous disséquions ses habitudes de consommation, j'ai vite compris qu'Angie achetait le plus souvent de façon impulsive et que plus de 95 pour cent de ses achats étaient des articles de consommation courante – vêtements, repas et produits de soins personnels. J'ai taquiné Angie en lui disant qu'elle pourrait envisager une carrière dans la vente, étant donné qu'elle était certainement devenue une spécialiste, avec tous les produits qu'elle avait essayés au fil du temps. Nous avons ri, mais nous étions bien conscients que c'était la triste vérité.

Le point suivant à notre ordre du jour consistait à découvrir ce que le petit ami d'Angie pensait de sa prodigalité. Nous l'avons invité à assister à notre rencontre suivante. Je lui ai demandé ce qu'Angie pourrait faire de mieux pour sa croissance personnelle. Sa réponse était empreinte d'une grande perspicacité.

« À mon avis, ce qui la retient, c'est qu'elle est incapable de se refuser le moindre désir. » Le jeune homme connaissait la situation et savait comment elle affectait Angie. Il a poursuivi : « Elle se fait du mal et elle nous fait du mal à tous deux en n'affrontant pas la situation. Elle a beaucoup trop de dettes, ça me fait peur. Et si nous étions mariés et qu'elle agissait comme ça ? Je serais incapable de vivre avec les coups de fil des agences de recouvrement ou sans pouvoir payer les factures. Je deviendrais fou. »

C'était clair comme le jour. Il n'aurait pu faire mieux comprendre pourquoi il n'avait pas encore demandé à Angie de l'épouser. De plus, il avait raison. J'aurais été très réticent à demander une femme en mariage en sachant qu'elle apportait dans notre corbeille de noces soixante mille dollars de dettes, ainsi que les comportements qui l'avaient mise dans le pétrin pour commencer. C'était l'illustration classique d'une personnalité «à dégaine rapide». Cette fois par contre, «déveine rapide» aurait peut-être été plus appropriée.

Dans le cas de ses cartes de crédit, Angie payait plus de seize pour cent d'intérêt sur ses dettes; elle peinait à assurer les paiements minimaux exigibles. En continuant à ce rythme, elle en aurait pour quinze ans encore avant de finir de payer tout ce qu'elle devait. Bien entendu, il y avait une autre solution : elle pouvait déclarer faillite et tourner la page.

Au cours des cinq dernières années, nous avons assisté à une augmentation soutenue du nombre de faillites aux États-Unis. Pourquoi? Parce que le crédit est facile à obtenir et parce que nous ne faisons pas beaucoup d'efforts pour enseigner à chacun la maîtrise de soi. La signature de notre époque, c'est : «Achetez maintenant!» En fait, on ne paie même pas ce qu'on achète – en tout cas, pas avant le 1er janvier ou la date magique qui a été choisie.

J'ai demandé à Angie de prendre rendez-vous avec son banquier. Elle m'a assuré qu'elle le ferait, puis elle m'a demandé à quel sujet. «Je veux que vous fassiez une demande de prêt afin de pouvoir acheter quelques pizzas pour la fête que vous organisez en fin de semaine.»

Angie s'est exclamée : «Quoi? Vous voulez que je fasse une demande de prêt pour acheter une pizza? Je ne comprends pas.» Je lui ai expliqué que c'est ce qu'elle faisait déjà. Chaque fois qu'elle payait un repas avec sa carte de crédit, elle se trouvait à emprunter. Par conséquent, pourquoi ne pas y aller franchement et demander un prêt à son banquier? Elle payait seize pour cent d'intérêt pour financer l'achat de ses pizzas; elle obtiendrait un bien meilleur taux de la banque. Il lui suffisait d'en faire la demande.

Absurde, non?

Or, c'est ce que les gens font et la quantité d'argent dont ils disposent ne semble rien y faire : ils s'endettent de plus en plus.

J'ai quelques jeunes amis qui sont dans le même bateau – ce qui ne veut pas dire que l'âge ait quoi que ce soit à y voir. Ils repoussent la date de leur mariage parce qu'ils ne veulent pas les risques associés à un mariage lesté au départ d'une énorme dette. Pourquoi se marier et assumer la responsabilité d'une dette quand on peut vivre ensemble et s'éviter des problèmes ? Je soupçonne que si ce n'était des gratifications immédiates dont ils investissent la relation, certains en viendraient à croire qu'ils sont un fardeau indésirable.

Le type Impulsif prend bien des visages. Qu'on parle de décisions impulsives en matière d'argent, de décisions professionnelles ou de relations, le problème se réduit à une seule question : « Prenez-vous les bonnes décisions, ou êtes-vous trop prompt à vous décider, peu importe de quoi il s'agit ? » Laissez-moi préciser ma pensée. Si vous êtes « trop prompt » à prendre une décision, *quelle qu'elle soit*, peut-être devriez-vous envisager de n'en prendre aucune jusqu'à ce que vous maîtrisiez mieux vos impulsions. Si vous ne le faites pas, votre précipitation pourrait vous valoir bien plus que seize pour cent d'intérêt sur une dette. Vous pourriez vous voir obligé de vendre votre bonheur futur pour payer la pizza d'aujourd'hui.

Êtes-vous du type Impulsif ?

Parmi les énoncés suivants, cochez ceux qui vous ressemblent et faites le total.

☐ J'adore essayer de nouvelles choses.

☐ J'ai besoin d'exutoires créatifs pour me réaliser.

☐ J'ai tendance à abandonner les projets et les relations qui deviennent difficiles.

☐ J'ai de la difficulté à gérer mon argent – achats impulsifs, magasinage compulsif ou absence de planification.

☐ Je trouve le travail dans un environnement stable et terre à terre épuisant sur le plan émotionnel.

☐ J'ai de la difficulté à persévérer dans une tâche quand mon intérêt s'émousse.

☐ Je suis spontané ; la répétition m'ennuie vite.

☐ Ma nature impulsive est source de conflit dans mes relations.

☐ Je suis bon pour mettre les choses en branle, mais je ne les mène pas souvent à terme.

☐ Je ne réfléchis pas nécessairement à tous les aspects d'une idée ; on pourra toujours étudier les détails plus tard.

Quelles sont vos tendances ?

Indiquez le total obtenu ci-dessous.

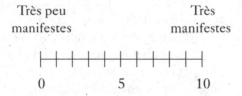

Très peu
manifestes

Très
manifestes

0   5   10

À *l'aide ! Je suis du type Impulsif !*

Trois mots me viennent à l'esprit pour décrire exactement mes périodes créatives : rafraîchissantes, amusantes et frénétiques !

Parmi mes collègues, ceux qui accordent plus de valeur que moi à la stabilité optent plutôt pour : incontrôlables, destructrices et pareilles à une tornade. Qui aurait cru qu'ils diraient de telles choses ? Récemment, un collègue a qualifié mes épisodes de « crises de créativité ! » Il est vrai qu'après avoir jonglé avec un trop grand nombre d'idées et les avoir vues tomber à plat les unes après les autres, je ressens à coup sûr une sorte de « gueule de bois ».

Votre catalyseur n'est peut-être pas la créativité, mais en bout de ligne, il n'en reste pas moins que nous, les types Impulsifs, avons parfois tendance à trop vouloir précipiter les choses. Peut-être commencez-vous plusieurs projets dont vous ne menez que quelques-uns à terme ? Peut-être prenez-vous des décisions hâtives ou vous exprimez-vous sans réfléchir à l'effet que vos paroles auront sur autrui ?

En matière de décisions impulsives, voici trois raisons qui expliquent fréquemment pourquoi on résiste à vos idées : (1) vous n'avez pas exprimé clairement votre concept, (2) le moment n'est pas opportun, ou (3) vous avez tort. Il y a aussi une autre possibilité : vous avez peut-être acquis la réputation de collectionner les échecs, ce qui incite autrui à y penser à deux fois avant d'accepter votre dernière idée en date, peu importe à quel point elle semble géniale. La mauvaise nouvelle, c'est que ces raisons vous concernent toutes directement ! Cependant, je ne suis pas ici pour applaudir ceux qui s'amusent à jouer les éteignoirs : je veux simplement que nous étudiions notre rôle dans la création de cette tension permanente.

Voici un moyen très simple : ne parlez à personne de votre prochaine idée géniale avant de l'avoir écrite dans un journal et d'avoir attendu une semaine. Passé ce délai, vous serez probablement plus en mesure d'en évaluer le potentiel si, bien entendu, vous arrivez à remettre la main sur votre journal ! Par ailleurs, veillez à ne pas interrompre vos interlocuteurs, parce qu'il vous arrive souvent de parler sans réfléchir. Néanmoins, soyez ouvert aux commentaires de ceux qui vous parleront franchement.

Applications pratiques – étape par étape

Voici quelques exemples de comportements à adopter pour vous engager dès aujourd'hui dans le démantèlement de votre contrainte ! Si vous constatez, après avoir pris connaissance de toutes les contraintes, que le type Impulsif compte parmi les obstacles qui vous nuisent le plus, l'application de ces étapes fera partie de votre plan proactif de dépassement, votre plan d'Action (que nous établirons au chapitre 15).

- Je vais cesser d'interrompre mes interlocuteurs. Pendant une journée, je n'interviendrai pas dans les conversations et les réunions avant d'avoir laissé passer deux secondes de silence. Je pourrai ainsi prendre du recul, voir qui a pu s'exprimer et même, remarquer que certains des points que je voulais faire valoir sont sans objet. Une fois par semaine, je demanderai à quelqu'un : «Comment a été mon écoute dernièrement ?» pour que l'on évalue mes efforts sur une échelle de un à dix.

- Je vais m'habituer à terminer ce que je commence. Selon moi, les nouvelles idées sont plus stimulantes que celles qui sont déjà en place; par contre, mes nouvelles idées se révèlent souvent au détriment de ce qui est valable et efficace. Je vais m'habituer à m'exprimer plus souvent dans le sens suivant : «Si le moment n'est pas opportun, je n'ai aucune objection à mettre l'idée de côté pour l'instant.» Une fois par semaine, je vais demander aux personnes avec qui j'interagis le plus souvent : «Est-ce que j'ai changé de direction trop rapidement ?»

- Je vais cesser d'agir impulsivement. Si j'ai une nouvelle idée, je vais la coucher sur papier et attendre une semaine pour la réévaluer et décider si elle vaut la peine d'être poursuivie. De plus, je vais cesser d'impliquer trop rapidement les autres dans mes idées et mes projets pour ne pas les détourner de leurs tâches. Plutôt que de réagir en adoptant une attitude défensive, je vais accueillir les questions exigeantes et avant d'aller de l'avant, je vais délibérément solliciter l'avis des individus qui les posent.

Comment gérer vos relations avec le type Impulsif

Pour que les interactions avec une personne de ce type soient efficaces, il est essentiel de toujours faire en sorte qu'elle se sente validée. Même dans ses manifestations les plus extrêmes, cette contrainte présente des aspects positifs; assurez-vous donc d'en faire mention. Voici certains points forts que vous pourrez souligner : flexible, capable d'agir rapidement.

• Quand le type Impulsif vous fait part d'une idée, assurez-vous de le valider en répondant quelque chose comme : « Je vais prendre des notes et nous réétudierons la question en détail par la suite. Faut-il en arriver à une décision immédiatement ? » Le fait de dire : « Gardons l'idée à l'esprit quelques jours » pourra aussi donner au type Impulsif le sentiment d'avoir été entendu, sans que vous vous sentiez immédiatement sous pression. Faites attention ! Il ne faut que vous soyez perçu comme quelqu'un de réfractaire au changement. Si vous travaillez fréquemment avec un type Impulsif, posez-lui des questions comme : « Avez-vous le sentiment que nous avançons assez rapidement ? »

• Si vous devez confronter un type Impulsif à une de ses décisions précipitées, choisissez le moment opportun. Même si sa décision est erronée, il sera peut-être plus sage d'essayer d'en tirer parti, plutôt que d'être perçu comme un Critique. Comme le type Impulsif veut réussir en dépit de sa tendance à la précipitation, il sera ouvert aux informations et aux détails qui l'aideront à prendre une meilleure décision. Il sera tout aussi important, et efficace, de lui faire part de cette information de façon qu'il ne se sente pas jugé. Le type Impulsif ne veut pas faire d'erreurs ; il réagit simplement à ce qui, à son avis, devrait être différent. Assurez-vous de valider ces traits de son caractère, tout comme il devrait d'ailleurs valider les vôtres.

TROISIÈME PARTIE

Dépasser ses contraintes personnelles

15

Élaborez votre plan d'Action

Ce que nous avons étudié jusqu'à maintenant nous mène au… dépassement. Pour y arriver nous devons passer à l'action.

Si nous n'agissons pas, nous ne devenons pas.

Le plus important, c'est le « devenir ». À cet égard, j'espère que vos raisons et votre désir de grandir vous poussent à l'action.

Pourquoi cette étape est-elle si cruciale ? D'abord, parce que nous sommes tellement occupés que si nous ne faisons pas le saut du concept au plan, nous oublierons rapidement l'information, peu importe à quel point elle aura été transformatrice. Avez-vous remarqué que vos meilleures intentions ne suffisent pas pour que les choses se fassent, parce que vous êtes trop occupé à réagir aux événements et à éteindre les feux qui ne figurent pas à votre ordre du jour ? Rédiger un plan d'Action est le meilleur moyen de vivre *en conscience* plutôt que par défaut et de tracer une avenue systématique et constante de croissance.

Nous avons choisi de parler de plan d'Action parce que nous voulons que vous fassiez plus qu'ajouter des activités à votre liste de choses à faire. Nous voulons que vous profitiez de l'énergie de l'action, une force qui donnera du mordant à vos efforts et qui vous aidera à poursuivre en suivant un plan d'action précis.

OBJECTIF DU PLAN

Les chapitres précédents ont servi à jeter les bases de l'élément qui s'avère essentiel à votre processus de croissance : votre plan d'Action d'une page. (Tel que mentionné précédemment, vous pouvez télécharger le modèle en visitant le site www.flipsidebook. com – *en anglais seulement.*) Ce document vous servira à inscrire :

1) votre objectif ultime en rapport avec le processus ;

2) la liste de vos points forts ;

3) une ou deux contraintes personnelles parmi les plus importantes ;

4) des applications pratiques progressives ;

5) un plan de responsabilisation.

Je veux d'abord que vous sachiez que j'ai dû apprendre à travailler avec ce processus et qu'il va plutôt à l'encontre de ma nature. J'ai parfois tendance à passer à travers les choses trop rapidement ; néanmoins, procéder étape par étape m'a apporté d'importantes gratifications sur le plan personnel. Prenez le temps de faire les choses comme il faut. Ne foncez pas à travers le processus ou vous ne ferez que résoudre des problèmes superficiels sans procéder à des changements profonds et durables.

L'aspect prépondérant du processus de changement est la compréhension de l'objectif poursuivi, à savoir le résultat final que vous désirez atteindre. Après de nombreuses années de travail sur les contraintes personnelles de mes patients et de mes clients, j'ai été enthousiasmé de découvrir l'existence d'Eliyahu Goldratt, un spécialiste de la gestion qui accomplit un travail similaire dans le milieu des affaires. Il a écrit un ouvrage de fiction intitulé *Le but : un processus de progrès permanent*, où il raconte l'histoire d'une usine dont les ressources s'agglutinaient de façon répétée, formant des goulots d'étranglement dans la chaîne de production. Il démontrait que ces bouchons, ou contraintes, imposaient leurs limites à l'ensemble du système et en déterminaient la cadence.

Les explications de l'auteur quant au fonctionnement des systèmes et à l'origine des goulots d'étranglement (les endroits où le travail s'accumule, où la cadence s'essouffle) a confirmé mes études sur les processus semblables chez l'être humain. Pourquoi les talents sont-ils refoulés ? Pourquoi restent-ils inexprimés ? Pourquoi les individus sont-ils incapables d'accéder à des niveaux de fonctionnement supérieurs? Quels goulots d'étranglement se cachent derrière les plans qui échouent?

Eliyahu Goldratt poursuit en présentant un «processus de réflexion» pour chacune des questions suivantes, lequel s'applique tout aussi bien à la transformation individuelle qu'au changement dans les systèmes de production :

1. Que faut-il changer?

2. Que faut-il instaurer à la place?

3. Comment réaliser le changement?

Première étape : Déterminez votre objectif

La réponse à cette première question est facile : nous voulons changer les contraintes personnelles qui affectent le plus notre rendement. La deuxième question exige un peu plus de réflexion : que voulez-vous devenir *à la place*? Autrement dit, quel est votre «*objectif sur le plan du comportement*» ?

Résumez en une ou deux phrases les principaux aspects du résultat que vous voulez obtenir. Exprimez-vous du fond du cœur et appropriez-vous entièrement votre objectif.

Devenir un père formidable

Après la naissance de mon fils Matthew, notre première nuit à la maison a donné le ton – de bien des façons – au reste de ma vie. J'ai fait mon examen de conscience : qui étais-je et quel était mon but? Je savais que je voulais devenir un bon père pour mon fils et j'avais une assez bonne idée de ce que je devais changer pour y arriver. J'ai commencé par coucher mes idées sur papier.

Devenir un père formidable : c'était mon premier objectif. J'avais aussi d'autres objectifs : être un conjoint sensationnel pour Susan et un patron formidable pour mes employés, réussir dans ma carrière d'enseignant. En travaillant sur vos contraintes personnelles, vous découvrirez que chacune affecte semblablement les différents aspects de votre vie. Ainsi, supposons que pour devenir

un père et un conjoint formidable, je doive me montrer moins dominateur et plus chaleureux. Je déciderai ceci : « *Je vais laisser savoir
à mes proches que je les aime et que j'estime leur point de vue, et que leurs
pensées et leurs besoins sont plus importants à mes yeux que les miens. Je
vais apprendre à faire passer les autres en premier, à les prendre en compte
et à penser à leurs besoins en prenant mes décisions.* »

Autres exemples

1. Je m'engage à me concentrer sur les aspects de mon exis-
    tence qui me sont les plus précieux : ma famille, ma santé,
    mon bonheur et ma carrière.

2. Afin de créer un équilibre dans ma vie, je vais procéder
    aux changements qui s'imposent pour donner le meilleur
    de moi-même, de manière que les autres puissent faire de
    même.

3. Grâce à des comportements significatifs et mesurables, je
    vais démontrer à ma famille, à mes amis et à mes collègues
    que je suis quelqu'un sur qui ils peuvent compter.

4. Je vais m'engager à mener mes engagements à terme et à
    terminer ce que je commence.

5. En tant que leader, je vais améliorer mon rendement et
    mon efficacité et favoriser mon épanouissement en dépas-
    sant mes comportements autocritiques. Je vais apprendre
    de mes erreurs et ensuite, lâcher prise.

6. Je veux qu'on me considère comme quelqu'un qui estime
    les gens et les rassemble pour le bien commun. Par consé-
    quent, je vais tempérer mon côté dominateur et me mon-
    trer plus ouvert et plus tolérant.

Deuxième étape : Déterminez vos points forts

Dans cette section, vous dressez la liste de vos points forts, les
qualités qui serviront à fonder vos efforts. Vos points forts entraî-

neront votre croissance. Bien entendu, l'individu à l'esprit compétitif peut parfois en faire trop ; néanmoins, il se contentera d'écrire ici « esprit compétitif » avant de poursuivre.

Comme nous avons établi qu'une autoévaluation s'avère impossible sans rétroaction extérieure pour la valider, nous vous recommandons de vous adresser à une personne en qui vous avez confiance, qui pourra vous aider à traverser le processus en commençant par cerner vos points forts. Demandez à votre « partenaire de *feed-back* » de dresser une liste comme la vôtre ; vous pourrez ensuite les comparer et prendre note des divergences entre les deux.

Ne vous restreignez pas à la liste ci-dessous. En fait, je préférerais que vous dressiez votre liste avant de prendre connaissance des qualités ci-dessous. Par contre, si vous êtes comme la plupart des gens, vous vous retrouverez à court de qualificatifs après un moment. La liste suivante pourra alors stimuler votre réflexion :

Dévoué
Esprit compétitif
Aptitude à diriger
Créatif
Doué pour la
  conversation
Voit les aspects
  positifs
Accessible
Prudent
Altruiste
Indépendant
Bonne maîtrise
  de soi
Centré sur les gens
Centré sur les détails
Fiable
Patient
Attentionné
Compréhensif
Esprit de décision
Logique
Aime les gens

Sensible
Confiant
Bonne première
  impression
Sens de l'humour
Capable de s'incliner
  au besoin
Persévérant
Ouvert aux nouvelles
  idées
Centré sur l'équipe
Attentes élevées
Détendu
Responsable
Bon pour améliorer
  les choses
Extraverti
Fait les choses à fond
Pense en dehors des
  cadres établis
Innovateur
D'un grand soutien
Visionnaire

Dynamique
Bonne présence
  en société
Énergique
Aime le changement
  et la variété
Enthousiaste
Souple
Organisé
Humble
Optimiste
Spontané
Partage la vedette
Analytique
Efficace
Perspicace
Résilient
Calme
Stable
Influent
Respectueux
  des règles

Troisième étape : Ciblez vos deux plus grandes contraintes

Reprenez les listes de pointage que vous avez remplies à la fin des chapitres sur les dix contraintes destructrices. J'aimerais que vous déterminiez quelles sont vos deux plus grandes contraintes, à savoir celles qui sont les plus manifestes selon vos listes de pointage (si vous n'avez qu'une seule contrainte, ne travaillez que sur celle-là). N'oubliez pas : même si vous n'avez coché que quelques symptômes ici et là, commencez d'abord par les aspects qui s'avèrent les plus faibles à votre avis. Comme je l'ai mentionné plus haut, ce n'est pas seulement le total de chaque évaluation qui détermine l'importance d'une contrainte : par conséquent, même si vous n'avez coché que quelques points dans certains cas, il pourra tout de même s'agir d'une contrainte assez significative.

Inscrivez ci-dessous vos deux contraintes les plus destructrices.

1.

2.

Cette section constitue un résumé de la ou des contraintes sur lesquelles vous allez travailler. Si vous en avez trois, abordez la troisième plus tard. Si vos pointages se ressemblent, choisissez les deux contraintes qui affectent le plus votre existence et commencez par celles-là. Inutile de vous accabler avec trop de changements à ce point-ci du processus !

Soyez franc

Rédigez une ou deux phrases qui vous permettront de réfléchir à la manière dont ces deux contraintes affectent précisément votre vie. Voyez si vous pouvez penser à une situation où elles ont affecté activement votre vie. Vous vivrez peut-être la même chose que moi : en y réfléchissant, je suis arrivé à me souvenir de plusieurs situations où mes contraintes ont causé du tort à mon entourage, et que je devais absolument changer.

Quatrième étape : Définissez les mesures à prendre

La quatrième étape est assez simple, mais elle exige un engagement.

Vous allez élaborer un plan d'action. Ce plan fait toute la différence entre errer sans itinéraire et se servir d'une carte pour arriver à destination – en prenant le plus court chemin pour s'y rendre.

Cette section se divise en étapes composées d'applications pratiques grâce auxquelles vous apprendrez à dépasser vos contraintes personnelles les plus dévastatrices. Chaque étape doit être précise et porter sur un comportement précis. Laissez-moi vous parler de certaines de mes applications pratiques en la matière.

Comme bien des entrepreneurs, j'ai plutôt confiance en moi. Ma soif de changement est grande et je suis passablement impulsif. La plupart du temps, la confiance en soi est un bon atout, mais combinée à une grande soif de changement et à une certaine indiscipline, elle rend parfois les choses assez intéressantes. J'ai tendance à penser que j'ai raison et je m'impatiente facilement. J'ai un rythme rapide et j'aime être constamment en mouvement. Comme je suis créatif, j'ai beaucoup d'idées ; comme j'ai très confiance en moi, je crois que mes idées sont vraiment « brillantes » – et même si je ne l'avouerai jamais, c'est ce que penserait toute personne avec la même contrainte ! (En écrivant ces lignes, je me rends compte que je suis embarrassé d'avoir eu ces contraintes. Par contre, les affronter honnêtement me donne la liberté d'action nécessaire pour les dépasser.)

Comment mes contraintes se manifestent-elles ? À titre d'exemple, prenons une situation typique de mon entreprise : une réunion de l'équipe chargée d'un « nouveau produit » à nos bureaux. Comme d'habitude, nous ouvrons la réunion sur une note positive : certains partagent de bonnes nouvelles à propos d'un projet ou d'un événement personnel – par exemple, un enfant s'est mérité un prix ou a obtenu de bonnes notes. En général, nous consacrons quelques minutes à cet échange. Si la conversation s'étire, je sens l'impatience monter en moi et je commence à me demander à quel moment nous passerons aux choses sérieuses.

L'animateur de la discussion présente alors les idées de produits dont nous devons débattre et demande s'il y a de nouveaux éléments que nous devrions étudier. Bien entendu, j'ai une nouvelle idée à soumettre, parce que j'ai lu ou entendu un truc ou bien j'ai rêvé à un concept pendant la nuit. L'animateur me demande alors si j'ai rédigé quelque chose à ce sujet, pour que le groupe puisse étudier la question. Je dois répondre « non » : comme je suis plutôt indiscipliné, je me suis enthousiasmé pour mon concept, mais je n'ai pas pris le temps de préparer mes arguments. Dans mon for intérieur, je me demande pourquoi on ne peut tout simplement pas écouter mon idée et y répondre en cours de réunion. La frustration ne tarde pas à me gagner devant la lenteur des débats et les demandes de renseignements additionnels. Néanmoins, comme j'aime et respecte vraiment les membres de mon équipe, je m'efforce de franchir les étapes avec eux en faisant preuve de la plus grande patience possible. Je sais que tout le monde fait de son mieux pour s'occuper de moi et de ma dernière « idée de génie », mais le fait est que mes contraintes montrent le bout de leur nez.

Par conséquent, à quels aspects dois-je m'attaquer ? D'abord, j'ai besoin d'un plan de comportement de base qui me permettra d'acquérir une certaine maîtrise de moi. Je dois trouver des façons pratiques de contenir mon impulsivité, en particulier quand il s'agit de mes idées. Je prends quelques décisions. Je décide que je n'arriverai pas aux réunions avec une nouvelle idée, à moins de l'avoir écrite et de l'avoir soumise au préalable à l'animateur de la discussion. Ensuite, je m'impose une règle : une fois mon idée présentée, je dois laisser mes collègues en discuter, sans essayer de les influencer ou de la leur faire accepter. Je réponds aux questions, mais je fais mon possible pour ne pas mettre de pression quand tout semble indiquer que les choses n'iront pas « à mon goût ».

Ensuite, je décide que je dois apprécier davantage l'énorme quantité de travail abattu par mon équipe pour créer la toile de fond autour de chaque nouvelle idée que je propose (je dois aussi me rendre compte qu'on travaille encore au suivi de ma *dernière* idée.) Je m'y efforce donc : je questionne mes collègues sur leurs tâches et j'écoute attentivement ce qu'ils expriment quant aux défis et aux aspects plus exigeants qu'ils rencontrent. Le fait de toujours garder à l'esprit la part que chacun assume dans la charge de travail m'aide à rester réaliste pour ce qui est des échéanciers et de mes attentes.

Enfin, je laisse mes collègues décider des priorités immédiates. Je trouve cet exercice particulièrement difficile, parce que la discipline n'est pas une qualité qui s'acquiert du jour au lendemain. Néanmoins, comme j'estime mon équipe et que je crois réellement que les bons individus sont assignés aux bonnes tâches, pourquoi ne les laisserais-je pas accomplir ce qu'ils font de mieux : concrétiser des projets sensationnels ?

Après avoir dressé la liste de mes comportements, j'explique mon processus à certains collègues et je leur décris avec précision les comportements que je vais changer pour devenir un meilleur élément de l'équipe. En tant que fondateur de l'entreprise, j'ai beaucoup d'influence sur ce qui se passe. Je dois me servir de mon influence pour faire grandir mon équipe, de manière que chacun utilise ses dons au mieux. Je ne suis pas doué pour la mise en œuvre. Je déteste les détails et l'ennui me gagne rapidement quand il faut penser aux divers éléments d'un tout. Pourquoi ne pas laisser les personnes douées en sens me dire qu'est-ce qui fonctionnera, pendant combien de temps et combien il nous en coûtera ?

Pour parler franchement, la réunion que je viens de décrire n'est pas hypothétique. Elle a bel et bien eu lieu et je travaille actuellement sur le processus que je viens de décrire. Je dois faire ces changements pour améliorer le rendement de mon équipe. Je comprends que sans le vouloir, je peux exercer une influence perturbatrice ; sans trop de difficultés, je peux arriver à détourner les gens de leurs tâches et les ressources de leurs fonctions. Je sais aussi que « nulle entreprise ne peut s'élever au-delà des contraintes personnelles de sa direction», ce qui veut dire moi. Si je veux que ma société s'améliore, il faut que *moi*, je m'améliore. C'est simple, mais profond. Il n'y a aucune autre manière d'aborder le processus. Pour qu'une entreprise, une famille, une équipe ou une organisation grandisse, il faut que ses dirigeants s'engagent eux aussi à grandir.

Comme vous pouvez le constater, mon plan comprend des mesures précises et des moments déterminés (avant et pendant les réunions). Un seul élément manquait à l'équation : j'avais besoin d'un partenaire de responsabilisation, un observateur impartial qui pourrait m'aider à mesurer mes progrès. J'ai choisi deux collègues et je leur ai demandé de m'évaluer sur une échelle de un à dix après chaque réunion. Grâce à ce processus, j'accomplis des progrès remarquables. En tout cas, c'est ce qu'on me dit – et en général, mes collègues n'ont pas tendance à me faire des passe-droits.

Tandis que nous parlons des plans d'Action, laissez-moi vous expliquer brièvement comment nous les utilisons dans notre société. Les membres de notre organisation suivent en tout temps un plan de croissance personnelle. Chaque trimestre, nous élaborons la liste des mesures que nous prendrons pour cibler les contraintes sur lesquelles nous souhaitons travailler durant la période. Notre plan peut porter sur n'importe quel aspect – professionnel ou personnel – en autant qu'il concerne une contrainte qu'il nous faut dépasser dans un domaine de notre vie. Nous définissons quelques améliorations que nous nous engageons à appliquer et nous choisissons un partenaire de responsabilisation avec qui nous vérifions nos progrès hebdomadairement. À la fin de chaque mois, nous évaluons mutuellement nos progrès, entre autres en remplissant une carte de pointage sur les améliorations constatées. Comme tout le monde, j'ai la mienne : je peux vous dire exactement où j'en suis avec mon plan et si je travaille sur les comportements que je me suis engagé à changer.

Nous ne sommes pas très portés sur les évaluations de fin d'année parce que je ne crois pas qu'il soit nécessaire d'attendre un an avant de donner son opinion à quelqu'un. Je veux qu'on me donne le *feed-back* qui me concerne aussi vite que possible parce que je veux changer le plus rapidement possible. Par ailleurs, le processus n'exige pas beaucoup de temps. Nous procédons rapidement parce que le but n'est pas de perdre du temps à évaluer et à accorder un pointage : c'est d'obtenir des résultats. Et ça fonctionne. Nous vivons un processus de croissance continu, et comme ils savent sur quoi nous travaillons, nos collègues peuvent nous soutenir en cours de route.

Le fait est que vous pouvez vous servir de vos pensées pour intégrer un nouveau comportement, ou inversement, vous servir de votre comportement pour adopter de nouvelles façons de penser. Laissez-moi vous expliquer : si vous travaillez sur vos pensées, vous finirez à un moment donné par influencer votre comportement, mais il vous faudra y mettre le temps. Je préfère changer de comportement d'abord et transformer mes pensées par la suite. J'ai découvert qu'il était plus facile de diriger une voiture quand elle est en mouvement plutôt que garée. Changer de comportement est plus rapide, et c'est beaucoup plus significatif pour ceux qui vous entourent et qui constatent que votre comportement change sous leurs yeux.

Laissez-moi vous poser une question : avez-vous besoin d'une psychothérapie ?

Bien que la psychothérapie fasse partie de mes activités, je crois que la plupart des gens n'ont pas vraiment besoin de consulter un professionnel. Dans la majorité des cas, le conjoint aimant pourra fournir tous les indices dont on a besoin pour changer, et l'ami sincère fera des merveilles pour qui veut qu'on le responsabilise dans son processus.

Faisons en sorte que les choses soient simples.

Je PEUX faire les choses dont je me souviens et je PEUX faire les choses qui ont du sens pour moi.

Je NE PEUX PAS faire trop de choses à la fois. Il est beaucoup plus facile de travailler sur quelques éléments que d'essayer de transformer ma vie de fond en comble en une semaine.

Gardez donc cette idée à l'esprit : Restez simple !

Voici quelques réflexions concernant l'élaboration de votre plan :

1. Ciblez des comportements précis :

    - **Ne vous exprimez pas** en termes généraux, comme « je vais être gentil ».

    - **Adoptez** des comportements spécifiques, par exemple : « Je vais remercier untel de m'avoir fait part de ses pensées au sujet de... ».

2. Déterminez des moments précis :

    - **Ne dites pas** : « Quand je pourrai. »

    - **Dites** plutôt : « Chaque matin, je... » ou « Deux fois par jour, je... ».

3. Formulez vos phrases avec les verbes « cesser » et « commencer » ou « m'habituer » :

    - « Je vais CESSER d'élever le ton quand je suis en colère. »

    - « Je vais COMMENCER ou M'HABITUER à questionner mon vis-à-vis sur ses sentiments et à l'écouter quand il exprime ce qu'il ressent. »

Une fois que vous aurez choisi la/les contraintes que vous vous engagez à dépasser, essayez D'ABORD de définir certaines mesures à prendre AVANT d'appliquer les exemples sous la rubrique Applications pratiques présentés à la fin des chapitres sur les contraintes. Votre plan d'Action définitif doit être rédigé dans des termes qui vous sont propres et il doit s'appliquer à vos objectifs ; par conséquent, adaptez-le étroitement à votre situation.

Règle générale, un total de cinq ou six Applications pratiques constitue un bon objectif.

Cinquième étape : Responsabilisez-vous face à votre engagement

Dans cette dernière étape, vous rédigez un plan de responsabilisation. Je peux prendre toutes sortes d'engagements personnels, mais à moins qu'on m'aide en me poussant à respecter mon plan, il y a peu de chances que je parvienne à instaurer des changements durables. Dans cette étape, vous choisissez les deux partenaires qui vous aideront à dresser la liste de vos qualités et à déterminer vos deux plus grandes contraintes. Par ailleurs, c'est à eux que vous remettrez votre plan d'Action. Précisez la fréquence de vos séances de *feed-back* ainsi que leur forme.

Les clés du succès :

- Travaillez avec des personnes en qui vous avez confiance et soyez responsable.

- Dressez la liste de vos points forts et de vos contraintes avec quelqu'un, de manière à vous assurer que vous abordez aussi vos « angles morts » (souvenez-vous de l'analogie du miroir).

- Demandez qu'on vérifie vos progrès avec vous.

- Faites en sorte que la vérification se fasse régulièrement (restez simple, par contre – le courriel est une bonne solution pour les semaines de travail chargées.)

En termes de mise en forme, je sais que certains préféreront un plan d'une page très détaillé, alors que d'autres ne voudront pas une énumération trop précise. Nous avons expérimenté plusieurs variantes et j'ai conclu que tout le monde tire profit de la forme présentée ci-dessous. Voici donc un exemple de plan d'Action :

EXEMPLE DE PLAN D'ACTION

Terry

Objectif :

Me voir d'un œil complètement neuf, en défaisant les schémas de pensée négatifs qui ont été renforcés au fil des années. Je vais cesser de me fustiger, parce que ce n'est pas seulement moi que je blesse : mon comportement affecte aussi mon entourage.

Points forts :

Dévoué	Altruiste	Aime le travail d'équipe	Sensible
Humble	Loyal	Patient	Ordonné
Détendu	Persévérant		

Principales contraintes : *Autruche et Guimauve*

Mon manque d'assurance et ma tendance à « materner » les autres se manifestent dans mes relations, mon équilibre émotionnel et mon rendement au travail. Je veux commencer à éliminer certaines habitudes destructrices, je veux recréer la vision que j'ai de moi-même. Cela m'aidera à ne pas me laisser sombrer émotionnellement et j'éviterai d'être perçu comme une personne hypersensible à la critique.

Applications pratiques : *Je vais…*

Commencer à assumer la responsabilité du langage dénigrant dont je m'accable. Des phrases comme « Je suis le pire

dans... » et « J'ai été tellement stupide » ne sont plus acceptables. Quand j'aurai de telles pensées, je les remplacerai par
des propos plus positifs.

Commencer à lire la liste de mes dix qualités (de mon plan
d'Action) chaque jour. Dans un mois, je pourrai réciter la liste
et j'aurai vraiment intégré chacun de mes points forts.

Cesser de dire « Je suis désolé » quand c'est inutile. Je crée
un malaise et je suis perçu comme quelqu'un qui a besoin
d'attention.

Commencer à m'exprimer davantage, en particulier avec
mon cercle de connaissances. Quand j'entre quelque part, je
vais prendre l'habitude de m'approcher des gens avec assurance, je vais sourire sincèrement, donner une poignée de main
ferme, avoir des contacts visuels soutenus, etc. Je vais m'efforcer d'avoir de la prestance, sans me sentir obligé de travestir
ma vraie nature.

Cesser d'éviter les conflits, parce que ce faisant, je n'exprime pas le fond de ma pensée, je ravale mes émotions jusqu'à
ce que les problèmes prennent des proportions exagérées et je ne
donne pas de feed-back aux autres parce que je ne veux pas
risquer de les blesser. Ce trait de mon caractère fait en sorte
que j'ai de la difficulté à établir des frontières claires face à
mon obligeance ; par conséquent, je vais commencer à dire non
quand c'est approprié.

Plan de responsabilisation : Afin de donner plus de mordant à mon plan, je vais téléphoner à Kate et à Chris chaque
semaine (ou leur envoyer un courriel) pendant les douze pro-
chaines semaines, en leur faisant un compte rendu honnête de
mes progrès. Au moins une fois par mois, je vais leur demander s'ils ont des suggestions pour mon processus de croissance.

Plan d'Action de

Objectif :

Points forts :

1)	6)
2)	7)
3)	8)
4)	9)
5)	10)

Résumé des deux pires contraintes :
1)
2)

Applications pratiques :
1)
2)
3)
4)
5)
6)

Plan de responsabilisation :

16

À chacun ses contraintes :
mon histoire

Tout au long de cet ouvrage, je vous ai invité à une profonde introspection tout en vous révélant quelques aspects de ma vie, ainsi que mes contraintes personnelles. Mais je serais injuste de vous demander d'être totalement ouvert face à vos contraintes sans vous en dire un peu plus sur les miennes.

Les contraintes sont une réalité incontournable pour moi, car j'ai dû en dépasser plusieurs pour devenir l'homme que je suis aujourd'hui. Bien que certaines aient été inscrites sur mon ardoise au départ – par exemple, la dysgraphie et l'acalculie qui m'ont limité en maths –, d'autres m'ont été imposées par mes parents et mon éducation, et plusieurs se sont imposées en cours de route en fonction de mes choix et de mes priorités.

Comme tous les parents aux prises avec des problématiques personnelles non résolues, mon père et ma mère ont fait de leur mieux. Je raconte cette histoire non pour leur causer un quelconque préjudice, mais pour vous faire comprendre l'origine de mes convictions en matière de contraintes personnelles. J'aime mes parents et j'aime ma famille, mais je suis conscient que nous portons tous un « bagage » qui affecte notre entourage. Les problèmes de mes parents ont eu de multiples répercussions sur mes frères et sœurs et sur moi. Avec leur permission, j'aimerais vous faire part de certaines de nos expériences.

Mon père était l'époux d'une autre quand il a eu une aventure avec ma mère. Celle-ci est tombée enceinte de moi. En apprenant que la famille compterait bientôt un petit-fils illégitime, ma grand-mère paternelle (Sudiste raffinée, propriétaire d'un ranch) a piqué une véritable crise de rage. Elle a soutenu qu'il n'y avait qu'une seule chose convenable à faire : mon père devait divorcer de sa femme et épouser ma mère, ce à quoi il a consenti.

Ce n'est pas à proprement parler la meilleure façon de fonder une famille heureuse. Le pire, c'est que j'étais au centre du drame, puisque j'étais la «cause» de tout le bouleversement engendré par cette nouvelle union.

Comme j'étais un enfant, je ne comprenais pas que la colère et le chagrin qui planaient à la maison ne faisaient pas partie d'une éducation normale. Je faisais donc de mon mieux pour ne pas me trouver sur le chemin de mes parents.

DÉCOUVERTE D'UN OBJECTIF

En deuxième année, mes problèmes sous-jacents ont commencé à faire surface. J'ai découvert que je n'arrivais pas à apprendre à lire. Très vite, j'ai pris du retard, perdu mon intérêt pour les études et j'ai commencé à m'attirer des ennuis autant à l'école qu'à la maison.

Au terme de l'année scolaire, ma professeure m'a pris à part et m'a dit que la directrice de l'école souhaitait rencontrer cinq garçons afin de leur offrir une opportunité spéciale. Venue nous rencontrer en classe, la directrice nous a dit : «Chaque année, nous choisissons quelques enfants qui aideront les écoliers de première année à bien commencer leur deuxième année. Les garçons, si vous vous en sentez capables, vous devrez d'abord obtenir la permission de vos parents. Ensuite, nous verrons à choisir ceux qui seront chargés de cette tâche avant le début de la prochaine année scolaire. Mais il faut que vous ayez la permission de le faire. »

J'étais excité à la pensée d'être parmi les quelques candidats qui seraient choisis ; je suis rentré en courant à la maison pour demander à ma mère la permission de participer. Mes parents ont accepté et j'ai été choisi. L'année suivante a été une bonne année pour moi. J'étais toujours en deuxième année et j'avais encore de la difficulté, surtout en arithmétique, mais je m'épanouissais parce qu'on me portait plus d'attention et que j'avais le sentiment d'avoir un but.

Des années plus tard, j'étais à l'université quand ma mère et moi avons parlé de mon passage à l'école élémentaire Anderson. Ma mère m'a confié que j'étais entré à l'école un an plus tôt que les autres enfants, mais que l'initiative avait mal tourné parce que je n'avais pas la même maturité que mes petits camarades de classe. Elle m'a ensuite avoué que j'avais doublé ma deuxième année parce que je ne savais pas lire.

J'étais sidéré. «*Quoi?*»

«Tu ne te rappelles pas avoir doublé ta deuxième année?»

Le choc et l'incrédulité se sont peints sur mon visage. «*Je n'ai pas doublé! J'ai été choisi pour aider mes camarades de première année!*» lui ai-je répondu, me retenant à grand-peine de crier.

Je dois avouer que ce jour-là, ma mère a précipité tout un changement de paradigme. Toutes ces années, j'avais cru qu'on m'avait confié un mandat important et prestigieux à l'école élémentaire, alors qu'en fait, j'avais échoué ma deuxième année.

Bien entendu, ma mère n'avait pas conscience du contraste que créaient ses révélations brutales avec l'effet positif que la présentation de la directrice avait eu sur le jeune garçon impressionnable que j'étais à six ans. En raison de ses peurs et de ses combats personnels, ma mère n'avait jamais été proche de moi et je n'avais pas reçu beaucoup de soutien ou d'encouragement de sa part. J'ai eu de la chance : madame Ruthie Matthews, ma professeure en deuxième année, s'en est chargée. Elle m'a appris à lire, elle m'a encouragé et elle m'a aidé à découvrir – dans un monde où tant de choses m'étaient impossibles – ce que je *pouvais* faire. Déjà à cet âge, je savais que je voulais aider les autres à réussir. Je n'étais peut-être pas l'instrument le mieux affûté du coffre d'outils, mais j'avais appris que j'avais du talent pour aider mon prochain. La directrice et ma professeure ont donné un sens à ma jeune vie quand elles m'ont dit que j'avais été choisi pour aider les écoliers de première année à bien commencer leur deuxième année. Aujourd'hui encore, je suis un «aidant». C'est ce qu'a été ma vie et tout a commencé en deuxième année… quand j'ai doublé.

LA RÉCRÉATION EST TERMINÉE

Pourtant, même avec ce surcroît d'attention, mon apprentissage ne s'est pas révélé plus facile. Je me souviens d'un incident en quatrième année, où je me tenais devant le tableau noir, essayant désespérément de résoudre un long problème de division. Les chiffres n'avaient tout simplement pas de sens. Plus le temps passait et plus je piétinais, jusqu'à ce que finalement, la frustration de ma professeure l'emporte sur sa bonne volonté. Indignée, elle m'a ordonné de rester debout devant le tableau jusqu'à ce que j'arrive à la bonne réponse.

Heureusement, la classe tirait à sa fin, sinon je serais resté devant le tableau noir toute la journée. Je ne savais ni multiplier *ni* diviser. L'acalculie provoque un court-circuit dans la zone du cerveau qui traite les nombres, ce qui fait qu'ils ont tendance à se télescoper dans l'esprit de celui qui souffre de ce désordre. En fait, je vous avoue que j'éprouve *toujours* des difficultés avec les tables de multiplication élémentaires – quoique, si vous me donnez le temps de réfléchir, je dois admettre que je suis passablement habile avec la table de cinq.

Quand j'étais enfant, les diagnostiqueurs ne savaient pas grand-chose des différents modes d'apprentissage, pas plus qu'ils n'étaient versés dans le diagnostic des troubles s'y rapportant. La seule chose que je savais, c'était que j'avais de la difficulté en classe et j'étais certain que la quatrième année serait la dernière que j'arriverais à passer.

Ce n'est pas ce qui s'est produit. Par contre, c'était la première des trois dernières années où je profiterais de la relâche estivale. Dès la septième, j'ai fréquenté l'école toute l'année, juste pour arriver à répondre aux exigences scolaires et obtenir mon diplôme.

Les mathématiques sont restées un mystère pour moi. J'ai échoué le cours d'algèbre autant de fois qu'il était possible de le suivre ; je me sentais chaque fois de plus en plus minable. La plupart de mes amis réussissaient bien à l'école, alors que même en y passant l'année, j'étais *toujours* à la traîne. Je me sentais comme l'idiot du village.

Durant ma quatrième année à l'école, les querelles entre mes parents sont devenues plus fréquentes. J'avais toujours voulu être proche de mon père ; de bien des manières, j'avais le sentiment que c'était le cas. J'adorais le plein air et si on me l'avait permis, j'aurais vécu dans les bois. Je chassais, je pêchais, je m'occupais du bétail avec mon grand-père et je passais le plus de temps possible avec mes grands-parents que j'adorais.

Cependant, je ne vivais pas dans un foyer heureux. J'avais peur de ma mère qui me frappait souvent et criait beaucoup quand j'étais dans les parages.

Un jour, une goutte a fait déborder le vase. Je ne me souviens pas des détails, mais mon frère Jim et moi avons fait quelque chose qui devait être *très mal*. En rentrant à la maison, mon père a commencé à crier contre ma mère ; la dispute s'envenimant, le ton a monté et bientôt, Jim et moi en sommes devenus le sujet. Nous avons été traînés dans le hall, les portes des chambres à coucher ont été refermées, papa a défait sa ceinture et s'est mis à me frapper. De deux ans mon cadet, Jim cherchait en sanglotant un endroit où se cacher pour fuir la scène. Il était terrifié.

Puis son tour est arrivé. J'ai dû dire quelque chose, parce que papa a fait volte-face et s'est mis à me frapper encore. C'était la première fois que j'étais battu jusqu'à l'inconscience. Ce ne serait pas la dernière. Une minute, je gisais sur le sol, les yeux sur les souliers de mon père debout à côté de moi ; la minute d'après, je me suis réveillé dans mon lit.

Cette nuit-là, j'ai pleuré comme je n'avais jamais pleuré avant. Ma vie venait de changer parce que l'image que j'avais de mon père avait changé. J'ai cessé de vouloir me rapprocher de lui ou de le considérer comme un ami. C'était quelqu'un qui pouvait me faire du mal s'il le voulait : j'avais peur de lui.

LES MEURTRISSURES DU CŒUR

Notre famille était aimée et respectée dans la communauté. Mes parents étaient actifs dans l'Église et les groupes communautaires, et ils participaient aux événements scolaires, ce qui ne manquait pas de créer de la confusion en moi. Je me disais que si ce n'était pas *eux*, le problème, ce devait être *moi*. Après un certain temps, j'ai commencé à croire que j'étais probablement responsable de ces explosions régulières et que je devais juste apprendre à mieux me conduire.

Une fois en sixième année, j'ai obtenu quelques privilèges de plus. Je pouvais me rendre en vélo à la piscine et au golf. Un jour, je rentrais à la maison après avoir passé la journée à m'amuser, quand ma mère m'a giflé et s'est mise à me crier après à la seconde où j'ai mis le pied à l'intérieur. Je n'avais absolument aucune idée de la raison de sa colère, ni de ce que j'avais fait pour la provoquer. J'étais rentré tôt et je n'avais pas été là où je n'avais pas la permission d'aller. Elle m'a crié : « Attends que ton père revienne, *tu vas recevoir la raclée de ta vie !* » J'ai senti la confusion et la panique me submerger.

Et mon père est rentré à la maison.

Nous recevions généralement nos fessées dans le hall, c'est donc là que je me suis rendu. Je me souviens de cette raclée plus clairement que de toutes les autres, parce que j'ignorais pourquoi je devais être battu. Après ma correction, ma mère m'a lancé un regard furieux et m'a ordonné de ne plus jamais les embarrasser de cette manière. Je ne savais toujours pas ce que j'avais fait.

« Tu *savais* que quelqu'un ferait un commentaire sur les marques dans ton dos, n'est-ce pas ? » m'a-t-elle accusé. « Quelles marques ? » ai-je pensé. Je n'avais aucune idée de ce qu'elle voulait dire jusqu'à ce que j'aille dans ma chambre et que je me regarde dans le miroir. Il y avait bel et bien des marques : des ecchymoses datant de la correction que j'avais reçue une semaine plus tôt. Apparemment, une femme les avait vues quand j'étais à la piscine ; préoccupée, elle avait téléphoné à ma mère pour lui demander si elle avait besoin d'aide. Par la suite, je ne suis jamais retourné à la piscine sans vérifier l'état de mon dos.

J'ai grandi en détestant rester à la maison ; je passais tous mes temps libres chez mes amis, dont les parents me traitaient comme si je faisais partie de la famille. Je n'ai jamais confié à quiconque ce qui se passait chez moi, bien qu'un après-midi, j'aie failli le dire à mes amis, Joe et Jim, venus me chercher à la maison après une matinée particulièrement houleuse. Je me suis allongé sur le siège arrière de leur voiture et j'ai pleuré. Étant des gars, ils ne m'ont pas posé de questions et je n'ai rien dit. J'étais content qu'ils soient là pour moi, mais nous n'avons pas parlé de nos sentiments. Il ne nous serait jamais venu à l'idée que c'était peut-être la chose à faire.

Personne n'aurait pu deviner que tout n'était pas rose dans ma famille. De toute façon, je n'aurais pas su par où commencer pour essayer de partager une partie de ma souffrance. *Et si on me croyait ?* Qu'arriverait-il ? Serais-je contraint d'aller vivre chez des inconnus et de rompre tout contact avec mes grands-parents ? J'ai grandi en détestant cet aspect de ma vie et quand je regarde en arrière, je n'y vois qu'une tristesse sans nom.

J'appris à dissimuler mes véritables sentiments et je devins habile à faire bonne figure, indépendamment de ce qui se produisait autour de moi. Je voulais désespérément qu'on m'aime.

À EXPÉRIENCES SEMBLABLES, CONTRAINTES DIFFÉRENTES

Durant cette période, deux croyances fondamentales s'imposèrent à mon cœur et à mon esprit. Tout d'abord, j'étais intimement convaincu que *personne ne m'aimerait jamais vraiment* ; ensuite, j'étais persuadé que *je n'étais pas aimable* et cette deuxième croyance, encore plus nocive que la première, expliquait pourquoi personne ne pourrait jamais m'aimer. Pour une raison qui m'échappait, quelque chose clochait en moi et rendait les autres incapables de m'aimer. Cette pensée déchirante a continué de me hanter bien après que j'eus atteint l'âge adulte.

Hélas, beaucoup d'enfants intègrent au plus profond de leur être cette croyance qu'ils n'ont pas droit à l'amour et elle s'avère incroyablement difficile à surmonter. Le pire, c'est qu'elle est à l'origine de plusieurs contraintes. Elle peut aisément se transformer en colère et en agressivité dévorante – colère contre les personnes qui sont supposées vous soutenir mais manquent à leur devoir, et agressivité contre quiconque vous laisse tomber parce qu'ils touchent à des blessures infligées par vos parents et les autres figures d'autorité « fiables ».

Chez d'autres, la croyance se manifeste par des problèmes d'identité et de l'anxiété de performance. Dans mon cas, la performance était une contrainte importante. J'essayais de plaire en faisant plus, en performant mieux ; une fois adulte, j'ai donc répondu aux besoins de tout le monde plutôt que d'agir comme il se devait pour ma famille et moi. Cette croyance de base mène parfois au perfectionnisme, à la surcompensation et même à la procrastination, toutes caractéristiques fondées sur le besoin d'être irréprochable et d'obtenir l'approbation d'autrui. En raison de mes troubles d'apprentissage et de mes autres faiblesses, j'étais déterminé à exceller chez les scouts, au baseball et dans d'autres sports. Selon toute apparence, je réussissais bien, mais la surcompensation motivait en grande partie mes activités, résultat de mon sentiment d'inadéquation à l'école. Et pourtant, je n'avais pas le sentiment de beaucoup progresser. Au contraire, j'avais l'impression qu'il fallait constamment que je me rattrape juste pour être à la hauteur.

Le sentiment de ne pas avoir droit à l'amour entraîne aussi une autre contrainte : l'individu devient excessivement maternant dans l'espoir de recevoir la réciproque. C'est un grave problème pour beaucoup de femmes, généreuses par nature, qui cherchent désespérément à recevoir en retour une affection aussi profonde que celle qu'elles donnent. Beaucoup de ces jeunes femmes ont tendance à se lier à des individus qui ont d'une certaine façon besoin d'être « secourus ». Comme ces jeunes femmes sont aux prises avec un *déséquilibre émotionnel*, ce type de relation les aide à se sentir utiles et – par suite logique – aimées. Malheureusement, les *donneurs* attirant en général des *preneurs*, l'individu excessivement maternant reste avec le sentiment qu'on l'a exploité et utilisé. Une fois qu'il reconnaît sa responsabilité dans la création de cette dynamique malsaine, il devient capable d'en détecter les signes avant-coureurs avant d'en subir le contrecoup.

J'avais appris à performer et à donner sans compter. J'ai vécu une période douloureuse de transition et de croissance où j'ai dû apprendre à aimer ce que je faisais pour la satisfaction que j'en retirais, plutôt que pour obtenir l'approbation d'autrui. C'était aussi un véritable défi d'arriver à aimer inconditionnellement, sans être victime de mes «exigences» inconscientes de réciprocité.

LA GUÉRISON EST UN CHOIX

Peu de temps après avoir décidé d'écrire ce livre, j'ai voulu savoir si le souvenir que je conservais de mon enfance et ma perception des événements étaient justes. J'ai téléphoné à mon frère Jim qui a accepté de venir me rendre visite. Assis près du lac, derrière la maison, nous avons comparé nos souvenirs d'enfance, y compris certains des plus douloureux. J'ai demandé à Jim pourquoi notre père ne l'avait jamais battu autant qu'il m'avait battu, moi.

Le regard rivé au sol, Jim a répondu : «C'est facile. C'est ta faute si papa te corrigeait comme il le faisait. Tu avais peur de lui, pas moi.»

Il m'a regardé droit dans les yeux avant d'ajouter : «Je lui ai dit que je le tuerais s'il me frappait encore.»

Mon frère est un homme bon, mais il a été blessé aussi profondément que moi par nos parents. Cependant, il s'est forgé des contraintes différentes des miennes. Ses problèmes n'étaient pas du côté de la performance et de la générosité, mais de la colère et de l'agressivité. Il a appris à rester sur la défensive. Jim est aujourd'hui un homme d'affaires prospère, mais comme moi – et comme bien d'autres –, il a dû travailler fort pour dépasser certains de ses traumatismes d'enfance. C'était bon d'être assis là avec lui, de parler de notre enfance et de prendre conscience de la manière dont nous avions réussi, chacun à sa façon, à gérer la situation.

Plusieurs années plus tard, quand je suis devenu adulte, je rendais visite à mes parents une fois par année. Maintenant divorcés, ils vivaient seuls tous les deux. Une année, je suis d'abord allé voir mon père. J'avais décidé qu'en sortant de la voiture, je ne lui donnerais pas la poignée de main qu'il insistait toujours pour

échanger, mais que je le prendrais dans mes bras et que je le ser-
rerais fort. Ma famille s'extirpait encore de la voiture derrière moi,
quand papa s'est avancé vers moi, la main tendue. Je l'ai enlacé.
Après ce qui m'a semblé une éternité, j'ai relâché mon étreinte,
je l'ai regardé et je lui ai dit que je l'aimais. Puis, je l'ai repris dans
mes bras.

Il était resté là, la main tendue ; quand je l'ai repris dans mes
bras, il a laissé tomber sa tête sur mon épaule et s'est mis à pleurer.

Nous sommes restés très tard tous les deux dans la salle de
séjour. Je lui ai avoué à quel point j'avais été blessé et combien
j'aurais voulu qu'il m'aime. J'ai tourné la tête pour le regarder.
Assis à côté de moi, il avait la tête basse et ses larmes tombaient
silencieusement sur le sol.

Cette nuit-là, je lui ai pardonné. Nous avons pleuré et nous
avons été guéris. Quelques années plus tard, tandis qu'il se mou-
rait d'un cancer, j'ai tenu mon père dans mes bras comme un
enfant, allongé près de lui dans son lit à la maison. J'étais profondément reconnaissant d'avoir eu l'opportunité de lui pardonner et
de dépasser les blessures de mon enfance.

Au cours de la même période, j'ai reçu un coup de fil de ma
mère. Elle m'a demandé de venir lui rendre visite à Houston avec
Susan, mon épouse. Ma mère vivait à moins de deux heures de
route de chez moi, mais je ne la voyais qu'une fois par année. À
Houston, nous l'avons invitée à dîner dans un bon restaurant. Le
serveur est venu prendre nos commandes et quand il s'est éclipsé,
ma mère, assise en face de moi, m'a regardé avec de grosses larmes
sur le visage.

À voix basse, elle m'a dit : « Je veux t'expliquer pourquoi nous
ne t'avons jamais aimé. »

Comme c'est une femme formidable, Susan s'est mise à me
tapoter le genou sous la table. J'ai répondu : « Je sais pourquoi,
maman. Ce n'est pas nécessaire que tu en parles. »

Mais ma mère avait besoin de se vider le cœur de son fardeau.
Elle s'est mise en devoir de me raconter comment elle était tombée enceinte et comment, à cause de cela, papa et elle avaient retourné contre moi une grande partie de leur frustration et de leur

colère. C'était la raison pour laquelle elle avait agi comme elle l'avait fait quand j'étais enfant. J'avais le cœur brisé de l'entendre raconter l'histoire qu'elle avait gardée secrète toute sa vie. Le poids de sa honte était immense et pourtant, le fait de partager sa souffrance a été une délivrance pour ma mère. J'ai pris sa main et je lui ai dit : « Tout ça, c'est terminé, maman. Nous avons l'avenir devant nous. » Et nous avons eu cinq années de plus, jusqu'à ce qu'elle meure à son tour.

Voilà ce que sont les contraintes personnelles. Elles sont personnelles et elles vous contraignent de multiples façons. Certaines sont innées, d'autres proviennent des expériences de l'enfance. Dans d'autres cas, on les ramasse – comme de dangereux auto-stoppeurs – en cheminant sur les routes imprévisibles de la vie. Mais peu importe d'où elles viennent, les contraintes personnelles ont toutes un point en commun : à moins de les identifier et de s'en libérer, elles feront obstacle à nos plans les plus formidables, à nos aspirations les plus hautes et à nos espoirs les plus fous.

17

Combinaisons de
contraintes personnelles

Le mariage est apparemment le partenariat ultime.

On se marie afin de vivre le reste de son existence avec la même personne. En contractant cette alliance, on devient aussi partenaires d'affaires. On a l'opportunité d'élever des enfants ensemble, de prendre des décisions ensemble, d'acheter et de vendre ensemble, d'investir, d'économiser, de planifier et de tout partager – ensemble.

Mais il y a plus. Le mariage est également la combinaison ultime des contraintes personnelles de deux personnes. Quand j'ai épousé Susan, j'ai épousé ses contraintes personnelles – et ce qui est pire, elle a épousé les miennes.

Mes contraintes ont épousé ses contraintes.

Laissez-moi vous dire que cette combinaison a intérêt à fonctionner! Si nous manquons tous deux de maîtrise de soi, nous serons dans le pétrin. Si je suis passionné et dynamique et qu'elle est tout le contraire, des conflits naîtront probablement de mon désir de m'accomplir davantage et de son besoin de se satisfaire de mon retour du travail, chaque jour à 17 heures.

Heureusement (ou peut-être parce que nous savions tous deux ce que nous voulions), Susan et moi sommes les meilleurs partenaires du monde. Nos contraintes personnelles forment une synergie. Ainsi, ses grandes capacités d'organisation font merveille pour notre couple et équilibrent ma tendance à la désorganisation.

Je possède un profil beaucoup plus entrepreneurial qu'elle ; je suis plus enclin à courir des risques, ce qui me permet de bouger plus vite et de penser plus globalement. Susan a une meilleure maîtrise de soi ; elle réfléchit davantage et a besoin de plus de données pour prendre une décision. Ces caractéristiques comportementales fonctionnent bien dans notre cas pour deux raisons. D'abord, nos points forts et nos contraintes personnelles forment un bon équilibre ; ensuite, nous reconnaissons la valeur des qualités de l'autre et nous avons le désir de nous écouter et d'apprendre l'un de l'autre. Pouvez-vous imaginer ce que serait notre vie si nous étions tous deux très dominateurs, avec un besoin de contrôle absolu ?

Le principe s'applique aussi à la combinaison des contraintes dans une même personnalité. Certaines fonctionnent bien, d'autres s'avèrent désastreuses. La différence entre les « gagnants » et les « perdants » s'explique souvent par les différentes combinaisons de contraintes.

Ainsi, qu'est-ce qui se passe si vous êtes très agressif, mais que vous possédez une capacité de socialisation formidable ? Vous aurez l'esprit très compétitif, mais vous ferez merveille avec les gens. C'est une bonne combinaison. Vous aurez le potentiel pour devenir un vendeur extraordinaire, un entraîneur sensationnel ou un athlète de niveau international. Cette combinaison donnera aussi un employé précieux, compétitif et désireux de réussir dans tout ce qu'il entreprend. Comme il a aussi les aptitudes sociales indispensables à la réussite, il aura le potentiel de réussir dans plusieurs domaines.

Qu'arrive-t-il quand on efface une qualité de ce type de personnalité ? À quoi s'attendre si on sépare le facteur d'empathie de ce remarquable entregent ? On se retrouve avec un homme comme Ivan Boesky, spéculateur de Wall Street qui a escroqué des centaines de personnes âgées – principalement des femmes – en leur dérobant toutes leurs économies, le sourire aux lèvres. Son entregent mettait les gens à l'aise, mais sa férocité et sa froideur l'ont incité à atteindre ses buts au détriment d'autrui.

Nos contraintes personnelles se manifestent toujours dans les cadres où nous évoluons. Quand les combinaisons de contraintes se situent dans la zone des contraintes destructrices, on est alors en présence de comportements profondément dommageables.

Laissez-moi aborder une problématique qui illustre bien à quel point les contraintes d'une personne sont manifestes : le manque de *self-control*. Chris White, coauteur de cet ouvrage et directeur de notre groupe d'évaluation et d'accompagnement, aime à dire que l'absence de maîtrise de soi agit comme un amplificateur.

Prenons un individu très agressif qui manque de *self-control* : cette faiblesse agit comme amplificateur, car c'est le facteur qui facilite l'explosion de son agressivité. Ses passages à l'acte permettent l'expression de son agressivité et deviennent un problème. Dans les faits, le manque de *self-control* amplifie les tendances agressives. Ce n'est pas une très bonne combinaison.

D'un autre côté, beaucoup agressivité et une bonne maîtrise de soi donnent des résultats tout à fait différents. Le *self-control* sert de masque et dissimule l'agressivité de façon qu'elle soit difficilement perceptible pour l'entourage.

En réfléchissant aux combinaisons de contraintes, ne perdons donc pas de vue l'effet d'amplification. Voici par ailleurs certaines combinaisons particulièrement destructrices.

VOLCAN/IMPULSIF

Voici les comportements auxquels on aura droit : colère, impatience, cris, critiques, sarcasme, injures et autres gestes ouvertement agressifs, départs précipités et portes qui claquent. C'est le profil de Mike Tyson, communément rencontré dans le monde du sport et de quelques autres domaines. Aujourd'hui, Mike se prête à l'occasion à des combats hors-concours à Las Vegas. Lors d'un entraînement, on lui a récemment demandé s'il combattrait encore comme professionnel. Sa réponse nous en apprend plus sur ce qui l'agite intérieurement que tout ce qui a été écrit sur lui à ce jour. Il a dit : « Pour remonter dans le ring et combattre comme professionnel, il faut que je devienne cet autre type. Je n'aime pas ce gars-là et je ne veux plus jamais redevenir comme lui. » Commentaire d'une rare perspicacité et probablement la décision la plus curative qu'il pourra jamais prendre. Je lui souhaite de continuer à guérir un peu plus chaque jour.

Recommandation

Si vous vous reconnaissez dans cette description, vous allez devoir apprendre à faire quelque chose que vous auriez dû apprendre à l'école primaire. Taisez-vous !!! Dans votre cas, ne pas ouvrir la bouche est une bonne chose. Pendant que vous apprenez à vous taire, vous pourrez aussi envisager de laisser savoir aux personnes avec qui vous entrez le plus souvent en conflit (conjoint et autres) que vous avez besoin de prendre un temps d'arrêt, en précisant que vous tenez à maîtriser vos émotions de manière à reprendre la discussion avec une attitude plus appropriée. Expliquez à votre interlocuteur que c'est une contrainte que vous vous efforcez de surmonter : de cette façon, il ne se retrouvera pas en plan et saura qu'il n'est pas à l'origine du problème, que c'est votre colère et votre difficulté à vous maîtriser qui en sont la cause.

Je sais que sur certains points, mes propos vous paraîtront sévères, mais ils conviennent aux personnes coriaces comme vous, dotées d'une volonté de fer. Vous savez ce qui doit être fait et vous avez la capacité de le faire. Il vous faut simplement un plan. Apprenez à vous retirer d'un conflit en faisant une pause ; allez marcher quelques instants, asseyez-vous dehors une minute, calmez-vous et réfléchissez à cette question : « Quel est mon objectif ? » Si votre objectif consiste à blesser votre interlocuteur verbalement ou physiquement, reconnaissez-le et pesez soigneusement ce que vous dites. Est-ce vraiment ce que vous voulez ? Ne voulez-vous pas plutôt que votre interlocuteur vous écoute et fasse ce que vous lui demandez ? Vous devez réfléchir avant de parler. Si vous voulez qu'on vous aime et qu'on vous écoute, vous devez être quelqu'un qu'on souhaite aimer et écouter. Votre brutalité et vos colères volcaniques ne vous gagneront jamais l'amour et le respect d'autrui. Elles ne vous vaudront que le rejet, encore et encore. Par conséquent, changez. Dès aujourd'hui. Allez faire quelques pas, calmez-vous et ne lésinez pas sur les excuses. Ça marche et par ailleurs, vous ne vous en porterez que mieux.

GUIMAUVE/AUTRUCHE

Je retrouve cette combinaison chez beaucoup de gens bien. En général, ce sont des personnes aimantes et dévouées qui s'occupent constamment des besoins d'autrui. Cependant, leur manque de confiance en soi incite souvent les autres à profiter d'elles parce qu'elles ne sont pas conscientes de leur valeur. Frances, une de nos employées, est le genre de « mère nourricière » qui a vécu avec ce problème pendant des années. Nous avons vu son employeur précédent profiter de sa combinaison de contraintes de façon répétée. Bien que le rendement supérieur de Frances ne se soit jamais démenti, on ne lui a jamais offert d'augmentation salariale en douze ans. C'est pourquoi nous avons été enchantés de l'accueillir quand elle est venue nous rencontrer pour nous offrir ses services : nous lui avons rapidement offert un emploi. Frances est une femme incroyable, mais il ne fallait pas que nous soyons les seuls à la reconnaître et à l'apprécier : elle devait se reconnaître et s'apprécier aussi. Elle a appris à le faire et c'est aujourd'hui une nouvelle femme.

Cette combinaison se retrouve fréquemment dans la dynamique familiale. Souvent, la mère se charge de tout sans l'aide du reste de la famille ; elle ne demande pas d'aide parce qu'elle croit vraiment qu'elle doit s'occuper de tout. C'est son travail de rendre tout le monde heureux. Dans ce cas, la « mère nourricière » a besoin de créer un meilleur équilibre dans sa vie et d'acquérir plus de confiance en soi ; elle pourra prendre mieux soin d'elle-même par la même occasion.

Recommandation

La confiance en soi est un concept fascinant. Pour acquérir davantage d'assurance, vous devez d'abord savoir que l'image que vous vous faites de vous-même ne trace pas un portrait complet de votre personnalité. Vous remarquerez que lorsque vous perdez confiance en vous, vous avez tendance à vous concentrer sur les aspects négatifs de votre vie au détriment des aspects positifs. En lisant ces lignes, vous vous direz probablement : « S'il y avait des aspects positifs, j'y aurais pensé. » Ce n'est pas la stricte vérité. Il y a bien des chances pour que vous ayez perdu de vue les aspects positifs de votre vie puisque votre vision est obscurcie par la négativité qui persiste à envahir votre esprit. Dressez la liste de ce que vous réussissez le mieux. Décrivez vos talents sur un bout de papier et affichez-les bien à la vue – sur votre bureau ou sur le miroir. Quel est cet aspect unique où vous excellez ? Êtes-vous une amie sincère et loyale ? Au travail, excellez-vous dans une tâche en particulier ? Peut-être êtes-vous une mère, un père, un époux ou une épouse formidable ; peut-être avez-vous un contact particulier avec les animaux ?

On peut voir grandir la confiance en soi chez un enfant. En constatant qu'il arrive à faire quelque chose, il prend de l'assurance. Observez le garçon qui lance une pierre plus loin que la précédente et voyez comment il prend de la prestance. C'est la même chose pour les filles. Et devinez quoi ? C'est la même chose pour les adultes. Quand nous constatons que nous réussissons quelque chose, nous prenons de l'assurance. Ne laissez pas les aspects négatifs de votre vie vous tourmenter au point d'être incapable de voir les dons que vous possédez.

BULLDOZER/VOLCAN

C'est une combinaison difficile, presque toujours explosive. Ce genre d'individu a tendance à écraser et à malmener son entourage. Si ses tendances sont marquées, dominer l'autre ne lui suffira pas : il lui faudra aussi le détruire au passage.

Cependant, si le facteur d'amplification de l'impulsivité se greffe à une forte agressivité et à une grande soif de domination, on obtient une combinaison encore plus reconnaissable : le despote. Bien que le despote réussisse en affaires, il a généralement des problèmes dans ses relations intimes. Les aspects négatifs de son comportement se manifestent aussi dans sa vie professionnelle, ce qui se traduit généralement par une importante rotation de personnel. Les individus aux prises avec les extrêmes de cette combinaison sont faciles à reconnaître : ils ont tendance à se regrouper avec leurs semblables – en prison. Plus jeunes, ils auraient été considérés comme des brutes. S'ils ne s'attaquent pas à leurs comportements, le pronostic quant à leurs chances de succès est très faible.

Recommandation

Les Bulldozers et les Volcans sont des êtres curieux. Ils explosent pour un rien et reviennent rarement sur leur position. Si vous vous retrouvez dans cette combinaison, voici quelques réflexions qui pourront vous être utiles. Vous devez d'abord comprendre que cette combinaison fait partie de votre personnalité depuis longtemps. Elle n'est pas née d'hier et ce ne sont pas les autres qui vous ont rendu ainsi. C'est un problème et c'est votre problème. Alors, occupons-nous-en.

Premièrement, cessez de faire pression sur votre entourage. Laissez les autres s'exprimer; ils ont aussi voix au chapitre. Vous n'avez pas toujours raison, même si vous pensez le contraire. Si vous tenez absolument à maîtriser quelque chose, apprenez à maîtriser l'art de traiter autrui correctement, plutôt que d'imposer votre opinion en faisant jouer votre autorité. Donnons-nous un objectif : vous allez vous efforcer de devenir une « autorité » en matière de considération et de prévenance. Vous n'êtes pas très doué sur le plan de l'écoute; il vous faudra donc déployer plus d'efforts dans ce domaine.

Maintenant, réfléchissons à ce qui se produit quand votre côté volcanique prend le dessus. À l'avenir, il vous faudra penser à vous retirer d'un échange qui s'envenime et laisser savoir à votre interlocuteur que vous reprendrez la discussion dans un moment. Dans le cadre d'une réunion d'affaires, il vous faudra penser à vous adosser à votre fauteuil et à vous taire. J'ai un très bon ami qui s'est mis à agir de cette façon durant les réunions de son équipe de direction. Son équipe comptait un membre qui avait l'habitude d'exprimer sa façon de penser sans détour; bien qu'il ait dû faire des efforts, mon ami a appris à se détendre et à s'adosser à son fauteuil, plutôt que de se pencher vers son interlocuteur, l'air impitoyable. Il serait bon que vous compreniez que vous perdez votre influence quand vous persistez à « sauter au visage » des gens durant les réunions. Si vous voulez exercer de l'influence, apprenez d'abord à vous dominer.

Enfin, s'il vous arrive d'exploser, faites des excuses à la personne ou à l'équipe avec qui vous étiez au moment de votre éclat. En faisant des excuses, ne vous contentez pas de dire que vous êtes « désolé » : demandez pardon. Exprimez-vous de façon à donner à vos interlocuteurs une chance de répondre. Cette attitude vous aidera à comprendre que vous ne voulez pas continuer à agir comme vous le faites.

BLINDÉ/TORTUE

Voici une combinaison fort intéressante. J'étais récemment invité à prononcer une conférence lors d'un colloque qui réunissait des milliers de participants. On avait demandé à une jeune fille de dix-sept ans de chanter lors de la cérémonie d'ouverture. J'ai rarement vu quelqu'un d'aussi doué à cet âge. Je n'étais pas surpris qu'on l'ait invitée à chanter pour l'occasion et je savais que les participants au colloque seraient ravis. Mais quand j'ai vu la jeune fille répéter sur scène, j'ai été terriblement déçu. Elle était jolie, sa voix était splendide, mais elle ne bougeait pas. Elle restait immobile comme une pierre. Elle restait au même endroit, elle ne faisait aucun geste, aucun sourire. Elle n'a pas ouvert les yeux de toute la répétition. La contradiction était flagrante : je regardais quelqu'un qui avait l'air mort chanter de la voix la plus vivante qu'il m'ait été donné d'entendre.

C'est alors que la situation s'est corsée. Le chaperon de la jeune fille s'est approché de moi : « Nous aimerions que vous preniez quelques minutes pour lui parler et lui suggérer comment elle pourrait améliorer sa prestation. Elle ne nous écoute pas. Nous espérons qu'elle vous écoutera, vous. »

Seigneur !... La jeune fille est descendue de scène et s'est assise près de moi : « J'adore cette chanson. Je pense qu'elle fera toute la différence demain, n'êtes-vous pas de cet avis ? »

Elle me tendait la perche dont j'avais besoin. J'ai répondu : « C'était formidable. La chanson convient très bien et vous avez la voix qu'il faut pour l'interpréter. Est-ce que je pourrais vous offrir quelques suggestions pour votre première prestation devant une foule aussi nombreuse ? »

Elle m'a regardé avant de répondre : « Oui, bien sûr. »

Je lui ai suggéré d'ouvrir les yeux et d'établir un contact visuel avec son public. J'ai ajouté que sa présence sur scène serait plus imposante si elle se déplaçait en chantant. Je lui ai aussi suggéré de se servir de ses mains pour bien faire ressortir le message qu'elle tentait de communiquer. N'oubliez pas qu'elle n'avait que dix-sept ans et qu'elle n'avait jamais chanté devant une foule aussi nombreuse. Il aurait été compréhensible qu'elle se sente un peu dépassée ou effrayée par les dimensions de l'auditorium. Ce n'était pas le cas. Elle avait très confiance en elle et sa mentalité de Tortue fonctionnait à plein régime. Elle m'a regardé avec un sourire parfaitement sincère avant de me répondre : « Ma voix suffira à emporter la foule. Elle est excellente et c'est pourquoi je suis ici – pour chanter. Je ne suis pas une artiste de variétés. Je suis une chanteuse. Ma voix est belle et je suis désolée que vous soyez incapable de l'apprécier à sa juste valeur. » Holà ! J'avais l'impression d'avoir touché à un serpent à sonnettes. J'ai gentiment réitéré que sa prestation serait encore plus prenante si elle se servait de ses mains en chantant et si elle établissait un lien avec son public. « J'ai toujours chanté de cette manière. Je ne serais pas ici si je n'étais pas bonne, n'est-ce pas ? » Ni agressive, ni hostile, elle avait simplement très confiance en elle. Son agent m'a confié plus tard qu'ils avaient le même problème à se faire entendre d'elle et qu'ils avaient espéré qu'elle m'écouterait.

Comme la soirée s'était terminée tard, le lendemain est venu très vite. L'ouverture du colloque était assurée par un jeune homme talentueux qui a réussi à susciter la participation du public. Il a invité les gens à chanter avec lui et spontanément, l'assistance s'est levée pour participer avec joie. Quelle entrée en matière formidable pour un événement sur l'éducation ! Les choses allaient bon train. Les présentations se sont succédées puis, la jeune fille est montée sur scène et s'est mise à chanter. La dynamique du moment s'est dissipée sur-le-champ. Parmi les participants, une centaine environ ont décidé que c'était l'occasion rêvée de faire une pause. La jeune fille avait une voix superbe, mais comme elle n'était pas « présente » et qu'elle ne faisait aucun effort pour intéresser son public, elle n'a pas réussi à établir le contact. Sans ce contact, les participants n'avaient aucune raison de rester.

J'ai imaginé qu'elle serait blessée de leur réaction, mais il n'en était rien. Après sa prestation et l'accueil plutôt tiède de la foule, la jeune fille m'a dit que le programme avait été mal pensé et que l'ensemble des participants aurait dû faire une pause quarante-cinq minutes après le début de l'événement. C'était son point de vue et pourtant, du haut de ses dix-sept ans, elle n'avait jamais assisté à un colloque professionnel et n'avait donc rien pour fonder ses observations, sinon que le public n'avait pas répondu à sa prestation comme il aurait dû. Le problème n'avait rien à voir avec la programmation : il venait plutôt de sa réticence à changer, renforcée par sa suffisance.

Recommandation

Afin de s'améliorer, il faudrait que notre jeune chanteuse accepte les *feed-backs* honnêtes et qu'elle les *entende*. Or, voilà où le bât blesse. Car avec cette mentalité de Blindé, il y a peu de chances qu'elle y arrive aisément. Il faudra probablement que quelques événements douloureux la bousculent avant qu'elle accepte d'entendre ce qu'on a à lui dire. Je sais que si son agent me demande de la recommander à d'autres, je déclinerai l'offre poliment. Mais ce ne sera pas suffisant. Il faudra un événement qui la déstabilise vraiment, encore une fois en raison de son assurance à toute épreuve. Une fois qu'elle aura été « bousculée », elle sera plus ouverte aux commentaires. C'est l'une de ces combinaisons qui nuisent tellement à la croissance de l'individu qu'il est presque impossible de se faire comprendre en discutant. Néanmoins, les événements ont le don de remettre les gens en contact avec la réalité au moment opportun, mais en général, le processus ne va pas sans douleur.

Nous sommes des créatures complexes et nous ne pouvons pas simplifier à l'extrême les facteurs qui contribuent à forger notre personnalité. Mais selon moi, le plus grand espoir ne repose pas dans « ce que nous sommes », mais dans « ce que nous pouvons devenir ».

CRITIQUE/INDOLENT

Étudions maintenant une autre combinaison curieuse. Le type Critique n'est jamais satisfait de quoi que ce soit. Il se plaint constamment et dans un groupe, c'est celui qui s'oppose systématiquement à tout. Il est dur envers son entourage et assez déplaisant à côtoyer ; en fait, les enfants l'évitent et les adultes « oublient » souvent de l'inviter à se joindre aux mondanités et aux fêtes où « le plaisir » sera au rendez-vous.

Le type Indolent, pour sa part, manque singulièrement de dynamisme – en fait, on doit prendre son pouls périodiquement pour s'assurer qu'il est toujours vivant et fonctionnel ! Il ne s'investit pas et il ne fait certainement pas bouger les choses : le simple fait d'*observer* les événements suffit à l'épuiser. Pouvez-vous imaginer le résultat de cette combinaison Critique/Indolent ? Ce n'est pas très difficile, deux mots suffisent : Archie Bunker.

Il y a quelques années, j'étais en voyage avec un ami. Nous avions prévu de rendre visite à une de ses connaissances durant la fin de semaine. Quand nous sommes arrivés chez cet individu, il était en colère contre un de ses enfants et lui criait après. Je me sentais mal à l'aise à l'idée de descendre de la voiture et d'arriver au beau milieu de la scène. Pas notre hôte. Il avait l'air tout à fait à l'aise d'injurier son fils devant la maison. Il ne s'est pas arrêté pour nous parler, nous envoyer la main, accueillir son ami ou faire connaissance avec moi alors qu'il me voyait pour la première fois. Il s'est simplement dirigé vers la cour arrière. « Formidable, ai-je songé, quelle belle fin de semaine en perspective ! »

Quand nous sommes entrés dans la maison, sa conjointe n'aurait pu se montrer plus aimable. Elle nous a accueillis chaleureusement, un grand sourire aux lèvres. Une activité intense régnait dans la cuisine où elle s'affairait à préparer un succulent festin pour dîner. Quel contraste! C'est alors que le Critique est entré. Ses premiers mots ont été : « À quelle heure le dîner? » Finalement, il s'est approché, a échangé quelques paroles avec son ami et s'est présenté. J'espérais secrètement qu'il nous dirait qu'il avait oublié de nous informer qu'il avait déjà des plans pour la fin de semaine et qu'il devait partir sur-le-champ.

Les quarante-huit heures qui ont suivi étaient à la hauteur de l'avant-goût auquel nous avions eu droit. Le Critique rendait tout le monde malheureux. Nous sommes allés pêcher sur un lac splendide par une journée radieuse : il s'est plaint. Nous avons capturé quelques prises : elles n'étaient « pas aussi bonnes que la dernière fois ». Sa conjointe était une excellente cuisinière et nous avons bien mangé, « mais sa tarte aux pacanes n'était pas aussi bonne que la *précédente* ». Nous avons joué avec ses enfants, mais il nous a fait savoir que c'était « des imbéciles ». Rien ne faisait l'affaire de ce type. À partir du moment où nous sommes descendus de voiture jusqu'à ce que nous y remontions au moment du départ, il a trouvé des motifs de se plaindre.

Il nous a parlé de son travail qui consistait à rester assis à surveiller des cadrans toute la journée. Certains hommes peuvent accomplir ce genre de travail et tirer fierté de leurs tâches. Mais pas notre Archie. Non, monsieur! Il préférait lire des romans et des magazines. « Si les choses tournent mal à l'usine, la sonnette d'avertissement et les lumières se déclenchent et m'avertissent. Je ne suis pas obligé de rester à regarder ces fichus cadrans toute la journée comme un idiot. » Ses paroles résumaient bien son attitude par rapport au travail; par ailleurs, il a eu quelques commentaires indiquant qu'il ne manquerait pas de tout faire pour que la direction ne profite pas de *lui*. Il occupait le même emploi depuis douze ans. Son côté Critique l'empêchait d'aimer son travail et son côté Indolent l'enlisait sur place.

Sa conjointe se chargeait de tout, autant à la maison qu'au travail. Il était évident que c'était elle qui possédait le talent et le dynamisme dans la famille. Les enfants évitaient leur père comme s'il était porteur d'une maladie contagieuse et de fait, il était *bel et bien* porteur d'un virus mortel : la critique. Rien ne lui convenait. Rien ne fonctionnait en sa présence. Tout allait de travers et il était tout disposé à vous expliquer pourquoi. Remarquez : il ne comptait absolument *rien* faire pour changer la situation – il voulait simplement souligner à quel point tout allait mal, au cas où vous ne vous en seriez pas rendu compte.

La version féminine de cette combinaison est tout aussi pénible. Au fil des ans, j'ai vu beaucoup de femmes tomber petit à petit dans ce piège au fil de leurs désillusions. Dans certains cas, les occasions de grandir et de s'épanouir leur avaient échappé – elles n'avaient jamais travaillé à l'extérieur ou elles avaient accepté un emploi qu'elles n'aimaient pas, simplement parce qu'il fallait qu'elles gagnent de l'argent. À mesure que les enfants ont grandi, leur rôle a changé et elles n'ont plus été capables de se cacher derrière leurs occupations et leurs responsabilités de « mère ». De plus en plus désenchantées, elles voient seulement que les autres s'amusent plus qu'elles et qu'ils réalisent leurs rêves et leurs projets. Leur ressentiment grandit. Avec le temps, l'amertume s'installe et colore leur quotidien. Elles se transforment en critiques chroniques ; leur vie manque terriblement de sens, ce qui affecte toutes leurs relations. Un beau jour, elles se réveillent et découvrent qu'elles sont devenues des Critiques Indolentes – des personnes dont la vie n'a ni sens ni direction, mais qui se croient incapables de changer.

Elles ne sont pas nées ainsi. C'est un processus qui s'est installé au fil des années. Avant qu'elles en soient conscientes, leur souffrance en fait des personnes qu'on n'a pas tellement envie de côtoyer. Ce n'est pas une situation enviable après vingt ans.

Je dois avouer que je suis humain : quand il s'agit de côtoyer ce genre de personne, je suis comme la plupart des gens. Je préfère ne pas avoir de contact avec elles : leur comportement négatif et difficile fait du mal aux autres. Elles sont particulièrement dures envers les enfants et les voir en action n'a rien d'amusant. Quand on essaie d'intervenir, on finit souvent par se noyer dans le tourbillon de leurs problèmes.

Recommandation

Premièrement, si vous vous reconnaissez dans ce portrait : *vous devez changer*. Pensez à Archie Bunker. Il avait une famille formidable et pourtant, il n'arrêtait pas de se plaindre. Il préférait dénigrer les autres et se moquer de toutes les faiblesses qu'il pouvait imaginer. Voulez-vous *vraiment* être dans le camp d'Archie et ne jamais prendre conscience de ce que les gens pensent de vous et de votre dureté ? Tirez-vous vraiment de la satisfaction de votre comportement ?

Deuxièmement, vous devez faire des excuses. Vous avez fait du mal à votre entourage et vous les avez laissés tomber. J'ai vu l'un de mes proches agir ainsi. Heureusement, il a fini par comprendre qu'il semait la destruction sur son passage et il a décidé de changer. Il a demandé humblement pardon à sa conjointe. Il a fait la même chose avec ses filles – il leur a demandé de lui pardonner et elles ont pleuré. Et puis, pour la première fois de sa vie, *il* a pleuré aussi. Il a pleuré sur la souffrance qu'il leur avait infligée et sur le temps qu'il avait perdu, alors qu'il aurait pu vivre une existence pleine de sens. L'épisode s'est avéré souverain en termes de guérison et de reconnexion.

Mais il ne s'est pas arrêté en si bon chemin. Il s'est engagé à changer et il a demandé de l'aide. J'ai contribué à le guider dans son processus et nous avons décidé ensemble que chaque fois qu'il retomberait dans ses vieilles habitudes, sa famille le prendrait à partie. Chaque fois qu'il se plaignait de quelque chose ou de quelqu'un, ses proches le regardaient et lui demandaient : « Est-ce que ça va pour toi ? » C'était le signal pour lui de changer de discours et d'approche. Les premières semaines, l'exercice relevait de la comédie. Il n'arrivait pas à croire qu'il se plaignait autant. Au fil du temps, il est passé de la frustration à la colère avant de devenir un homme neuf. Il a mis deux ans à atteindre son objectif.

Dans cette équation, l'élément Indolent crée des défis dans la mise en œuvre du processus de changement. À la maison, l'Indolent dit souvent aux autres quoi faire, mais se garde bien d'agir. Il est tellement attaché à cette forme de « sous-rendement » qu'elle fait partie de ses habitudes. Jamais il ne donne un coup de main, que ce soit pour faire la vaisselle, s'occuper des enfants ou mettre un projet en œuvre – il ne fait rien, point à la ligne. Quand *enfin*, il se décide à mettre la main à la pâte, il se contente de faire les choses à moitié et même là, il est en retard.

Regardez autour de vous. Au lieu de vous attarder sur ce que le reste du monde pourrait améliorer, choisissez une tâche – et menez-la à bien. Vous serez surpris de ce que votre initiative créera comme répercussions.

Si vous êtes une mère qui se retrouve avec plus de temps libre sur les bras maintenant que ses enfants sont élevés, prenez conscience de ce cadeau, vous l'avez mérité et faites-en quelque chose. N'attendez pas qu'on vous appelle – c'est *vous* qui menez. Récemment, une femme se plaignait de lutter contre l'ennui et la solitude ; je lui ai demandé ce qu'elle avait fait pour changer les choses. Elle m'a immédiatement répondu : « Personne n'a le temps de m'aider à me lancer. » Mauvaise attitude. C'est votre vie : vous devez prendre l'initiative et en faire quelque chose. Si vous avez besoin d'aide pour vous lancer, faites quelques appels jusqu'à ce que vous trouviez un endroit où vous pourrez offrir vos talents. Croyez-moi, il y a beaucoup de choses à faire en ce monde. Trouvez-en une – une seule – et vous pourrez commencer à vous épanouir.

Vous pouvez changer les choses. Néanmoins, le premier changement qui s'impose, c'est celui que vous devez faire en vous. C'est un point de départ formidable… et vous n'êtes pas obligée de sortir de la maison pour vous lancer.

18

Le dépassement des contraintes personnelles commence à la maison

Au fil des ans, mon travail a surtout consisté à guider les entre-prises et les institutions d'enseignement dans l'application du processus du dépassement des contraintes personnelles (DCP), afin qu'employés et étudiants puissent cerner et dépasser les contraintes qui nuisaient le plus à leur succès.

Mais c'est le milieu familial qui offre l'environnement idéal pour établir les bases du dépassement des contraintes person-nelles. Pourquoi ? Parce que nos contraintes sont plus évidentes à la maison que nulle part ailleurs. Si j'ai de la difficulté à maîtriser ma colère au travail, on peut être sûr que cette tendance sera décu-plée en famille. Les contraintes que nous refusons d'admettre se manifesteront tôt ou tard dans l'intimité, peu importe notre habi-leté à les dissimuler quand nous sommes en public. Et certaines contraintes cachées sont carrément dévastatrices lorsqu'elles tou-chent les membres de notre famille ou les personnes qui ont le plus d'importance pour nous.

On est plus soi-même dans l'intimité que n'importe où ailleurs. Susan, ma conjointe, a déjà souligné certains de mes comportements en me faisant remarquer que je ne me conduirais jamais ainsi en public. Je dois avouer que son commentaire présentait une grande part de vérité. Il me faut faire preuve d'une vigilance presque constante pour ce qui est de mon comportement en public. Je dois rester conscient que, des membres du personnel aux clients, tous veulent me voir agir de manière appropriée et incarner avec appli-cation les principes que j'enseigne. Je me détends quand je rentre à la maison.

Or, mes contraintes deviennent flagrantes quand je suis en famille. Heureusement, ma conjointe est une source essentielle de *feed-back*. La rétroaction de Susan représente plus qu'un simple point de vue : c'est la boussole qui m'oriente dans la bonne direction et m'aide à devenir la personne que je dois et que je veux être. Susan est toujours honnête avec moi, sans aucune réserve, et c'est son *feed-back*, jumelé à son amour et à ses encouragements, qui m'aide à grandir. Les hommes mariés ont un avantage sur les célibataires. Ce n'est pas surprenant que les premiers vivent plus longtemps que les seconds : les époux ont tous les avantages quand il s'agit de réussir leur vie. On n'a pas toujours l'impression que c'est le cas quand on voit le taux de divorce et la profonde insatisfaction qu'exprime un nombre impressionnant de couples. Mais les données sont clairement en faveur du mariage et un bon mariage ne se rompt pas facilement. C'est grâce aux échanges honnêtes et quotidiens avec nos intimes que nous grandissons réellement.

LE CHANGEMENT : UN CADEAU INESTIMABLE

À la naissance de mon fils aîné, j'ai posé un geste, probablement le plus important de ma vie en tant que parent et peut-être en tant qu'homme. Le jour où Matthew est arrivé de l'hôpital à la maison, je l'ai installé dans son berceau et je me suis occupé de sa mère.

J'étais formidablement heureux d'avoir un enfant, mais j'étais aussi très conscient que certains aspects de ma personnalité ne fonctionneraient pas du tout maintenant que j'étais père. Il fallait que je change et je le savais. Ce soir-là, une fois Susan endormie, j'ai pris Matthew dans son berceau et je suis sorti avec lui dans la cour arrière. Je me suis assis sur la pelouse, sous le beau ciel de la nuit texane. J'ai relevé la petite camisole qui couvrait le corps de mon fils : il était si petit… J'ai posé ma main sur sa poitrine et je me suis adressé à lui : « Matthew, je te promets que je vais changer tout ce qui dans ma vie doit changer pour que je sois le père dont tu as besoin. Je te promets d'agir pour que tu puisses vivre le destin qui est le tien. Je t'aime plus que la vie elle-même. »

Après un moment, je l'ai ramené dans son berceau, puis j'ai sorti mon journal. J'ai décrit quel genre d'homme j'aimerais que mon fils devienne. C'était facile : un homme intègre et courageux, capable de se battre pour ce qu'il croit juste, un homme d'engagement et de principes, quelqu'un qui sait ce que signifie donner sa parole. Je voulais que mon fils ait du caractère et de l'initiative, qu'il soit capable de faire bouger les choses au lieu d'attendre qu'on lui dise quoi faire. Rédiger cette liste était simple.

La suivante m'a donné plus de mal. J'ai fait la liste de ce que je devais changer pour que mon fils devienne le genre d'homme que je souhaitais. Toute mon enfance, j'avais étouffé mes sentiments, comme bien des garçons. Adulte, je m'efforçais encore d'apprendre à les exprimer. Parfois, ils déboulaient sous forme de paroles de colère ; parfois, ils ne sortaient pas du tout. Cependant, c'était mes insécurités qui me faisaient le plus souffrir. J'étais incapable de supporter d'avoir tort, car cela signifiait que je n'étais pas très futé et par conséquent, que j'étais inacceptable. Je me disputais au sujet de banalités et je parlais beaucoup trop. Je n'écoutais pas les autres, alors qu'il fallait vraiment que j'entende ce qu'on avait à me dire. En général, je m'entendais bien avec les gens et j'avais à coup sûr de bonnes aptitudes sociales ; dans le cas contraire, mes problèmes personnels m'auraient certainement valu de passer pour un importun. Ajoutez à ce mélange le fait que j'étais très volontaire et intense… Le portrait n'était pas joli. Il fallait que je change (la liste était plus longue, mais vous avez une idée de la situation). Je savais que si je ne me libérais pas de mes contraintes, Matthew en serait affecté – et peut-être serait-il condamné à les répéter. Ce n'était pas ce que je voulais pour mon fils. J'ai encore ces listes en ma possession et j'y pense souvent. Heureusement, les contraintes sur lesquelles je travaille maintenant ne sont pas les mêmes qu'à l'époque.

C'est la promesse que j'ai faite à mon fils ; depuis, je l'ai répétée sans faillir à chacun de ses anniversaires. J'ai fait la même chose quand son frère Micah est né et d'ailleurs, j'ai pris le même engagement envers chacun des enfants que nous avons élevés.

L'an dernier, Matthew était à la maison pour son anniversaire, avec sa femme, Heather, et leurs enfants. Le soir, nous sommes sortis tous les deux dans la cour arrière. Je me suis assis à côté de lui et je l'ai attiré vers moi pour renouveler l'engagement que je prenais depuis maintenant plus de trente ans. Quand j'ai tendu le bras vers lui, Matthew m'a dit : «Papa, comment te sens-tu devant le produit de ton labeur?»

J'ai craqué. J'ai pleuré en lui disant à quel point j'étais fier du parent, du mari et de l'employeur qu'il était devenu. C'est dans cette atmosphère de tendresse qu'il m'a dit : «Je ne parlais pas de moi. C'était toi qui avais besoin de changer, non?» Nous avons éclaté de rire. En même temps, j'avais envie de lui flanquer une taloche parce qu'il se moquait de moi, mais c'est un moment dont je me souviendrai toujours.

Quelle a été la clé du processus? Je crois que l'un des aspects les plus importants, c'est que j'ai pris conscience que dans la vie, certaines priorités sont plus importantes que d'autres et que c'est à elles qu'on doit accorder toute son attention. Je crois également que si ces aspects profondément significatifs *n'obtiennent pas* l'attention qu'ils méritent, les pertes qui s'ensuivent seront dévastatrices.

Avant l'arrivée de Matthew, je pensais que j'étais un homme plutôt facile à vivre. J'ai vite compris que je n'aimais pas tellement m'occuper des autres et que *j'étais vraiment prêt à partir* quand j'étais prêt à partir. Ce qui ne fonctionne pas avec un enfant d'un an, pas plus qu'avec un adolescent de dix ou seize ans. J'ai eu tout le temps d'en arriver à la brillante conclusion que le monde ne tournait pas autour de moi. J'ai dû apprendre à maîtriser mon impatience et à mettre mes besoins en veilleuse pour me concentrer sur la question beaucoup plus essentielle de la croissance de Matthew.

Laissez-moi vous donner un exemple. Quand je rentre à la maison, j'aime lire le journal et me détendre un moment avant de donner un coup de main avec le dîner et la vaisselle. Mais qu'est-ce que je fais quand je rentre et que les garçons veulent que nous nous lancions la balle? Je joue à la balle, voilà ce que je fais. Si je suis en train de lire le journal, j'interromps ma lecture et j'enfile des vêtements pour jouer à la balle. Et qu'est-ce que je fais quand les garçons se chamaillent et qu'il faut que je les réprimande alors que je suis en train de lire le journal? Je m'occupe de régler l'incident tout en apprenant à maîtriser mon caractère par la même occasion.

Quand on devient parent, on change. Et si on ne change pas, c'est qu'on n'agit pas en parent – on agit encore comme quand on était célibataire, à une exception près : on a maintenant des enfants qui adoptent les mêmes comportements. Beaucoup de gens se conduisent de façon inappropriée avec leurs enfants, car ils refusent de régler *d'abord* leurs propres problèmes. Les parents égoïstes ne changeront rien de ce qu'ils doivent changer pour aider leurs enfants à mieux s'outiller face à la vie.

Je savais que mes décisions auraient plusieurs répercussions sur ma famille. L'aventure a commencé avec la promesse que j'ai faite à mes fils. Il fallait que je change et il fallait que j'affronte certains aspects de ma personnalité – et j'ai décidé d'agir.

Les enfants ont l'art d'exposer nos contraintes. On peut traverser la vie en pensant que tout compte fait, on n'est pas trop mal équilibré, mais il suffit d'un enfant pour qu'on se rende compte à quel point on est égocentrique, au fond. Le problème, c'est que les enfants le sont aussi. Comme le disait un père : « C'est moi, l'adulte. Je devrais répondre à mes besoins en premier. C'est moi qui paie les factures – qu'*il* attende d'avoir de l'argent. » Bien entendu, après avoir rechigné, il a accepté de faire ce qu'il aurait dû faire pour son fils d'entrée de jeu. Le fait est que l'être humain est égoïste de naissance et en grandissant, il lui faut une raison pour changer. Ma raison à moi, c'était mes fils. J'aimerais vous dire que j'ai changé pour d'autres raisons, par exemple, pour ma femme ou par désir de croissance personnelle. Mais ce n'est qu'après la naissance de mes enfants que j'ai pris conscience qu'ils étaient dépendants de moi *pour tous les aspects de leur vie* et que si je n'arrivais pas à maîtriser cette histoire de parentage, ce serait eux qui en feraient les frais : ils paieraient pour les erreurs de leur père toute leur vie.

MISSION HUMANITAIRE

Peut-on enseigner les aptitudes sociales ? Certainement. Toutes les mères essaient d'enseigner à leurs enfants à ne pas boire le lait directement du contenant et à se servir d'une fourchette à table. Le fonctionnement social s'enseigne facilement et c'est aussi une aptitude qui s'acquiert facilement. En général, nous apprenons ces leçons très tôt dans la vie. Ce que je veux dire, c'est qu'on nous enseigne les bases : ne pas enlever ses vêtements en public, ne pas mâcher ses aliments la bouche ouverte et ne pas se servir de ses mains pour manger de la purée de pommes de terre. Les aptitudes sociales sont aussi essentielles pour s'élever dans le monde corporatif et leur maîtrise distinguera nettement ceux qui réussissent de ceux qui échouent.

Bon, on *peut* enseigner la maîtrise du fonctionnement social. Mais peut-on enseigner la bonté et l'empathie ? La réponse est double : oui et peut-être. Bien que les données soient décourageantes pour ce qui est d'enseigner l'empathie aux adultes, il apparaît clairement qu'on *peut* l'enseigner aux enfants et que c'est aussi une mission essentielle.

Mes fils avaient dix et douze ans quand je leur ai un jour annoncé que nous ferions une sortie éducative d'un genre particulier le samedi, plutôt que d'aller donner un coup de main au personnel du ranch pour garçons, comme nous le faisions chaque semaine. Debout à six heures trente, nous avons fait nos préparatifs et nous sommes partis pour le centre-ville de Bryan, Texas. Après avoir garé la voiture à quelques pâtés de maison des services sociaux de la ville, j'ai pris un moment pour expliquer aux garçons à quoi nous pouvions nous attendre en nous rendant à la soupe populaire. J'ai expliqué à mes fils que je leur offrirais un repas là-bas et qu'ils ne devaient pas mentionner mon nom, étant donné que j'étais quand même assez connu. Je me servirais de mon vrai patronyme, Menville – vous comprenez pourquoi je ne l'utilise pas – et nous espérions qu'on veuille bien nous donner à manger.

Tête basse, mon chapeau à la main, j'ai ouvert la porte menant à l'accueil et mendié à la préposée un repas pour mes fils. La dame s'est montrée attentive et gentille ; elle ne nous a pas fait sentir que nous étions pauvres. Elle m'a demandé si j'avais besoin d'autre chose. J'ai répondu : « Je veux juste que mes fils puissent manger. » Elle m'a donné des billets de repas pour nous trois. Je l'ai remerciée. Nous sommes ressortis et nous avons attendu à l'extérieur de la cafétéria que les portes s'ouvrent pour le petit-déjeuner. La cafétéria était située à l'angle de la rue où s'élevait l'édifice des services sociaux, dans un quartier défavorisé du centre-ville. Plusieurs immeubles avaient grand besoin de réparations. Le terrain adjacent à la cafétéria était propre et bien entretenu, mais il était évident que l'édifice datait de très longtemps.

Tandis que nous attendions, un petit groupe de gens s'est formé petit à petit. Ils venaient de tous les horizons. La plupart avaient l'air pauvres et en mauvaise santé. Il y avait des femmes qui avaient beaucoup trop bu la veille et des hommes qui ignoraient où ils étaient. La plupart n'étaient pas très propres et souffraient de maladies mentales légères ou graves qui affectaient leur capacité à fonctionner normalement. Un des hommes avait environ la soixantaine, un gros nez et des mains fortes et calleuses qui avaient connu le travail manuel. Il avait aussi une grosse excroissance derrière la tête, une sorte de tumeur qui ajoutait à son apparence déjà inhabituelle. Micah, mon plus jeune, ne pouvait s'empêcher de le dévisager. Matthew s'entêtait à lui donner des coups de coude pour qu'il détourne le regard, mais que peut-on y faire quand on a dix ans?

Au moment opportun, les portes de la cafétéria se sont ouvertes et les gens ont commencé à entrer. La salle contenait des tables entourées de bancs ou de chaises. Nous avons fait la file pour être servis. Tandis que nous attendions, l'homme qui avait ouvert les portes s'est mis à aboyer des ordres quant à qui serait servi en premier. Il a ajouté d'un ton hargneux que nous devions ôter notre chapeau, «à moins que nous n'ayons été élevés dans une étable». Puis il a ajouté : «Prions.» Seigneur! Quelle volte-face!

Nous avancions l'un à la suite de l'autre, la nourriture était appétissante et mes deux garçons étaient affamés. Micah a accepté une assiette et s'est dirigé vers une table où une pancarte disait «Réservé aux familles». Micah et son frère étaient les seuls enfants présents. À l'instant où Micah a déposé son assiette sur la table, l'homme qui avait aboyé avant de prier s'est approché en criant : «Est-ce que tu as l'air d'être une famille? Je ne vois pas de mère. La table est réservée.» Micah a eu l'air humilié. Reprenant son plateau, il a cherché un autre endroit pour s'asseoir. Il ne restait qu'une place : à côté de l'homme au gros nez avec une tumeur sur la tête. Celui-ci a offert à Micah le siège voisin du sien et lui a proposé de l'aider à découper sa viande au besoin. Ils ont échangé tandis que de l'autre côté de la table, Matthew et moi parlions aux autres hommes. Mes fils ont compris beaucoup de choses à la suite à cette expérience.

Après le déjeuner, nous sommes restés sur les lieux quelques heures et nous avons échangé avec différentes personnes. Puis, nous avons descendu la rue en profitant du soleil, avant de nous asseoir sur le bord du trottoir. J'ai questionné mes fils : « Qu'est-ce que vous avez appris aujourd'hui ? »

Je n'oublierai jamais la réponse de Micah. Les yeux agrandis, il m'a confié : « Papa, je ne t'avais jamais vu sans pouvoir avant. C'est toujours toi qui dirige tout et aujourd'hui, ce n'était pas toi et ça m'a fait peur. Tu étais là avec ton chapeau à la main et tu as mendié un repas pour nous. »

Matthew a vu des choses, lui aussi. Il m'a demandé : « Qu'est-ce qui est arrivé à tous ces gens, papa ? Pourquoi sont-ils ici ? Il y en a beaucoup qui ont l'air d'avoir de gros problèmes. »

LES SEMENCES DU CHANGEMENT

Et puis, nous avons discuté. Est-ce que ces personnes étaient méchantes ou est-ce que leur situation n'était pas plutôt le résultat des épreuves vraiment terribles qu'elles avaient vécues ? Nous avons parlé de ce que signifie perdre son emploi et ne pas arriver à en décrocher un autre, et de ce que ce serait que d'avoir des garçons à nourrir quand on n'a pas d'emploi et qu'on est incapable d'en trouver un autre. Nous avons parlé de la Dépression où la plupart des gens ont tout perdu et nous avons abordé la possibilité que, oui, cela se reproduise un jour. Mes garçons ont appris qu'une vie pénible ne rend pas les gens méchants. Nous avons aussi conclu que l'homme avec la tumeur était vraiment gentil, même s'il avait l'air effrayant au début. Mais le plus important, la question « à un million de dollars », est venue plus tard au cours de notre discussion :

Que pouvons-nous faire pour les aider?

Ce jour-là, mes fils ont vraiment pris conscience de ce qu'est l'empathie. Ils ont compris qu'avoir de la sympathie pour son prochain est un bon début, mais qu'il faut aussi un comportement pour appuyer tous ces bons sentiments, car autrement, ce ne sont que des mots. Ils ont été profondément touchés par l'expérience qu'ils ont vécue; elle les a rendus tous deux meilleurs. Certains peinent à ressentir de telles émotions parce qu'ils n'ont jamais été capables de s'identifier à la souffrance d'autrui. Pour différentes raisons, ils se sont coupés de leurs sentiments et maintiennent une distance avec autrui. C'est ce qui se produit le plus souvent quand le jeune être humain ne tisse pas de liens intimes et précoces avec un de ses congénères ou quand il vit très tôt des traumatismes qui le rendent incapable de ressentir quoi que ce soit pour quiconque, sauf lui-même. Quand on ne se sent pas connecté aux autres, on peut difficilement ressentir leur souffrance et leurs émotions.

Mais l'empathie exagérée est aussi source de problèmes. Quand l'empathie n'est pas contrebalancée par d'autres qualités, on obtient des parents trop permissifs. On entend fréquemment ce type de parent surprotecteur et complaisant dire des choses comme : « Ne sont-ils pas adorables ? Les garçons seront toujours des garçons. Quels enfants ! Ils sont pleins d'énergie, n'est-ce pas !? » Or, ces remarques servent à couvrir des comportements inappropriés qui ne sont pas ceux de garçons adorables, actifs et énergiques. Cette permissivité contribue à renforcer des défauts de caractère qui ne seront pas corrigés et qui, malheureusement, affecteront les relations interpersonnelles de l'enfant.

Chaque jour, des parents surprotecteurs et trop permissifs négocient avec leur enfant à l'épicerie et au centre commercial; presque chaque fois, l'enfant s'en sort avec une récompense et sa contrainte naissante s'en trouve renforcée. *Non* ne veut plus dire *non* et *arrête* ne veut plus dire *arrête*. Les paroles des parents qui font preuve de trop d'empathie n'ont aucun poids. Comme ils s'en servent sans qu'aucune conséquence ne s'ensuive, l'enfant cesse à un moment donné de répondre au flot de paroles et de menaces dénuées de sens qui fusent autour de lui.

PIQUER UNE CRISE DU TERRAIN DE JEU AU CONSEIL D'ADMINISTRATION

On ne se sera pas surpris d'apprendre que la colère est la contrainte la plus fréquemment rencontrée en milieu familial. Pourquoi en est-il ainsi? Comment se fait-il qu'une fois adulte, nous continuions à lutter contre notre colère et nos impatiences, alors que nous aurions dû affronter cette contrainte à l'adolescence? Qu'est-ce qui est à l'origine de cette problématique et pourquoi est-ce que nous la traînons jusqu'à l'âge adulte?

Les problèmes reliés à l'âge doivent se résoudre aux étapes correspondantes du développement humain. Ainsi, je m'attends à ce que les membres de mon personnel aient fait l'apprentissage de la propreté. Ce serait assez embêtant si ce n'était pas le cas. Nous ne posons pas la question en entrevue et je n'ai jamais été enclin à le faire. C'est une question qui a été résolue au cours d'un stade de développement antérieur (je l'espère). Cependant, qu'arrive-t-il quand une problématique reliée à l'âge *n'est pas* résolue au cours du stade de développement approprié? *Les problèmes ne disparaissent pas simplement parce que nous vieillissons.* Ils restent en nous et deviennent de plus en plus toxiques avec le temps, jusqu'à ce que nous les affrontions. Nous apprenons parfois à dissimuler certaines contraintes et à vivre avec notre secret pendant des années, mais un jour ou l'autre, ce que nous n'aurons pas résolu refera surface. C'est essentiellement le cas avec la colère. Elle ne s'évanouit pas; elle couve avant d'exploser aux moments les plus inopportuns.

Ce qu'il y a de malheureux avec les gens colériques, c'est que souvent, leur stratagème fonctionne. Ce comportement ressemble beaucoup à celui d'un enfant qui ne veut pas faire ses devoirs; la première chose qu'on sait, il se querelle avec le professeur et se voit expédié au bureau du directeur. Son plan a fonctionné!

Et le plan fonctionne autant à l'école qu'à la maison. Il pique une crise et provoque une querelle? Il est consigné dans sa chambre plutôt que d'être obligé de finir de laver la vaisselle. Encore une fois, sa colère l'a servi. Les enfants ne mettent pas longtemps à comprendre qu'ils peuvent obtenir tout un tas de choses en piquant une crise – avec cris, hurlements, menaces, yeux exorbités et veines du cou sorties. Ensuite, une fois devenus adultes, ils continuent d'appliquer la méthode qui a toujours fonctionné. Je suis certain que vous pensez à un patron, à un collègue ou peut-être à un proche qui contrôle les réunions ou son entourage en usant d'intimidation ou en se servant de sa réputation de personnage colérique et explosif.

Je m'attends à ce que les enfants fassent des crises. En fait, ils devraient en faire. *La vie est dure et je n'aime pas ce qui m'arrive. J'étais confortable, bien au chaud dans le ventre de ma mère, je m'occupais de mes affaires et la première chose que j'ai sue, le médecin m'a arraché de là avec des forceps, il m'a tenu la tête en bas et m'a donné une fessée avant de me faire passer de l'un à l'autre dans la pièce.*

Comment les enfants pourraient-ils être heureux? Pour couronner le tout, nous attendons d'eux qu'ils ramassent leurs vêtements, rangent la vaisselle, nourrissent le chien et sortent les ordures avant d'avoir la permission de regarder leurs dessins animés favoris.

Cette histoire de parentage est difficile et il n'y a pas de deuxième chance, alors mieux vaut faire les choses comme il faut! Malheureusement, ce n'est pas ce qui se produit. Les parents *ne font pas* les choses comme il faut et l'enfant grandit en piquant des crises; il apprend que les gens répondent ainsi à ses désirs, soit en reculant et en le laissant tranquille, soit en se précipitant pour le rendre heureux. Son problème grandit en même temps que lui. Il est beaucoup plus facile pour toutes les personnes concernées de mater la colère quand elle porte une couche que d'attendre qu'elle ait grandi et qu'elle se transforme en violence familiale, en rage au volant et en crimes passionnels.

INCULQUER DE BONNES HABITUDES DE VIE

Les problèmes d'argent constituent l'un des trois principaux sujets de zizanie dans le couple (avec le sexe et l'équilibre travail/famille, selon une recherche du Centre sur le mariage et la famille).

Pourtant, nous oublions souvent à quel point il est important d'enseigner à nos enfants comment gérer l'argent.

John, un de nos fils, a fait ce que tous les adolescents semblent faire avec l'argent qu'ils gagnent en travaillant après l'école. Il l'a flambé. Il n'a pas réfléchi à son avenir ou à la manière dont il dépensait ses revenus. Il réussissait bien dans ses études, mais quand il était question d'argent, il dépensait tout ce qu'il gagnait.

John s'est acheté un camion et s'est mis à l'équiper de tous les accessoires inventés par l'homme. Sur le siège arrière, il a installé un *boombox* (puissants haut-parleurs) qui prenait tout l'espace et ajoutait son lot de décibels. Puis, il a installé une chaîne stéréo – qui aurait pu alimenter à peu près n'importe quelle petite ville ! À la fin de l'été, John n'avait plus un cent. Quand je lui ai demandé ce qu'il avait fait de ce qu'il avait gagné, il m'a avoué : « Je ne sais pas. Il m'a glissé entre les doigts. » Bien. Au moins, il voyait clair.

« Quelle est la contrainte qui affecte la gestion de tes finances ? » lui ai-je demandé. Après mûre réflexion, il a conclu que c'était sa tendance à prendre des décisions impulsives. Cette contrainte affectait d'ailleurs sa vie de bien d'autres façons. Je l'ai mis au défi : « John, es-tu capable de concevoir un plan pour changer ta situation, de manière que ta contrainte ne te retienne plus ? »

Sa réponse était la bonne. « Ouais. Je peux. »

Nous avons conçu un plan destiné à lui apprendre à maîtriser sa contrainte : John s'est engagé à ne pas faire d'achats impulsifs et à économiser un certain pourcentage de ses gains à chaque paye. Le plan était simple, mais il a exercé un effet marquant autant sur John que sur son avenir.

Six mois plus tard, nous avons eu une autre conversation sur l'argent – cette fois, nous avons discuté de ce que John ferait de ses quatre mille cinq cents dollars d'économies. Son attitude insouciante avait fait place à un grand sentiment de fierté devant son *self-control* et d'excitation face à ses projets d'avenir. John m'a dit en souriant qu'il ne voulait pas que ses amis sachent combien d'argent il avait mis de côté – « parce qu'ils vont vouloir m'en emprunter ! »

Une contrainte de moins pour John – et peut-être en bout de ligne, des centaines de milliers de dollars de récompense. Hélas ! Beaucoup de gens refusent d'affronter la contrainte de leur impulsivité financière. S'ils ne se décident pas à s'attaquer à cette tâche pénible mais nécessaire, ils ne réussiront jamais à s'épanouir totalement. Ils resteront à jamais prisonniers de ce qu'ils ont toujours été. Pendant ce temps, ceux qui comme John auront surmonté cette contrainte iront de l'avant. Et vous, où vous situez-vous ? Êtes-vous prisonnier ou en mouvement ?

19

Le dépassement des contraintes personnelles au travail

Dans le chapitre précédent, nous avons étudié les répercussions des contraintes personnelles sur la vie privée et ce qu'on peut faire à ce sujet. Or, comme vous le savez, les contraintes personnelles ne se cantonnent pas à la maison. Elles nous suivent partout, même si elles affectent souvent un domaine plus qu'un autre. Je considère qu'elles sont particulièrement intéressantes dans le milieu des affaires. Nos recherches ont mis au jour des schémas précis concernant différents groupes de gens d'affaires.

Les entrepreneurs forment une catégorie intrigante. Bien que je me considère comme un entrepreneur, ce n'est pas l'expression de ma suffisance : c'est plutôt la conclusion que je tire de mes rencontres au fil des ans avec des entrepreneurs fascinants, des fonceurs avec le goût du risque. J'ai aussi élevé des fils qui sont le type même de l'entrepreneur : ce sont des gens terriblement stimulants à côtoyer.

Les entrepreneurs naissent avec certains traits de caractère qui peuvent les conduire autant au succès qu'à l'échec. Ainsi, la plupart sont optimistes. S'ils ne l'étaient pas, ils ne croiraient pas assez à leurs idées pour aller de l'avant et les concrétiser. Quand un entrepreneur s'attache à une bonne idée, il est persuadé qu'il peut réussir et qu'il réussira. Il fonce, même si le financement est restreint et même s'il doit faire de grands sacrifices personnels.

PROFILS D'ENTREPRENEURS

Les entrepreneurs ne manquent pas d'assurance. Je me souviens d'un jeune homme qui *savait* qu'il pouvait bâtir et exploiter une tour de *bungee*, même s'il n'avait jamais bâti de tour ou dirigé d'entreprise avant. Quoi qu'il en soit, Jake adorait le saut à l'élastique et il voulait absolument se lancer en affaires. Il a ramassé des fonds, construit sa tour et fait son premier saut. La mauvaise nouvelle, c'est que l'élastique était trop long – sa confiance aveugle dépassait ses aptitudes pour la recherche. La bonne nouvelle, c'est que Jake a sauté au-dessus de la rivière Guadalupe, au Texas. Il ne s'est pas noyé, mais il a vu plus de poissons qu'il l'aurait souhaité.

Quand la confiance devient suffisance, on arrive parfois à se convaincre qu'on est capable d'accomplir n'importe quoi – qu'on ait ou non une expérience préalable dans le domaine concerné. Cependant, la suffisance devient un problème sérieux quand elle s'accompagne d'autres contraintes. Confiance inaltérable et optimisme débordant : voilà qui définit bien la plupart des entrepreneurs. Mais que se passe-t-il quand on ajoute au mélange le manque de ténacité ?

L'entrepreneur qui manque de ténacité est incapable de s'en tenir à un projet quand la prise de décisions exige une attention ciblée. Il aura plutôt tendance à réagir en passant à l'affaire suivante. Il déléguera les opérations à quelqu'un d'autre, ce qui est une façon polie de dire qu'il se désintéressera du fonctionnement quotidien de l'entreprise. Quand on veut savoir si c'est à ce genre d'entrepreneur qu'on a affaire, le plus simple est d'examiner sa feuille de route. Quels résultats a-t-il obtenus dans le cadre de ses autres affaires et de ses emplois précédents ? Est-il resté longtemps à l'emploi des différentes entreprises où il a travaillé ? N'a-t-il pas plutôt sauté d'un poste à l'autre comme une grenouille sur un nénuphar ? En devenant plus tenace, on gagne en crédibilité, on améliore son curriculum vitae et on s'ouvre de nouveaux horizons.

BLINDÉ/GUIMAUVE AU TRAVAIL

Combinons maintenant le type suffisant avec le type surprotecteur pour voir quel genre d'entrepreneur en sortira. Les entrepreneurs surprotecteurs ont le don d'attirer dans leur entreprise ou leur organisme des employés bons et généreux. Ils créent des milieux de travail chaleureux et plaisants.

Parmi les entrepreneurs qui ont lancé des sociétés point-com à la fin des années quatre-vingt-dix, plusieurs présentaient ce profil. Ils ont eu une idée formidable, du moins le croyaient-ils : ils aimaient les gens et ils voulaient devenir riches. J'ai récemment rendu visite à un ami de New York qui m'a raconté son aventure dans cette histoire. Comme bien d'autres, il a commencé avec ce qu'il pensait être une idée géniale : un service de livraison en une heure de vidéos, de pizzas et d'autres biens de consommation courante pour une clientèle commandant en ligne. Une heure ne représente pas un très long délai de mise en œuvre : les familles affamées qui commandent une pizza au pepperoni, deux litres de Coke et une vidéo amusante veulent voir le livreur sur le pas de la porte bien avant qu'une heure se soit écoulée. Or, le service n'arrivait tout simplement pas à répondre à la demande croissante de livraisons plus rapides. Il fallait aussi compter avec les défis inhérents à cette industrie. Même en ne tenant pas compte des coûts de livraison de porte-à-porte, l'industrie de la pizza engrangeait de bien minces profits à seulement quatre pour cent.

Une curieuse contrainte entravait cette entreprise point-com – que nous appellerons VideoPizzaEclair.com – et elle se manifesta bientôt dans le plan d'affaires. Quelle était cette contrainte ? La direction était beaucoup trop généreuse. Une fois les premiers fonds rassemblés, elle a organisé une fête pour célébrer le lancement de la société. Des traiteurs ont servi des mets délicieux et tout le monde s'est beaucoup amusé à porter des toasts au champagne et à discourir sur le meilleur des mondes qui réunissait le domaine des point-com et l'industrie des services.

VideoPizzaEclair.com a poursuivi sur sa lancée, célébrant toutes ses nouvelles réalisations en organisant une fête. Tout le monde s'amusait ferme et la société payait les dépenses. Les employés étaient heureux parce qu'ils se voyaient offrir des options d'achat d'actions comme si c'était des friandises. De plus, la direction octroyait les primes en fonction du financement disponible plutôt que du rendement. Les employés de VideoPizzaEclair.com étaient de plus en plus heureux – comme une grande famille. Le problème, c'est que personne, parmi tous ces individus au cœur d'or, n'avait jamais dirigé une entreprise auparavant.

L'entreprise s'est mise à battre de l'aile et a finalement dû fermer ses portes. Que croyez-vous que la direction a fait? Elle a organisé une fête! Le problème, c'est que la fête «de fermeture» et toutes les célébrations précédentes avaient été organisées aux dépens des investisseurs. VideoPizzaEclair.com a fermé ses portes parce que des personnes bien intentionnées voulant faire de bonnes choses ont rencontré l'obstacle de leur prodigalité sur le chemin de la réussite.

Si seulement la direction avait compris qu'en se montrant un peu moins généreuse et en affrontant plus directement ses problèmes, elle aurait pu assurer son avenir et celui de ses investisseurs. Elle a plutôt choisi «d'aimer» son personnel et son entreprise tout en continuant à s'appauvrir. Un des dirigeants l'a clairement exprimé: «Nous avons eu beaucoup de plaisir ensemble le temps que les choses ont marché.» Mais cela n'a pas suffi. La première levée de fonds avait rassemblé vingt-cinq millions de dollars; l'argent a été entièrement dépensé, en plus des sommes recueillies pour un «fonds de transition» qui n'a jamais vu le jour. C'est beaucoup d'argent gaspillé pour créer un cadre de travail agréable et monter un plan d'affaires inadapté.

Les contraintes qui ont joué dans la situation se sont avérées désastreuses pour ceux qui comptaient sur la direction de l'entreprise pour se montrer plus astucieuse en affaires. C'est pourquoi il faut que la tendance à la surprotection soit équilibrée par de la fougue, du dynamisme et d'excellentes aptitudes pour les affaires, sinon la fête tournera à une grande célébration à bord du Titanic.

Bien entendu, l'histoire présente de temps à autre des cas où l'alliance de plusieurs contraintes fait émerger les pires aspects de la nature humaine.

GENGIS KHAN ET ENRON

L'évocation de son nom suffisait à remplir d'épouvante tous ceux qui l'entendaient. Des nations entières ont fui devant son régime de terreur. Le grand Khan a gouverné de 1165 à 1227 de notre ère et son règne était tel que son nom évoque encore à ce jour des images de mort, de destruction et d'horreur. Le *National Geographic* décrit son règne ainsi : « Son audace et son charisme attirent des partisans de toute la région et il domine les tribus rivales les unes après les autres. »

Gengis Khan était le chef à suivre : charismatique, il attirait la crème des guerriers. Les hommes ferrés dans l'art de la guerre accouraient pour se joindre à son armée ; plus que tout, ils voulaient suivre cet homme, se déplacer dans son sillage et remporter les victoires éclatantes qui faisaient sa notoriété. Ceux qui avaient le plus contribué à ses victoires se voyaient récompensés et recevaient une part du butin : richesses, femmes, esclaves. Les guerriers du Khan amassèrent d'immenses fortunes personnelles grâce aux nombreuses guerres sanglantes qu'ils gagnèrent sous son règne. En fait, l'histoire révèle que la destruction était incroyable, même pour l'époque.

Gengis Khan se taille un chemin à travers l'Asie centrale, écrasant les grandes cités de Muhammad Shah, les joyaux de son empire. Samarkand, la capitale, capitule devant les Mongols. Boukhara – aujourd'hui une grande ville de l'actuelle Ouzbékistan – fait de même. Gengis Khan ne manifeste aucun repentir. Un historien musulman lui attribuera plus tard ces paroles : « Je suis le fléau de Dieu. Si vous n'aviez pas commis de graves péchés, Dieu ne m'aurait pas envoyé pour vous châtier. » Un témoin considère les choses d'un autre œil : « Ils sont venus, ils ont détruit, incendié, massacré, pillé, puis ils sont repartis. »

Étudions brièvement la personnalité de Gengis Khan.

Premièrement, nous pouvons affirmer que le Khan n'était pas *du tout* de type Indolent : c'était un visionnaire déterminé à contrôler tous les territoires qu'il pourrait conquérir.

Deuxièmement, il était de type Blindé : son assurance lui a permis de gravir tous les échelons du pouvoir et de dominer le monde de l'époque.

Troisièmement, c'était un Bulldozer qui écrasait tout sur son passage.

Quatrièmement, nous pouvons affirmer sans risque de nous tromper que c'était un Iceberg, sans grande considération pour autrui.

Ajoutez à toutes ces contraintes l'absence de l'une des plus grandes forces civilisatrices : le respect des règles. Qu'est-ce qui se produit quand quelqu'un ne suit pas les règles ? Qu'est-ce qui se produit quand quelqu'un a l'opportunité d'écrire ses propres règlements ? Qu'est-ce qui se produit quand il n'y a personne pour décider des règles qui seront écrites et déterminer qui les fera respecter ? On obtient un despote impitoyable qui gouverne le monde à sa guise. C'est là qu'on trouve l'ancêtre du despotisme corporatif.

Gengis Khan a gouverné le monde en tyran et tous ceux qui voulaient s'enrichir sont venus à lui pour lui rendre hommage. Avons-nous aujourd'hui nos Gengis Khan ? Il en est un qui serait assez ressemblant : Jeff Skilling, responsable de la débâcle d'Enron. *Plus les contraintes personnelles des dirigeants sont importantes, plus leurs répercussions sur l'organisation sont percutantes.* Un article paru dans *Business-Week* fournit certains indices révélateurs quant aux contraintes personnelles de Skilling, indiquant qu'il « engageait environ deux cent cinquante jeunes et brillants détenteurs de MBA chaque année, tous anxieux de prouver qu'ils pouvaient eux aussi faire un malheur. À Houston, la Porsche était considérée comme une voiture de fonction d'Enron. » Un des anciens cadres de l'entreprise confirme les tactiques de Skilling pour bâtir son empire, rappelant sa politique d'acheter la loyauté des employés, tandis que d'autres se souviennent de son mépris pour les grandes entreprises traditionnelles : Skilling a un jour comparé la multinationale ExxonMobil à un « clipper à sept mâts » lourd et difficile à manœuvrer, par opposition aux opérations autrement « efficaces » d'Enron.

Commencez-vous à relever des similitudes ? Changeons les noms et voyons ce que ça donne :

Jeff Skilling était le chef à suivre : charismatique, il attirait la crème des cadres supérieurs. Les hommes ferrés dans l'art de faire des affaires accouraient pour se joindre à son entreprise ; plus que tout, ils voulaient suivre cet homme, se déplacer dans son sillage et remporter les victoires éclatantes qui faisaient sa notoriété. Ils partageaient le butin de leurs conquêtes ; ceux qui avaient le plus contribué à ses victoires se voyaient récompensés et recevaient une part du butin : richesses, femmes, esclaves. Chacun de ses cadres supérieurs a amassé une immense fortune personnelle grâce aux nombreuses guerres sanglantes gagnées sous son règne. En fait, l'histoire révèle que la destruction était incroyable, même pour l'époque.

Le scénario vous semble familier ? Les contraintes personnelles manifestes dans la vie de Gengis Khan sont les mêmes que nous avons vues à l'œuvre dans la vie de Jeff Skilling. Ambition dévorante, suffisance, froideur et absence de respect pour les règles caractérisent la personnalité de ces deux hommes. Dans le cas de Jeff Skilling, les commentaires de ses associés et les décombres du scandale dressent un portrait absolument glaçant de cet homme. Laissez-moi ajouter cette citation de l'article du *National Geographic* sur le grand Khan : « Et il écrasait ses ennemis sans culpabilité ni remords. »

Au cours de son témoignage devant la commission d'enquête parlementaire, Skilling a affirmé qu'il n'avait rien fait de mal et qu'il ne comprenait pas pourquoi il se voyait appelé à se défendre. Or, son témoignage contredit celui des autres employés dont plusieurs étaient bien placés pour connaître « les histoires derrière l'histoire ».

Le 26 mai 2006, l'éditorial du *Wall Street Journal* titrant *The Enron Verdicts* (Verdicts pour Enron) déclarait :

> Entre-temps, les dommages découlant de la fraude sont terribles : des dizaines de milliards de dollars en valeurs, 2,1 milliards en régimes de retraite et 5 600 emplois disparus dans l'effondrement de la société en décembre 2001. Comme chaque verdict de culpabilité comporte une peine potentielle d'au moins cinq ans, Skilling et Lay risquent de passer plus de temps en prison que Fastow, le cerveau de l'opération.

En guise de comparaison, Bernie Ebbers, le PDG de World Com, fait face à 25 ans de détention, John et Timothy Rigas d'Adelphia Cable à respectivement 15 et 20 ans, et les deux plus hauts responsables de Tyco, maintenant déchus, à 25 ans chacun. C'est un coup de balai assez impressionnant de la part du ministère de la Justice et, dans le cas Tyco, du procureur général de Manhattan. Dans le milieu des affaires, le consensus est que les condamnations individuelles – quelque trente personnes dans le cas Enron seulement – contribueront à dissuader les crimes corporatifs bien plus que n'importe quel article de la Loi Sarbanes-Oxley (loi américaine de 2002 sur la réforme de la comptabilité des sociétés cotées et la protection des investisseurs – NdT).

Comme bien d'autres cadres supérieurs, Skilling avait consacré beaucoup de temps à aiguiser son sens des affaires et ses compétences entrepreneuriales sans accorder la même attention aux écueils sous-jacents de sa personnalité : ses contraintes personnelles ont provoqué l'effondrement de son empire et lui ont coûté très cher. Comme «aucune société ne peut s'élever au-delà des contraintes de ses dirigeants», les contraintes des individus en position de leadership auront toujours un impact sur l'entreprise, au bout du compte.

Mon intention n'est pas de vilipender Jeff Skilling. En réalité, il n'est pas très différent de n'importe quel individu pris en otage par ses contraintes. Nous les traînons tous en nous quand nous nous rendons au travail le matin et nous les traînons encore quand nous rentrons le soir à la maison. Elles ne disparaissent pas, à moins que nous ne les affrontions et que nous ne les fassions disparaître. Si vous ne travaillez pas à surmonter vos contraintes, vous risquez peut-être plus gros que vous ne l'imaginez.

20

Culture et contraintes personnelles

S teve Gaffney et moi étions voisins de table lors d'un dîner offert par ITT, la société qui l'emploie. ITT est une multinationale de l'industrie de la défense, très active dans l'industrie spatiale ainsi que dans les systèmes de soutien militaire, les communications, le traitement de l'eau, l'électronique, les fluides et quantité d'autres domaines qui éblouiraient n'importe quel scientifique digne de ce nom.

Steve était président de la division américaine des Systèmes d'ITT, dont l'une des filiales commanditait la NASCAR. La soirée était en l'honneur des équipes bénéficiaires de la commandite. Steve est un type trapu au torse puissant qui semble avoir fait des poids et haltères toute sa vie. Se tournant vers moi, il m'a demandé : « Alors, que faites-vous avec la NASCAR ? »

J'étais l'invité d'Armando Fitz et de Terry Bradshaw avec l'équipe de la Marine. J'ai répondu : « Steve, je suis psychothérapeute. Mon travail consiste à aider les gens à aller plus vite. » Nous avons passé le reste de la soirée à discuter de l'impact des contraintes individuelles sur le rendement collectif.

CHANGER LA CULTURE D'ENTREPRISE

Quelques mois plus tard, j'ai reçu un coup de fil de Steve : « Flip, pouvez-vous faire avec nous ce que vous faites avec la NASCAR ? » J'ai pris l'avion avec un de nos cadres supérieurs et nous sommes allés rencontrer Steve à Colorado Springs pour voir ce que nous pouvions faire.

Steve est très fort, autant pour bâtir une équipe que pour la faire progresser. Mais nous savions tous deux que certains points avaient besoin d'amélioration. Nous avions remarqué que sa division (Systèmes) était extrêmement concurrentielle – non seulement dans le désir des employés de battre la concurrence extérieure, mais aussi de se damer le pion entre eux. Nous avons donc recueilli les données nécessaires pour établir le profil des principaux dirigeants, ce qui nous a révélé certaines tendances personnelles : esprit très compétitif, critique et peu altruiste. Parmi les membres de la division, plusieurs venaient de l'armée et appliquaient toujours la philosophie de fonctionnement qu'ils y avaient apprise. De son côté, Steve voulait que l'ensemble de l'organisation passe d'un modèle d'individus compétitifs dans un groupe à un modèle d'équipes en relation.

La culture de la division des Systèmes d'ITT reflétait les contraintes personnelles de ses dirigeants. *Pour que le groupe change, les dirigeants devraient dépasser leurs contraintes individuelles.* C'est la réalité du changement de culture.

Ainsi, pour transformer son équipe, Steve devrait changer certaines de ses propres contraintes. Dans son cas, les plus significatives étaient son manque d'écoute et d'altruisme. Steve est un homme très dynamique, un passionné, mais il n'était pas du genre maternant. C'était un homme pressé qui n'avait pas de temps à perdre avec les détails des rapports de ses subalternes. Le fait d'être très intelligent est parfois un handicap quand cela vous rend impatient face aux individus moins doués. Steve avait la capacité de saisir rapidement les concepts, ce qui le plaçait dans un état constant de tension et d'impatience : son moteur était toujours emballé. Quand on lui présentait de l'information, il répliquait : « Ça va, j'ai compris » dans un effort pour aller « plus haut, plus loin ». Bien entendu, son attitude avait pour effet de rendre ses collègues encore plus nerveux : ils faisaient de leur mieux pour expédier leur rapport de manière à ne pas le ralentir. Heureusement, ces hommes étaient tous assez talentueux et compétents – même avec leurs contraintes – pour assurer l'expansion de l'entreprise. *Que feraient-ils une fois leurs contraintes identifiées et surmontées ?*

Steve sortait des réunions avec le sentiment qu'il avait obtenu ce qu'il voulait; de leur côté, les membres de son personnel avaient le sentiment qu'ils n'avaient pas réussi à présenter leurs idées en détail – ils avaient été forcés d'accélérer leur exposé qu'ils avaient mis des jours, parfois même des semaines, à préparer. Bien des fois, ils avaient l'impression d'être mis de côté et de ne pas avoir été pleinement entendus. Steve savait que quelque chose clochait, mais il n'arrivait pas à mettre le doigt sur le problème. Vous pouviez cependant être certain que s'il parvenait à comprendre, il réglerait la question.

Je lui ai dit ce qu'il en était. « Steve, vous faites peur à vos collègues quand vous les bousculez durant leurs présentations. Ils sont nerveux juste à y penser. Vous êtes intense et pour plusieurs, c'est intimidant. Il faut ralentir la cadence. Vous devez prendre le temps d'écouter et de poser des questions, et laisser les gens brosser le portrait complet de leur travail. C'est de cette manière que vous bâtirez une meilleure équipe et que vous pourrez aller "plus vite", pour reprendre notre analogie de la NASCAR. »

Steve est un homme qui comprend vite. Bien plus, c'est un homme avec un cœur d'or. Il aime avec passion et s'investit avec zèle et dynamisme dans ses engagements. Il a un engagement envers Lynn, son épouse, sa famille et son travail.

Son premier geste m'a surpris. Il a organisé une réunion « des troupes » et leur a annoncé qu'il avait pris conscience de son comportement. Il leur a également expliqué ce qu'il allait faire pour changer : « Je vais ralentir et vous écouter. Je veux savoir ce que vous pensez et je vais faire en sorte que vous le sachiez. Nous allons devenir les meilleurs et je serai le premier à changer. » Ceux qui ont capté le véritable sens de son message ont tout de suite compris que la culture d'entreprise allait subir une transformation radicale et que Steve les précédait afin de mettre en branle les changements indispensables. Il annonçait par le fait même qu'il s'attendait à ce que tous s'engagent à changer, puisque c'est ce qu'il faisait. Puisqu'il allait sonner la charge, il s'attendait à ce que tous soient derrière lui. Et ils l'ont fait. Ils l'ont suivi parce qu'il a fait la même chose qu'il attendait d'eux.

Pour bâtir une grande équipe, il faut diriger une grande équipe. Et la seule manière d'y arriver, c'est de faire ce qu'il faut pour atteindre à la grandeur. Or, la grandeur est un enjeu personnel. En devenant le meilleur – le meilleur de soi –, on attire les autres. Ce n'est pas quelque chose dont on parle, c'est quelque chose qu'on démontre. Tout le monde comprendra le message, parce que c'est un message que nous voulons tous entendre. Voir quelqu'un donner le meilleur de lui-même me donne envie de donner le meilleur de moi. Voilà pourquoi j'aime mon épouse, notre équipe, nos partenaires, nos enfants et tant de nos clients. C'est parce qu'ils me montrent comment être meilleur.

Ce n'est pas que j'ai besoin de héros. C'est que je veux savoir que je peux être un héros. Je peux donner le meilleur de moi, guider mes enfants et diriger mon entreprise. Je veux que ceux qui m'entourent s'épanouissent, car quand ils manifestent pleinement leur essence, nous en sommes tous grandis. Impossible à éviter : c'est merveilleusement contagieux.

Steve a tenu ses promesses. Il a appris à mieux écouter et à exprimer plus d'empathie. Il est aujourd'hui plus compréhensif et plus patient. Il a aussi été promu à la présidence mondiale de la section Défense d'ITT, en plus d'être nommé vice-président directeur de la corporation. Et pour que vous saisissiez mieux : c'est bien plus qu'une promotion ou une augmentation de salaire. Steve vous dira qu'il a permis à ce qu'il y a de mieux dans sa famille et dans son équipe de rayonner. Les individus sains et florissants créent une culture saine et florissante. Quand on choisit de commencer par changer soi-même, c'est la preuve qu'on a l'étoffe d'un leader.

C'est une chose de changer la culture d'une entreprise. Mais qu'en est-il de changer celle d'une nation ?

EXPLOITATION DES CONTRAINTES

Cody Alexander n'aimait pas l'école. Le jeune homme vivait à Crockett, au Texas, avec ses parents, Kay et Gerald Alexander, deux des meilleurs éleveurs de chevaux au pays. J'ai reçu Cody en consultation : Kay l'avait conduit à mon bureau parce qu'il voulait abandonner ses études.

Lors de notre deuxième rencontre, Cody n'a pas cessé d'insister sur le fait qu'il détestait l'école. Il avait seize ans, il pouvait travailler comme palefrenier et il ne voyait pas à quoi l'école lui servirait de toute façon. Je l'ai regardé droit dans les yeux et j'ai dit que j'étais d'accord avec lui. J'ai vu le visage de Kay, assise à côté de son fils, accuser le coup.

J'ai offert à Cody un emploi dans la gestion de mon ranch. Je lui ai expliqué que je lui donnerais trente-cinq mille dollars par année, mais qu'il devait signer un contrat de douze mois. J'ai ajouté qu'il ne pouvait pas accepter l'emploi à ce prix pour ensuite se défiler. C'était beaucoup d'argent pour ce type de travail, en particulier à son âge.

Il a sauté sur l'occasion. Avec un enthousiasme débridé, il m'a demandé combien il ferait l'année suivante, car il voulait réfléchir à l'avenir qui l'attendait. Comme beaucoup de jeunes, l'idée de faire de l'argent faisait singulièrement briller ses yeux. Je lui ai répondu que je lui offrirais le salaire normal d'un bon palefrenier et qu'il pourrait travailler pour moi aussi longtemps qu'il le souhaiterait, en autant qu'il fasse du bon travail. Son excitation était à son comble – et sa mère sur le point de s'évanouir.

« Quel est le salaire d'un palefrenier avec un an d'expérience ? »

« Environ six dollars cinquante l'heure. »

Cody était éberlué : « Quoi ? C'est moins que ce que je fais la première année ? Pourquoi est-ce que le salaire diminue ? »

« Eh bien ! C'est très simple, Cody. Tout ce que j'ai à faire, c'est t'acheter une seule fois. Tu viens de me vendre ton éducation et ton avenir pour trente-cinq mille dollars. Tu vas abandonner tes études et tu ne vaudras plus jamais ce prix par la suite. Comme tu ne peux pas facilement retourner aux études, tu es à ma merci pour le reste de ta vie. C'est toi qui es à vendre et c'est moi qui achète. Tu es d'accord ? »

Il m'a lancé un regard de défi avant de répondre : « Vous essayez de profiter de moi ; ce n'est pas juste. »

« En fait, fiston, je n'essaie pas de profiter de toi. Tu agis comme un imbécile et je te démontre comment je vais exploiter ton ignorance. Tu veux abandonner tes études et je fais en sorte que tu y arrives facilement. J'aurais bien besoin d'un bon palefrenier et tu es un jeune homme travaillant. Où est le problème ? »

Dix-huit mois plus tard, nous avons reçu par la poste une invitation de Cody : il voulait que nous assistions à la cérémonie de remise des diplômes marquant la fin de ses études secondaires. Il m'a aussi téléphoné pour me dire qu'il voulait l'emploi que je lui avais offert. Nous avons conclu une entente à sept dollars l'heure. Il avait une autre requête – la meilleure : « Est-ce que je peux vivre avec Susan et vous pendant mes études universitaires ? » J'ai répondu oui, bien entendu.

Cody a vécu cinq ans avec nous et a même décroché une maîtrise. Ses parents, Kay et Gerald, ainsi que Susan et moi, sommes très fiers de lui. Mais surtout, il est fier de lui-même. Il a mérité son avenir alors qu'il aurait pu le sacrifier pour presque rien.

À quoi est-ce que je veux en venir ? Les contraintes personnelles de Cody – impulsivité et manque d'endurance – étaient sur le point de détruire son avenir. J'aurais pu les exploiter aisément et Cody en aurait payé le prix le reste de sa vie.

Ne croyez pas un seul instant qu'il n'y a pas de forces à l'œuvre pour garder les individus prisonniers de leurs contraintes personnelles. Peu importe notre couleur, notre nationalité, notre classe ou notre groupe d'appartenance, nous devons chaque jour faire face à des industries et à des institutions conçues pour venir entraver nos efforts pour nous libérer de nos attachements maladifs – jeu, alcool, drogues, shopping, Internet ou télévision.

L'*American Heritage Dictionary* définit la culture comme « l'ensemble des formes acquises de comportements, d'art, de croyances, d'institutions et de tout autre produit du travail et de la pensée de l'humanité ».

Si la culture est informée par les choix des individus, il s'ensuit que les choix des individus détermineront à long terme la santé de la société. La prolifération alarmante du jeu et de la pornographie, la vogue de la musique et des divertissements moralement dégradants pour la femme, le succès des humoristes qui font rire grâce à des blagues illustrant les pires travers humains – toxicomanie, irrespect des lois, violence et toutes formes de racisme – sont autant de sonnettes d'alarme qui retentissent à travers la nation et préludent ce qui nous attend si les convenances continuent d'être bafouées.

Sur le plan de la morale et du comportement, ce seront les choix individuels qui détermineront au bout du compte la santé de la nation. Quel est le lien avec les contraintes personnelles ?

La culture est à l'image de l'individu, comme la nation. Chacun de nos choix personnels contribue à renforcer – ou à affaiblir – la nation. Nous ne pouvons pas courir le risque de subir les conséquences d'une existence sans valeur et sans but. *Les risques pour la nation augmentent à chaque mauvais choix, alors que nos choix judicieux nous renforcent.*

De même que nous avons constaté que la culture de la division des Systèmes d'ITT reflétait les contraintes personnelles de ses dirigeants, nous constatons que le principe s'applique indépendamment de l'échelle : le changement culturel se nourrit du changement individuel. Si nous refusons d'affronter nos contraintes personnelles en tant que citoyens d'une nation, nous ne pouvons espérer échapper aux conséquences. Pour répondre aux défis de la culture actuelle, beaucoup de problèmes *peuvent* être affrontés et beaucoup de changements, adoptés. N'oubliez pas que vous avez toujours le choix de votre comportement. J'ai observé Steve Gaffney tandis qu'il relevait son défi : il est passé à un niveau supérieur, il a défini de nouvelles normes d'excellence personnelles et il a vu les répercussions de sa transformation personnelle se propager dans toute la culture de sa société. Le rendement de la multinationale l'a aussi suivi dans sa foulée – vers les sommets.

Les mêmes principes s'appliquent à la culture nationale. Si nous choisissons, vous et moi, et nos voisins et nos enfants, de nous libérer des entraves qui nous retiennent, nous accéderons à une nouvelle liberté qui nous permettra de surmonter nos contraintes personnelles.

Notre nation deviendra plus riche grâce à nos choix. C'est le rêve que les visionnaires comme Martin Luther King et des dizaines de milliers d'autres ont caressé, un rêve que les générations successives ont tenté d'atteindre pour leur descendance. Pour qu'une nation soit en santé, il faut que les individus qui la composent soient en santé.

21

Écouter ce qu'on vous dit :

l'importance d'un honnête feed-back

Il existe une différence de taille entre vivre sa vie et mener sa vie. Pour celui qui vit sa vie, il suffit de faire acte de présence chaque matin et de traverser la journée. Mais celui qui mène sa vie a besoin d'une voie, d'un but, d'une passion et de planification. Quand on mène sa vie, on la vit pleinement.

Par conséquent, comment se fait-il que tant de gens gaspillent leur vie dans «un désespoir tranquille», en ignorant qui ils sont et ce qu'ils font ici-bas? Il faut s'engager dans une réflexion honnête pour découvrir qui l'on est et ce qu'on veut accomplir dans cette grande aventure qu'est la vie. Ensuite, il faut une discipline considérable pour accomplir ce qu'on a décidé de faire une fois qu'on s'est fixé un objectif. Et même si la recette a l'air simple, beaucoup ratent leur voyage simplement parce qu'ils ne font pas le nécessaire pour se rendre à destination.

FEED-BACK : LE DÉJEUNER DES CHAMPIONS

La plupart des gens n'ont pas appris à écouter. Et ceux qui *savent* écouter ne sont pas toujours capables de changer et d'améliorer leur comportement.

Cependant, ceux qui savent écouter et intégrer ce qu'on leur dit – faire de l'idée du changement un fait –, ceux-là graviront les sommets.

Comme ils savent *apprendre*, ils dépasseront tous ceux qui s'avèrent incapables de capitaliser sur des données, des méthodes et des compétences nouvelles.

Beaucoup de gens me disent : « Flip, je ne reçois pas beaucoup de *feed-back*. »

La raison pour laquelle la plupart des gens ne reçoivent pas de *feed-back* est la suivante : *ils n'en veulent pas*. J'ai rencontré pas mal de gens avec qui la communication est difficile et qui vous le font sentir. Ils sont inabordables et leur façon de se présenter et de se comporter dresse des barrières précises qui écartent toute possibilité de communication plus intime.

Mais les personnes qui veulent du *feed-back* savent comment s'y prendre pour en obtenir. Elles le recherchent. Si vous voulez devenir un champion, vous devez adopter le régime qui convient. Ce régime, c'est le *feed-back*.

QUAND L'ÉCRAN PASSE EN MODE VEILLE

J'ai un ami que je respecte énormément. Bien que ce soit un homme tout à fait charmant, il arrive que ses pensées et ses émotions ne se reflètent pas sur son visage. Un jour, je lui ai suggéré de s'ouvrir davantage et d'exprimer ses sentiments pour autrui. Mes paroles ont semé la confusion dans son esprit. J'ai précisé ma pensée.

« Sam, tu es parfois très difficile à saisir ; quand tu réfléchis, tu prends un air carrément sinistre. » En fait, ce n'était pas la stricte vérité, mais c'est ce que n'importe qui aurait pu penser. La vérité, c'est que quand Sam réfléchit, il se tourne vers « le fond de son cerveau » et se perd dans ce qui se passe là-dedans. Quand il fait cela, son visage devient totalement inexpressif. Je le lui ai expliqué : « Quand tu réfléchis, l'écran de ton visage passe en mode veille, tandis que ton processeur traite les données dans le fond de ton cerveau. Tu as l'air en colère. »

Il m'a regardé, incrédule : on ne lui avait jamais dit cela avant. Je lui ai proposé que nous demandions à sa secrétaire ce qu'elle en pensait. Je lui ai fait cette suggestion parce que j'aurais moi-même demandé à Amy (mon adjointe principale) ce qu'elle pensait de moi, sachant qu'elle me dirait le fond de sa pensée.

Sam était mal à l'aise à l'idée. Je lui ai lancé : « Rentre chez toi dans ce cas et demande à ta femme ce qu'*elle* en pense – je parie qu'elle dira comme moi ! » Il a hésité un peu, mais comme il aime profondément son épouse, il a fini par la questionner et elle m'a donné raison. À compter de ce jour, Sam a commencé à prendre conscience de ce que son visage communique à son entourage quand il se perd dans ses pensées importantes.

Maintenant, quand il passe en « mode veille », sa femme n'a qu'à lui dire : « Es-tu là ? Est-ce que ça va, là-dedans ? » pour qu'il saisisse le message. Dans une relation de confiance, le *feed-back* fait toute la différence.

LE CHANTAGE ÉMOTIF COMME VOIE D'ÉVITEMENT

Une certaine catégorie d'individus possède l'art de se soustraire au *feed-back* : je les appelle les « larmoyants ». Quand on essaie d'aborder un sujet qui les rend mal à l'aise, ils se mettent immédiatement à pleurer. Ils pleurent parce qu'on les a blessés, bien sûr. On est le bourreau, ce sont des victimes. On leur a fait du mal et on est responsable de leurs blessures.

J'ai constaté qu'il y a énormément de gens qui se servent de leurs émotions pour éviter le *feed-back* de leur entourage. Certains pleurent, d'autres crient et se mettent en colère, d'autres encore se retirent. Et il y a les boudeurs. Mais tous utilisent leurs émotions pour la même raison : elles sont efficaces pour éviter l'épreuve. Ils ne veulent pas de *feed-back* parce qu'ils ne veulent pas affronter la souffrance qu'il entraîne. Par conséquent, ils cherchent le meilleur moyen de faire taire la souffrance dès qu'on effleure les véritables problèmes.

RÉPONDRE AU « TABLEAU »

Le « blues » du lundi décrit une partie seulement de ce que les joueurs de la NFL affrontent le lendemain d'un après-midi de travail. Ce sont des jours de blessures, d'élancements et de douleurs, d'hématomes et d'éraflures. Les parties du corps qui ne font pas mal sont probablement toujours sous analgésique.

Est-ce que cela vous paraît un moment propice pour qu'on étale vos erreurs devant vos coéquipiers et vos collègues ?

Probablement pas. Pourtant, c'est ce qu'Anthony Muñoz a affronté semaine après semaine, pendant presque treize ans, durant sa carrière avec les Bengals de Cincinnati. Le fait qu'il ait non seulement accepté cette évaluation publique de sa performance, mais qu'il l'ait considérée comme un exercice essentiel – bien que déplaisant – pour éliminer ses contraintes, explique pourquoi il est aujourd'hui membre du Temple de la renommée.

Peu de temps après qu'il ait pris sa retraite du football américain, j'ai invité Anthony à prononcer une conférence avec moi lors d'un colloque national sur l'éducation. Tandis que nous bavardions avant notre présentation, la conversation est tombée – comme c'est souvent le cas quand je discute avec quelqu'un – sur ce qu'il faut pour être le meilleur dans un domaine bien précis.

Anthony n'a pas hésité une seconde. « Le tableau. » Tel était le secret de sa réussite.

La brièveté du nom en dit beaucoup sur l'exercice : ce n'était pas réconfortant. Ce n'était pas plaisant. C'était un exercice sérieux destiné à assurer un progrès sérieux (à tout le moins dans le monde des équipes qui aspirent à la victoire).

« J'appréhendais toujours le tableau, surtout quand nous avions perdu », a admis Anthony. « Je voulais qu'on me dise que j'avais fait un boulot formidable et recevoir un peu de sympathie pour la souffrance que je subissais. »

Le lundi suivant chaque partie, avant que les membres des Bengals s'échappent vers les bains tourbillons ou qu'ils commencent à étudier l'adversaire de la semaine suivante, ils affrontaient la réalité graphique et imperturbable d'un grand tableau quadrillé. Sur le côté gauche de la grille, il y avait le nom de chaque joueur, suivi de cases où sa performance quantitative était évaluée selon une échelle de un à dix. Ce n'était ni le temps ni le lieu pour les commentaires généraux ou l'évaluation de la partie dans son ensemble. Chaque joueur voyait sa participation à chacun des jeux cotée sur le tableau.

Chaque joueur avait ainsi en noir sur blanc un *feed-back* précis et informé de la manière dont il avait répondu aux occasions qui lui avaient été offertes de donner le meilleur de lui-même – et tous ses coéquipiers et ses entraîneurs étaient eux aussi au courant.

Bien entendu, la tentation était forte de vérifier les cotes des autres joueurs. Quelle cote a été attribuée à l'allier éloigné qui a échappé cette passe dans la zone des buts? Est-ce que mon remplaçant a obtenu des notes supérieures aux miennes tandis que j'étais sur le banc? Est-ce que les entraîneurs se sont rendus compte que le type à côté de moi se traînait les pieds?

Néanmoins, les joueurs qui voulaient réellement devenir les meilleurs savaient que l'endroit où il fallait regarder pour réussir, c'était à côté de leur nom. Anthony était – et est toujours – très compétitif : son objectif était donc d'obtenir une note parfaite pour chaque jeu. Il cherchait constamment à se dépasser, en étudiant ses cotes et en questionnant ses entraîneurs sur les raisons de leurs évaluations, non pour discuter et obtenir de meilleures notes, mais pour définir les contraintes que ses erreurs révélaient et les surmonter.

Max Montoya, joueur de ligne offensive alors coéquipier d'Anthony, avait remarqué que sa quête de perfection ressemblait beaucoup à une application implacable à la tâche. Selon Montoya : « Il a joué pendant treize ans comme s'il essayait de se faire une place parmi les partants. »

Anthony avait le gabarit (1,98 mètres, 126 kilos) et le talent. Il aurait pu en faire moins et obtenir de bons résultats, même en adoptant une attitude « prenez-moi comme je suis ». Élevé par une mère célibataire, il aurait pu éprouver du ressentiment envers les figures d'autorité masculines et renâcler devant leurs directives. Il aurait pu mettre son jeu parfois médiocre sur le compte d'un problème médical aux genoux (trois blessures sévères en quatre ans à l'université de la Californie du Sud – pourtant, il n'a manqué que trois parties en treize ans dans la NFL).

Il a plutôt choisi d'écouter et d'apprendre – même quand les critiques de ses entraîneurs s'écartaient de l'objectif. En voici un exemple : Anthony était gaucher ; or, quand l'entraîneur de ligne Jim McNally a insisté pour qu'il prenne son point d'appui sur la main droite, il a obtempéré et s'est vite retrouvé dans l'équipe des recrues. Mais la longue série d'honneurs professionnels a commencé quand McNally a changé d'idée et qu'il a laissé Muñoz reprendre son point d'appui sur la gauche comme à l'université.

Il aurait pu ignorer « le tableau », décider que les évaluations de ses entraîneurs étaient erronées, tempêter parce qu'on ne lui accordait pas le respect dû à un joueur étoile de sa trempe, ou trouver des excuses pour expliquer ses cotes médiocres. Au lieu de cela, il se nourrissait de l'information et s'en servait pour s'améliorer – pour finir par être reconnu pour son excellence.

Il a été nommé quatre fois *Offensive Lineman of the Year* (joueur de ligne offensive de l'année) par l'association des anciens de la NFL (en 1987 et de 1989 à 1991). L'hommage de 1989 se lisait comme suit : « La NFL distingue trois niveaux de joueurs de ligne offensive. Le premier niveau est celui des joueurs qui aspirent au *Pro Bowl* (match des étoiles). Le deuxième, c'est le niveau des joueurs qui ont atteint le statut de joueur toutes étoiles. Et puis, il y a Anthony Muñoz. Il est seul au sommet. »

LA PEUR – DERNIÈRE FRONTIÈRE

À la fin de mes études supérieures, j'ai été invité à faire une présentation avec un collègue au colloque annuel de l'Association américaine de sociologie, qui se tenait à Washington, D.C. Après les débats, un homme très distingué – que je connaissais très bien de réputation – s'est présenté et m'a demandé si nous pouvions bavarder un moment. Il était directeur de la faculté de sociologie de l'une des plus prestigieuses universités au monde. Tandis que nous conversions, il a exprimé de l'intérêt pour mon travail, puis il m'a demandé : « Aimeriez-vous vous inscrire à notre université pour terminer votre doctorat? Si vous acceptez mon invitation, vous pourrez étudier avec moi et devenir un de mes assistants. »

J'avais peine à trouver mes mots. Je me tenais devant une légende dans mon domaine et il m'invitait *personnellement* à venir travailler avec lui. Cela dépassait les rêves les plus fous d'un étudiant de vingt-quatre ans avec un long passé chargé de troubles d'apprentissage.

Nous rencontrons tous des carrefours dans la vie. Nous voyons des portes s'ouvrir, d'autres se fermer. La direction qu'il faut prendre est rarement claire; nous ne distinguons le chemin qu'à la lumière de nos valeurs et de notre morale. Quand j'ai commencé à réfléchir au concept des contraintes personnelles, j'ai évidemment commencé par les miennes. Je crois que nous avons tous nos contraintes personnelles et qu'elles nous affectent bien plus que nous n'arrivons à le concevoir. Bien que certaines soient évidentes, comme la bosse sur le front de Richard, d'autres sont tellement enfouies que nous ne savons même pas qu'elles sont là et nous ne sommes pas conscients qu'elles influencent la plupart de nos décisions.

Dès ma deuxième année à l'école primaire, j'ai voulu que ma vie compte pour quelque chose et que mon passage dans ce bas monde fasse une différence. J'ai voulu grandir et répondre au but contenu en germe dans ma vie et faire tout en mon pouvoir pour aider les autres à atteindre le leur.

Pourtant, j'ai appris au fil des années que mes contraintes personnelles constituaient les plus grands obstacles à la satisfaction de mes désirs. J'ai commencé à les examiner plus attentivement afin de comprendre les liens qu'elles avaient avec ma vie et l'impact qu'elles exerçaient sur mon quotidien. Si je parvenais à découvrir mes contraintes personnelles et à faire en sorte de m'en libérer, je saurais que je pourrais transformer ma vie et m'épanouir à un tout autre niveau.

Pourquoi est-ce que je vous confie tout cela?

Parce que ce jour-là, j'ai refusé l'offre de ma vie.

J'ai aussi appris quelque chose – que je n'ai vraiment compris que des années plus tard : nous nous racontons tous des histoires.

En fait, notre existence n'est qu'histoires. Et ce sont les histoires que nous nous racontons qui font de nous les personnes que nous pensons être.

J'ai eu la chance d'étudier avec l'un des plus grands intellects de l'heure dans mon domaine *et j'ai refusé son invitation.*

J'avais plusieurs bonnes raisons pour ne pas accepter, entre autres les coûts engagés par la préparation de mon départ et de mon emménagement. De plus, il y avait beaucoup trop de choses nécessitant mon attention là où je vivais. Mes raisons formaient la trame de l'histoire que je raconterais aux autres pour expliquer pourquoi j'avais refusé cette opportunité incroyable. Bien entendu, je me racontais la même histoire ; en fait, j'étais tellement convaincant que j'en arrivais à y croire. J'avais *intérêt* à y croire pour me sentir en paix avec ma décision de refuser cette invitation et tout ce qu'elle représentait pour mon avenir.

Nous nous racontons des histoires parce que de cette manière, nous évitons d'affronter une vérité douloureuse ou difficile à admettre.

Quelle était la vérité, dans mon cas ? *J'avais peur d'échouer.* Encore tourmenté par un profond sentiment d'inadéquation né de mes troubles d'apprentissage précoces, j'étais incapable de me représenter un chemin parsemé de victoires ; je voyais seulement le potentiel d'une cuisante défaite. Je ne pouvais supporter l'idée d'aller dans un endroit où je n'avais jamais mis les pieds – une université prestigieuse – uniquement pour ÉCHOUER. Mon échec dévoilerait mes peurs viscérales et détruirait mon histoire – et je devrais alors imaginer une histoire pour expliquer les raisons de mon échec. Je pourrais expliquer que c'était la faute de quelqu'un, que le moment n'était pas opportun ou inventer des détails qui rendraient mon échec plausible.

Des années plus tard, quand j'ai fait face à la *vraie* raison derrière mon refus de m'inscrire à « cette université-là », j'étais déçu de moi. Non pas parce que j'avais refusé l'invitation, mais parce que j'avais laissé mes peurs prendre la décision pour moi. C'était une chose de me voir offrir une telle opportunité, c'en était une autre d'accepter et de découvrir que j'étais aussi inadéquat que je le soupçonnais. Je préférais pouvoir dire que j'avais été accepté, mais que j'avais choisi de ne pas y aller.

J'ai décidé que mes peurs ne prendraient plus de décisions à ma place.

Et si j'ai peur, je choisirai d'affronter ma peur et d'agir comme je crains tant de le faire. Bien entendu, cette réflexion me conduit à vous, ami lecteur.

Que ferez-vous?

Choisirez-vous d'affronter et de dépasser vos contraintes personnelles ou déciderez-vous qu'il est plus facile de vous raconter des histoires? Le choix vous appartient.

Saviez-vous que seules deux de nos peurs sont innées? En effet, nous venons au monde avec seulement deux peurs : la peur de tomber et la peur du bruit extrême. *Toutes nos autres peurs sont apprises.* Dans un monde très actif et complexe, certaines contribuent à assurer notre sécurité, tandis que nous en avons intégré d'autres en cours de route, en réponse à des dangers imaginaires ou à une menace ponctuelle qui n'a plus cours. Par conséquent, sachez que vous pouvez vous débarrasser en tout temps des peurs que vous avez acquises en grandissant.

REFUSER LA CONTRAINTE

J'ai aussi découvert qu'il y a seulement deux raisons derrière le refus de changer : on a peur de l'échec, ou on ne se soucie pas assez de soi, ni des autres, pour changer.

Ne laissez pas la peur ou l'apathie vous empêcher de faire les changements qui s'imposent. Il y a des gens qui comptent sur vous. Que vous le vouliez ou non, ils ont besoin que vous exprimiez votre plein potentiel. La question que vous devez vous poser, c'est : « En valent-*ils* la peine? En valez-*vous* la peine? » Je le crois.

Le changement vous conduit ailleurs.

J'ai vu comment les changements que Mark McCormack a intégrés dans ses relations avec sa famille et ses employés ont transformé sa vie. Terry Bradshaw a changé sa façon d'agir avec les membres de son équipe et il a obtenu des résultats incroyables. Nolan Ryan a transformé certaines de ses relations d'affaires et j'ai changé mon habitude d'adopter toutes les nouvelles idées qui se présentaient à moi. Mon voisin a changé et n'exige plus que tout soit toujours parfait. Quant à l'un de mes fils, il a changé et devient plus responsable avec l'argent. L'un de mes plus chers amis est aujourd'hui plus aimant et un nombre incalculable de jeunes ont intégré le changement à leur vie dans l'espoir de se bâtir un avenir différent.

Chacun et chacune a ses contraintes personnelles à surmonter; il nous faut simplement un plan qui nous indique par où commencer pour « en avoir vraiment pour notre argent » avec le processus de dépassement des contraintes personnelles.

Le fait d'avoir des contraintes personnelles à dépasser ne m'ennuie pas; ce que je ne veux pas, c'est être obligé de travailler *l'an prochain* sur les contraintes que j'affronte *cette année*. Je continue de grandir et à chacun de mes pas, je deviens de plus en plus la personne que je suis destinée à devenir.

Cette perspective m'enchante.

Je veux être cette personne et je veux célébrer la vie avec d'autres personnes qui choisissent de s'épanouir au maximum.

Je vous souhaite de découvrir vous aussi dans cette aventure, la vie que vous avez toujours crue possible.

CONCLUSION
Élevés en captivité

Quand on se rend à mon bureau par la route, on ne peut s'empêcher de remarquer, en approchant de notre propriété, un ranch très pittoresque sur la gauche. Remarquablement calme, il abrite certaines espèces d'antilopes et de daims exotiques. La clôture entourant la propriété court parallèlement à la route et comme elle est plantée tout près, les animaux ne se trouvent pas très loin quand on passe en voiture. Je les ai souvent observés fixement… jusqu'à ce que le bruit du gravier sous les pneus m'indique que la voiture venait de quitter la route.

Comme tout le monde, j'admire la beauté et la grâce de ces créatures majestueuses. Mais je suis intrigué par le fait qu'elles acceptent, d'un commun accord semble-t-il, la frontière artificielle que constitue la clôture érigée par mon voisin. Elle a un peu plus d'un mètre de haut, ce qui signifie que même les jeunes d'un an pourraient facilement sauter par-dessus. Mais aucun ne le fait. Alors que ces bêtes naissent avec la capacité de sauter par-dessus les barrières qui les contraignent et de s'enfuir, quelque chose les retient. C'est peut-être parce qu'elles ont été élevées en captivité et qu'elles n'ont rien connu d'autre que ce monde enclavé. Elles ont la force et la capacité de prendre la fuite. *Il leur manque la vision.*

Cette clôture est une métaphore colorée qui illustre bien l'impact des contraintes sur l'existence de l'espèce humaine. Chaque jour, des femmes et des hommes refusent de rendre justice à leur potentiel en raison des limitations qu'ils acceptent sans protester – des limitations qu'ils s'imposent souvent à eux-mêmes. Je vous garantis qu'en définissant vos contraintes personnelles et en vous en libérant, vous entrerez dans un tout nouveau monde de réalisations et d'opportunités.

En attendant de célébrer avec vous (hors des prés clôturés),

Flip

PROCHAINE ÉTAPE
Et maintenant, qu'est-ce que je fais ?

À cette étape, j'espère que vous avez le sentiment que la lecture de cet ouvrage vous a été profitable. Si vous avez aimé ce que vous avez vécu, j'aimerais vous faire connaître certaines possibilités de formation continue. Pour en apprendre plus sur la croissance personnelle et/ou organisationnelle, visitez notre site au www.flipsidebook.com. Nous serons heureux de vous faire bénéficier de nos services.

INDEX

TABLE DES MATIÈRES